“十二五”国家重点图书出版规划项目

DRAMA EDUCATION FOR YOUNG CHILDREN

学前儿童戏剧教育理论与课程丛书

“十二五”国家重点图书出版规划项目

教育部哲学社会科学重大攻关项目

学前儿童戏剧教育

DRAMA EDUCATION FOR YOUNG CHILDREN

张金梅 著

南京师范大学出版社
NANJING NORMAL UNIVERSITY PRESS

前 言

我与儿童戏剧教育的不解之缘，始于2001年我的博士论文选题。当时的中国学界，对“儿童戏剧教育”几近闻所未闻的状态，因而生出疑惑也就不足为奇了。

2003年，在金陵一位著名戏剧学者“儿童也有戏剧教育啊”的慨叹中，我的博士论文《幼儿园戏剧综合活动研究》完结，为中国大陆首次引入了西方“戏剧教育”（drama education）之概念。

2005年，我在博士论文的基础上进一步修改、完善与提升，出版了中国大陆第一部儿童戏剧教育专著《幼儿园戏剧综合课程研究》，在理论上创设了一种崭新的幼儿园综合课程研究范式——戏剧综合范式。

2006年，我在美国访学期间，结识了世界戏剧研究重镇纽约大学的剧场教育主任 Philip Taylor 教授等重要学者，在与他们交流的同时，浸淫于大量的最具代表性、前沿性的戏剧教育英文论著的海洋之中，激发起构建学前儿童戏剧教育体系的动念。

2007年，作为国际戏剧／剧场与教育联盟（IDEA）第六届世界大会的特邀学者，我第一次向大会介绍了中国大陆学前儿童戏剧教育的内容建构要旨，获得了国际同行的关注与赞许。

2009年，在台湾屏东教育大学举行的国际会议上，我受邀介绍了中国大陆学前儿童戏剧教育研究状态，促进了海峡两岸的学术交流。

2014年，我率领我的学术团队，奉上了中国第一部幼儿园戏剧教育系列教材，并入选了国家“十二五”重点图书出版规划项目。同年，我作为主要策划者与筹备人，在南京师范大学成功举办了第一个专门性的儿童戏剧教育国际大会，来自8个国家和地区的专家、学者、剧场教育专业人士以及幼儿教师代表参会。我作为主讲嘉宾阐述了身体哲学、身体心理学、身体审美理念中儿童戏剧教育的本质，并由我的幼儿园实践团队向海内外代表展示了幼儿园戏剧教育课程的实施，赢得了“亚洲第一”的美誉。在我宣读大会南京宣言的时候，我真切感到中国大陆儿童戏剧教育的春天已经到了。大会之后，我应香港教育学院之邀，进行香港与内地的儿童戏剧教育比较研究，并做相关讲座。在与香港同仁彼此之间进行深入的交流之际，我深感欣慰，儿童戏剧教育已经绿满大中华地区。

14年，转眼逝去，回望这不长不短的时光，不经意间累积了不少的第一，这应是我学术生涯的一种幸运。其实，我更愿意将这种幸运视作千千万万儿童的幸运，因为戏剧本原于他们千万年承接来的天性，戏剧亦能够让他们享受童年五彩斑斓的梦想。

14年，走到今天，学界对儿童戏剧教育从陌生、诧异，甚至拒绝，到接纳、欢迎，甚至“追捧”。所谓天道酬勤，作为拓荒者，这期间的艰辛、寂寥与坚守，似乎都有了回报，但我更看重的是将儿童戏剧教育本土化，构建中国气质且居国际前沿的儿童戏剧教育体系。

如今，历经数年打磨，《学前儿童戏剧教育》一书终于呈现在读者的面前——

第一章从身体与心灵的关系视角，探讨儿童与戏剧关系，并强调学前儿童的戏剧教育作为完整教育的一个不可或缺的组成部分，是关乎儿童身体与心灵的教育。一方面，以身体心理学、身体哲学和身体美学为理论基础，阐述了身体与心灵的关系，由此分析学前儿童的身体以及在戏剧情境中的身体和心灵的特性。另一方面，从学前儿童的假装游戏的发展脉络中发现“戏剧”的萌芽，并探索模仿和想象的内在机制。

第二章首先从儿童的灵性与人性的关系入手，探究了儿童应是灵性与人性的统一体：人性的大树得日月之精华，立于天地之间；灵性的草丛、花朵、藤蔓受雨露之滋养，与大树相生相伴。人性与灵性，构成一个充满生机、和谐适度、生生不息的小世界。其次进一步从戏剧发生学视角，分析了儿童戏剧发生与原始戏剧发生的一致性。最后，论述了学前儿童戏剧教育应以人文精神的追求为依归，让灵性与人性在儿童身上得以完满的保留与完美的体现。

第三章以历史为纵向维度，以中西方儿童戏剧教育为横向维度，深入探讨揭示“学前儿童戏剧教育用于什么、有什么价值”等问题，即采取的是本质论取向，还是工具论取向。从中国儿童戏剧教育取向的历史解读中，我们看到戏剧教育从以本质论取向为开端，到工具论取向的偏倚，以及最终走向融合的趋势。这里有对中国大陆儿童戏剧教育发展脉络和类型的厘清，也有对中国台湾、香港地区儿童戏剧教育实践与研究的呈现。从西方儿童戏剧教育取向的历史解读中，我们看到经历了工具论取向为主、本质论取向为辅的状态后，两种取向的融合势在必然。在此，梳理了西方“创造性戏剧”“戏剧教学”“剧场教育”三大戏剧教育模式，以及戏剧在西方早期儿童教育课程中运用的形态。本书则借鉴了西方戏剧教育三大模式，进行了本土化的创新，生成出“戏剧表达——戏剧创作——戏剧表演”的中国学前儿童戏剧教育体系。

第四章试图回答“学前儿童戏剧教育是什么”的问题。首先，在“戏剧”语言释义以及定义的基础上，从戏剧的特性出发，探讨戏剧对儿童戏剧教育的价值。其次，从与成人戏剧教育区别的视角，阐述了学前儿童戏剧教育丰富而独特的内涵：不是成人戏剧教育的翻版，而是教师对儿童戏剧经验建构规律的遵循；不是排戏式的结果性教育，而是体验的、探索的和个人的过程与结果的对话；不是培养戏剧表演能力的技能教育，而是以戏剧艺术素养启蒙为核心的审美教育。最后，从哲学、戏剧学、教育学、儿童艺术心理学等多学科视角深入探寻学前儿童戏剧教育的理论基础。

第五章回答了“在学前儿童戏剧教育中，儿童做什么，学什么”的问题，即戏剧表达、戏剧创作和戏剧表演成为学前儿童戏剧教育的三大内容，大大突破了传统戏剧教育仅以“戏剧表演”作为唯一内容的局限。学前儿童正是在实践这些戏剧内容的过程中，在与教师、同伴沟通中建构性地学习的。首先，阐述了戏剧表达的内涵、媒介和要素，奠定了学前儿童戏剧教育最为基本的内容。其次，分析了戏剧创作的内涵、要素和环节，凸显了在扮演中创作的理念。最后，解释了戏剧表演的内涵、样式、学前儿童剧场经验，明确学前儿童戏剧表演和成人剧场表演的不同。

第六章论述了学前儿童戏剧教育完整目标体系的建构。这一目标体系的建构除了考虑学前儿童发展特点、社会需要以及相关戏剧领域的知识之外，最重要的是需结合前文所论述的学前儿童戏剧教育的取向、内涵和内容。学前儿童戏剧教育目标包括了总目标、目标体系和年龄阶段目标。其中，目标体系以“知识、能力和情感态度”作为第一层级目标维度，明确了有关能力的第二层级目标维度，即思考能力、表达能力、表演能力和合作能力。

第七章论述了戏剧教育既是一种综合性特点很鲜明的教育，可以和各个领域、各个艺术学科加以融合；又是一个专门的“演员演故事”的艺术学科，具有自己的独特性。由此，学前儿童戏剧教育在组织形态上，不应当是那种专业化的戏剧教育，而更多体现了独立与整合的对话。本章呈现了戏剧游戏、戏剧工作坊、戏剧主题活动三种形态及三者的关系，具体阐述其内涵、要素、价值和实施等。

第八章结合当下学前儿童戏剧教学实施的困难，从教师与儿童对话的视角，揭示了学前儿童戏剧教育中教师的角色，并关注戏剧教学策略的有效选择与应用，以及戏剧教学契约的合理建构与动态运行。首先，关于戏剧教师角色，一方面，从教师角色和戏剧角色之间的关系看，戏剧教师是“双面人”；另一方面，从戏剧创作过程中教师和儿童的关系看，戏剧教师是“合作者”。其次，关于戏剧教学策略，结合儿童戏剧经验建构的需要、教师组织儿童戏剧活动的需要，通过实践验证，筛选出角色塑造、情节创作和场景创作这三个方面的常用戏剧教学策略。最后，关于戏剧教学契约，由于戏剧教学教师角色、师幼关系、教学时空变化多元等因素，以及由此戏剧教师面临着的“难以控制”的实施困难，教师与儿童之间通过协商而建构的戏剧教学契约在学前儿童戏剧教育实施中就显得十分必要。这里专门论述了戏剧教学契约的含义、内容与形式和运行机制。

第九章从“教”与“学”对话的视角，将学前儿童戏剧教育评价分为对教师“教”的评价和对儿童“学”的评价两个方面。在对教师“教”的评价中，我们通过对教师与儿童的互动情况的观察，对教师“教”的优点以及存在的问题进行分析；对儿童“学”的评价，我们不是为了评定儿童的戏剧能力高低，而是在呈现儿童“学”的各个方面的事实，为教师提供改进教学的建议。结合学前儿童戏剧教育的组织形态，学前儿童戏剧教育评价相应地包括表演区游戏的评价、戏剧工作坊的评价和戏剧主题活动的评价。表演区游戏的评价以观察法为主，既有游戏过程的整体观察评价，也有参与游戏的每个儿童的游戏行为和教师指导行为的评价；戏剧工作坊的评价既有儿童个体在各个环节的戏剧学习检核评价、儿童戏剧工作坊作品的整体评价，也有教师指导行为评价；戏剧主题活动的评价包括了教师日志评价和儿童个体戏剧学习检核评价两个方面。

总之，《学前儿童戏剧教育》建构了中国大陆首个学前儿童戏剧教育领域的理论与实践完备体系，融汇了哲学、人类学、文化学、美学、戏剧学、社会学、心理学、教育学等多学科相关成果，从儿童、戏剧和教育三者之间的生态关系出发，探究指向人文精神的儿童戏剧教育要旨，在身体与心灵、灵性与人性、做与学、独立与整合、教师与儿童、教与学等异质要素之间建立互生互补、共生共创的生态关系，对于开拓与推动中国儿童戏剧教育的发展具有重要意义。

目录

前言 / 001 /

第一章　身体与心灵的对话：儿童与戏剧关系的探寻 / 001 /

第一节　学前儿童的身体与心灵 / 001 /

一、身体与心灵 / 002 /

二、学前儿童的身体 / 009 /

三、戏剧情境中的学前儿童的身体与心灵 / 011 /

第二节　模仿与想象：假装游戏蕴含“戏剧”的萌芽 / 020 /

一、假装游戏：从个人假装游戏、角色游戏到戏剧性游戏 / 021 /

二、模仿与想象：学前儿童假装的内在机制 / 034 /

第二章　灵性与人性的对话：学前儿童戏剧教育的人文精神 / 039 /

第一节　儿童的灵性与人性 / 039 /

一、儿童的灵性 / 040 /

二、儿童的人性 / 045 /

第二节　儿童的戏剧天性与前戏剧的演进 / 047 /

一、原始先民的前戏剧演进 / 047 /

二、儿童戏剧发生与原始戏剧发生 / 053 /

第三节　学前儿童戏剧教育的人文精神追求 / 057 /

一、自由精神：身与心的自由 / 058 /

二、娱乐精神：游戏的状态 / 060 /

三、创生精神："有"中生"有" / 063 /

四、审美精神：求"美"的和谐 / 066 /

第三章　本质与工具的对话：学前儿童戏剧教育的取向 / 070 /

第一节　儿童戏剧教育的本质论与工具论之争 / 070 /

一、艺术教育的本质论与工具论 / 070 /

二、戏剧教育的本质论与工具论 / 071 /

第二节　中国儿童戏剧教育取向的历史解读 / 074 /

一、中国大陆儿童戏剧教育取向 / 074 /

二、中国台湾和香港地区的儿童戏剧教育取向 / 085 /

第三节　西方儿童戏剧教育取向的形态考察 / 088 /

一、创造性戏剧（Creative Drama） / 089 /

二、戏剧教学（Drama in Education，简称DIE） / 097 /

三、剧场教育（Theatre in Education，简称TIE） / 102 /

四、戏剧运用于早期儿童课程 / 106 /

第四章　戏剧与教育的对话：学前儿童戏剧教育的内涵 / 111 /

第一节　戏剧的特性及其对儿童戏剧教育的价值 / 111 /

一、从戏剧是演员表演艺术来看 / 113 /

二、从戏剧是综合的艺术来看 / 116 /

三、从戏剧是集体的艺术来看 / 118 /
四、从戏剧是冲突的艺术来看 / 120 /
第二节 学前儿童戏剧教育是什么 / 122 /
一、学前儿童戏剧教育不是成人戏剧教育的翻版，
而是教师对儿童戏剧经验建构规律的遵循 / 123 /
二、学前儿童戏剧教育不是排戏式的结果性教育，
而是体验的、探索的和个人的过程与结果的对话 / 129 /
三、学前儿童戏剧教育不是培养戏剧表演能力的技能教育，
而是以戏剧艺术素养启蒙为核心的审美教育 / 135 /
第三节 学前儿童戏剧教育的理论基础 / 139 /
一、哲学基础：西方后现代主义哲学和东方“天人合一”
的哲学智慧 / 139 /
二、戏剧理论基础：戏剧符号论 / 141 /
三、教育理论基础：后现代教育观 / 143 /
四、儿童艺术心理学理论基础：儿童戏剧经验的研究 / 145 /

第五章 做与学的对话：学前儿童戏剧教育的内容 / 149 /

第一节 戏剧表达 / 150 /
一、戏剧表达的内涵 / 150 /
二、戏剧表达的媒介 / 151 /
三、戏剧表达的要素 / 158 /
第二节 戏剧创作 / 165 /
一、戏剧创作的内涵 / 165 /
二、戏剧创作的要素 / 166 /
三、戏剧创作的环节 / 173 /
第三节 戏剧表演 / 175 /
一、戏剧表演的内涵 / 175 /

二、戏剧表演的样式 / 176 /
三、学前儿童的剧场经验 / 180 /
四、学前儿童剧场演出类型分析 / 183 /

第六章　学习与发展的对话：学前儿童戏剧教育的目标 / 188 /

第一节　学前儿童戏剧教育目标的内容 / 189 /
一、认知 / 190 /
二、能力 / 192 /
三、情感态度 / 194 /
第二节　学前儿童戏剧教育目标的纵向结构 / 194 /
一、总目标 / 194 /
二、年龄阶段目标 / 196 /
三、主题目标 / 196 /
四、具体戏剧活动目标 / 199 /

第七章　独立与整合的对话：学前儿童戏剧教育的形态 / 200 /

第一节　戏剧游戏 / 200 /
一、戏剧游戏的含义 / 200 /
二、戏剧游戏的类型 / 202 /
三、戏剧游戏的价值 / 206 /
四、戏剧游戏的实施 / 208 /
第二节　戏剧工作坊 / 210 /
一、戏剧工作坊的含义 / 210 /
二、戏剧工作坊的流程 / 211 /
三、戏剧工作坊的价值 / 219 /
四、戏剧工作坊的实施 / 221 /

第三节　戏剧主题活动 / 223 /
一、戏剧主题活动的含义 / 223 /
二、戏剧主题的来源 / 224 /
三、戏剧主题活动的层次 / 225 /
四、戏剧主题活动的价值 / 228 /
五、戏剧主题活动的实施 / 230 /

第八章　教师与儿童的对话：学前儿童戏剧教育的实施 / 234 /

第一节　戏剧教师的角色 / 235 /
一、教师是“双面人”——教师身份与角色身份的相互转换 / 237 /
二、教师是“合作者”——和儿童一起创作戏剧作品 / 243 /
第二节　戏剧教学策略 / 250 /
一、关于角色塑造的戏剧教学策略 / 251 /
二、关于情节创作的戏剧教学策略 / 254 /
三、关于场景创作的戏剧教学策略 / 257 /
第三节　戏剧教学契约的建构 / 258 /
一、戏剧教学契约的含义 / 258 /
二、戏剧教学契约的内容与符号形式 / 260 /
三、戏剧教学契约的动态机制 / 265 /

第九章　教与学的对话：学前儿童戏剧教育的评价 / 267 /

第一节　表演区游戏的评价 / 269 /
一、表演区游戏的评价方法 / 269 /
二、观察内容与记录框架 / 270 /
第二节　戏剧工作坊的评价 / 276 /
一、戏剧工作坊中学前儿童戏剧学习评价 / 277 /

二、戏剧工作坊中教师指导行为评价 / 280 /

第三节　戏剧主题活动的评价 / 281 /

一、教师日志评价 / 281 /

二、戏剧主题活动中儿童戏剧学习检核表评价 / 287 /

参考文献 / 289 /

后记 / 300 /

第一章 身体与心灵的对话：儿童与戏剧关系的探寻

本章从身体与心灵的关系视角，探讨儿童与戏剧的关系，并强调作为完整教育的一个不可或缺的组成部分，学前儿童戏剧教育是关乎儿童身体与心灵的教育。

一方面，以身体心理学、身体哲学和身体美学为理论基础，阐述了身体与心灵的关系，由此分析学前儿童的身体以及在戏剧情境中的身体和心灵的特性。另一方面，从学前儿童的假装游戏的发展脉络中发现“戏剧”的萌芽，并探索模仿和想象的内在机制。

第一节 学前儿童的身体与心灵

作为完整教育的一个不可或缺的组成部分，学前儿童戏剧教育是关乎儿童身体与心灵的教育。但是传统封闭的、现代性的教育，常常忽略身体，鄙视身体的价值，仅仅把认知抬到至高无上的地位，过于重视大脑内部活跃的思考，忽视了身体丰富而细腻的感知、体验与表达，即身与心的教育是分离的。

“身心分离”的教育对儿童的危害很大，正如我国儿童文学理论学者朱自强先生所说，“在教育中，成人对书本文化顶礼膜拜，却抽取掉在儿童成长中具有原点和根基意义的身体生活。这种教育不仅难以使儿童成材，甚至难以使儿童成‘人’”[1]。

一、身体与心灵

《牛津英语词典》对“身体”的定义是，“人或者其他动物的物质材料框架或结构，该组织通常被视为一个有机的实体”。“这样看来‘物质性’仍然是身体的最基本含义，同时‘有机性’也是作为活物的身体所衍生的必要特性。”[2]

然而，关于“身体是什么”“身体与心灵的关系是什么”等问题，身体哲学、身体心理学以及身体美学等不同学科试图走出传统身心对立关系，寻求着身心合一的至高境界。

（一）身体哲学的诠释

自从柏拉图提出身心二元论以后，西方哲学界关于身心关系的争论至今没有停止。从古希腊哲学到近代的笛卡尔，身体被当作“肉身”，与心灵、精神、认识相比永远是低级的、附属的、需要被压制的。到了19世纪，叔本华、狄尔泰、尼采等逐一掀起对理性主义的质疑和批判，唤起身体的觉醒。20世纪现象学的兴起，激发了身体哲学的热潮，以法国哲学家莫里斯·梅洛-庞蒂为代表，主张还原身体的意义和价值。

在身体哲学领域，法国哲学家莫里斯·梅洛-庞蒂在《知觉现象学》（1945）一书中，对“身体”做出了这样的定义式的论述：“身体

[1] 朱自强. 童年的身体生态哲学初探：对童年生态危机的思考之二[J]. //方卫平. 中国儿童文化. 杭州：浙江少年儿童出版社，2005：8.

[2] 欧阳灿灿. 欧美身体研究述评[J]. 外国文学评论，2008(2)：25.

始终和我们在一起。因为我们就是身体，应该用同样的方式唤起向我们呈现的世界的体验，因为我们通过我们的身体在世界上存在，因为我们用我们的身体感知世界。”[1] 身体不仅是感知的对象，也是感知的主体，是具有“运动性”“自发性”的主体。“通过这种现象学还原，梅洛-庞蒂完成了从对象身体到现象身体、从客观世界到被知觉世界的概念转变。”[2]

梅洛-庞蒂认为，观念合成来自于身体而不是来自于想法和知觉，身体提供了知觉客体的条件和来自于知觉的意义。这里的身体不是我们通常所说的作为对象存在的客观身体（肉体），而是“身体在退出客观世界时，拉动了把身体和它周围环境联系在一起的意向之线，并最终将向我们揭示有感觉能力的主体和被感知的世界”[3]。

身体哲学思考着我们存在的方式和意义：我们就是“身体”，通过“身体”而存在，用身体感知整个世界；身体是现象的，世界是为身体所感知的世界。身体不再被外在化、物质化和工具化，不再成为意识、思维、心灵的依附品，而被赋予主体的至高地位。

而中国传统哲学思想中，身体与心灵是一元的。我国台湾学者杨儒宾先生认为，“传统儒家理想的身体观应是四义一体：意识的身体、形躯的身体、自然气化的身体与社会的身体。因而儒家教育观，就是培养一种内外交融/身心交摄/心气交流的机体性人格即‘聚精气神于一体’，这种人格的培养要在社会性的礼、知、诗、史的层层渗透中，才能血肉化成形，要经受家、国、社会的规范乃至操控，才得以

[1] [法]莫里斯·梅洛-庞蒂. 知觉现象学[M]. 姜志辉，译. 北京：商务印书馆，2001：265.

[2] 刘胜利. 身体经验与身体表象——梅洛-庞蒂对传统心理学的身体模型的方法论批判. 科学技术哲学研究[J]. 2011(2)：51.

[3] 转引自费多益. 从“无身之心”到“寓心于身”——身体哲学的发展脉络与当代进路[J]. 哲学研究，2011(2)：81.

具体成长”[1]。中国哲学这一对身体的认可，从社会德行养成（即“修身养性”）这一层面出发，仍然缺乏对身体感觉和运动的本然认识，甚至走向对身体的束缚和禁锢，尤其是对女性和儿童而言。

（二）身体心理学的诠释

自20世纪90年代，西方经典认知心理学开始受到具身认知学（embodied cognition）的挑战，认知不再与身体无关，“具身认知的观点视身体为认知系统的组成部分，认为除了大脑之外，身体的方方面面在认知加工中扮演着因果和构成性的角色”[2]。经典认知心理学告诉我们，身体有五官，借助大脑神经系统，通过视觉、听觉、味觉、嗅觉、触觉感知这个世界。具身认知学则认为身体认知不仅仅限于五官的感知，“认知过程包含着身体的非神经部分，如肌肉和骨骼”[3]。即没有感觉神经系统的参与，存在于肌肉和骨骼的感觉记忆悄悄地发生着作用。如“热燥”的肌肉记忆是浑身发烫、满头大汗；“寒冷”的肌肉记忆是浑身发冷、身体颤抖；“疼痛”的肌肉记忆是腹部绞痛、身体扭曲。再如，废寝忘食的工作狂人，直到肚子饿得咕咕叫的时候，他的大脑才意识到“饥饿”。身体的体验有时早于大脑神经系统的反应。

美国著名现象学家加拉格尔（S.Gallagher，2005）认为关于身体的含义以及身体在认知行为中的作用，必须厘清两个重要概念：身体图式和身体意象。[4]

[1] 谢妮，王赫. 身体的教育学意义[J]. 教育学术月刊，2009(2)：22.

[2] 叶浩生. 认知与身体——理论心理学的视角[J]. 心理学报，2013(4)：484.

[3] 叶浩生. 认知与身体——理论心理学的视角[J]. 心理学报，2013(4)：484.

[4] 转引自何静. 身体意象与身体图式——具身认知研究[M]. 上海：华东师范大学出版社，2013：36.

"身体图式"这个概念最早被博尼耶（P. Bonnier，1893）用来表示"与身体意识相关的空间性"。海德（H. Head，1920）则将其定义为一种身体的姿势（体态）模式。"它能有效地组织和调节外来感官刺激所产生的印象，而其方式是身体将它对当前位置或地点的感觉与它对过去某种东西的感觉相联系。"[1] 人们生活中常发生的行为伴随着相应的身体图式，比如，当我们去拿一个杯子的时候，很自然地会用一个特定的手形握住杯子，这一特定手型就是过去的感觉经验。身体图式的建构是从一种无意识的状态开始，最终与我们获得的对客体的认识整合起来，构成一种整体的、有意义的经验，即身体感知与客体认识的整合。正如我们把对杯子的感知经验与抓握杯子的身体图式共同建构起来。也就是说，"身体图式是一种知觉—运动系统能力，它通过对身体姿势和身体运动的无意识调控，使得世界中许多有意义的部分被身体整合到我们的经验中"[2]。

当然，我们的身体图式有可能和实际情况不符，比如我们端起一只较大的盒子时，使用的是端起较重的、体积大的物体的身体图式（身体重心更低，腰弯得幅度大），但是在端起的一瞬间，我们发现自己端起的盒子并不重，原来的身体图式是"错误"的。这一反例一方面说明身体图式确实是存在的，另一方面说明身体图式不是单一存在的，还有一种信念在起作用。这种信念可以说是"身体意象"。

身体意象是"一系列关于身体的信念"，至少包括三个方面的内

[1] 转引自何静. 身体意象与身体图式——具身认知研究[M]. 上海：华东师范大学出版社，2013：36.

[2] 何静. 身体意象与身体图式——具身认知研究[M]. 上海：华东师范大学出版社，2013：42.

容：主体对自己身体的知觉经验、主体对身体的一般概念性理解（关于身体的神秘知识和科学知识）、主体对自己身体的情感态度。[1] 身体图式是“动作”的外化表现，身体意象则是一种与身体图式相互作用的内在观念。我们成人常常教一两岁的幼儿做拍手动作，表示欢迎他人的到来。身体图式是拍手，即使幼儿拍手动作不够协调，五指过度分开，双手用尽力气，但是其一系列连贯动作基本与成人是一致的。而拍手这一动作背后的“身体意象”决定了儿童是否能够在合适的场合自发做出这一身体动作，也就是意味着身体图式的真正建构。即儿童对于拍手这一动作的理解，与爸爸、妈妈、客人等他人到来等情景的联系，还有自己看到他人到来时产生的愉悦情绪，这些经验的整合才引发了“拍手欢迎”的身体图式。

此外，美国现象学家加拉格尔（S.Gallagher，2005）的手势整体理论区分了运动的四种类型。

表1-1　运动的四种类型[2]

运动类型	举　例	主要控制来源
反射性运动	打喷嚏、遇强光流眼泪	自动的运动程序
使动性运动	走路、坐	身体图式
工具性运动	拿、抓	身体图式
表述性运动	用手指事物、手势	认知—语义和交流

[1]　何静. 身体意象与身体图式——具身认知研究[M]. 上海：华东师范大学出版社，2013：44.

[2]　转引自何静. 身体意象与身体图式——具身认知研究[M]. 上海：华东师范大学出版社，2013：206.

反射性运动是一种自动的对外界刺激的条件性发射，谈不上身体图式和身体意象；而使动性运动是身体的主动行为，工具性运动是使用工具的身体行为，两者都是身体图式和身体意象的整合；表述性运动则以语言伴随动作，不再纯粹以身体动作表现，但是身体动作仍然为基本，表现出身体动作的意义，以及与他人相互交流的性质。

总之，身体心理学的主要观点是：身体的感觉运动在认知发展中起到关键作用；身体图式和身体意象的共同建构是身体心理学的核心机制；认知与知觉、行动和情境都是交织在一起的。

（三）身体美学的诠释

美国实用主义美学家理查德·舒斯特曼于1999年首次提出“身体美学”（somaesthetics）概念。他认为：“充满灵性的身体是我们感性欣赏（感觉）和创造性自我提升的场所，身体美学关注这种意义上的身体，批判性地研究我们体验身体的方式，探讨如何改良和培养我们的身体。因此，身体美学这个学科既包含理论，又包括实践（后者明显地包括在改良和培养这个观念中）。”[1] 由此看来，“身体”在身体美学视角里的内涵是：（1）身体是充满“灵性”的，即和心灵、灵感、想象等意识是合二为一的；（2）身体的意义在于，在觉知和体验中获得感性经验，并提升富有创造性的自我；（3）身体需要“身体美学”指导下的不断改良和培养。

舒斯特曼把身体审美感觉分为两种：“一种是感受外界刺激的身

[1] [美]理查德·舒斯特曼. 身体意识与身体美学[M]. 程相占，译. 北京：商务印书馆，2011：1.

体审美感觉（它与身体之外的刺激相关，是由皮肤感知到的，它关心身体部位相互关联的定位和身体在空间中的定位），二是身体内部感受到的身体审美感觉（它来自内脏的感受，通常伴随着疼痛）。”[1]皮肤感知的各种感觉而引起身体各部分的定位，好看的、好听的、好闻的，则或松弛的、开放的；难看的、难听的、难闻的，则或弯曲的、僵直的。身体的空间定位则是高低、上下、前后、里外、远近等等。比如感觉自己无比强大，身体重心上提，头抬起，眼神高远；感觉自己无比渺小，身体重心则下落，头低下，眼光低落。再如，亲密无间的人之间，身体距离相对很近，陌生的、阶层有差异的，甚至有仇恨的人之间，身体距离比较远。这些都是身体带给我们的审美感觉。

身体美学的开创丰富了“美”的内涵，“充满生命和情感、感觉灵敏的身体”不仅是审美的对象，也在感受着美、创造着美，使得个体富有自我、个性。这样的身体是富有活力的，能借助各种感官感受周围世界，通过各种感觉建立彼此的深刻联系。听到鸟语、蝉鸣，看到雨飘、雪落，闻到花草树木的香味，触摸到软与硬、光滑与粗糙，品尝到酸甜苦辣各种滋味，诸多感觉牵引身体的相应的动作。

身体美学所关心的不是机械的各种感官的敏感度，而是富有更多的内涵，包括了“嗅觉”“味觉”“触觉”和“肌肉运动知觉”四种身体感觉以及作为整体的身体如何体会意味、如何感受意义，可以简称为“身体审美感受力”（bodily sensibility）；[2]以及“使我们对于他人的

[1] [美]理查德·舒斯特曼. 身体意识与身体美学[M]. 程相占，译. 北京：商务印书馆，2011：1.

[2] 程相占. 论身体美学的三个层面[J]. 文艺理论研究，2011(6)：45.

需求更加敏感，使我们能够采用富有成效的行动更加有力地回应他人的需求”[1]。

综上所述，20世纪以来，身体哲学率先将身体置于主体地位，身体心理学则挖掘身体图式和身体意识对于认知的价值，最晚兴起的身体美学则认为身体不仅具有审美感知、审美体验的功能，还可以用来自我“风格化”，即一种审美创造。身体哲学、身体心理学和身体美学从不同学科视角让我们感受到每个人都拥有的身体和心灵关系的丰富性、深刻性和多样性。

二、学前儿童的身体

威尔逊（2002）提出“在儿童早期，特别是对感觉运动阶段来说，这一阶段儿童的认知基本上是在线（on-line）的、情境的，必须依靠‘个体与环境之间真正的动态耦合’”[2]。恰恰是“身体的感觉和运动”这一情境性的认知方式，带动了儿童对世界的认识。

（一）婴幼儿作为身体主体而存在

已有的心理学研究发现，婴幼儿来到这个世界的头两年，他们与外界环境是主客体浑然一体的，没有“我”的概念，即以自己的身体与环境融为一体。美国学者Beulah Amsterdam（1972）发表了一项实验，从此开启了关于自我认识的研究。实验者首先悄悄地在6—24个月的婴幼儿鼻子上粘一小红点，然后把他们放在镜子前。孩子的妈妈

[1] [美]理查德·舒斯特曼. 身体意识与身体美学[M]. 程相占，译. 北京：商务印书馆，2011：1.

[2] 转引自杨宁. 儿童早期发展与教育中的身体问题——五论进化、发展与儿童早期教育[J]. 学前教育研究，2014(1)：21.

指着镜子里的影像问孩子："那是谁?"之后研究者们开始观察婴幼儿的反应。结果发现：（1）6—12个月：婴儿的行为表现得好像镜子里的自己是另一个人—— 一个他们想友好相处的人。他们会做出接近的动作，比如微笑、发出声音等。（2）13—24个月：退缩。幼儿看到自己在镜子里的样子不再感到特别兴奋。有些幼儿看起来稍显警惕，而另一些则会偶尔微笑一下并弄出些声音。对这些行为的一种解释是幼儿这时的行为很自觉（感到自己存在，可能表现出自我概念），但是这也可能是面对其他幼儿的反应。（3）20—24个月以后：大约从这个时候开始，幼儿能够通过指着自己鼻子上的红点，清楚地认出自己。这明确地表明他们认出镜子里的是自己，而那个小红点是在自己的鼻子上。[1] 由此看来，大约20个月前的婴幼儿身体的存在先于"我"的存在，或者说先于意识的存在。

（二）学前儿童的认知是身体的感觉—运动

皮亚杰的研究一直表达着这样的观点，活动（必然是主体的身体活动）既是感知的源泉，又是儿童心理发展的基础。在感知运动阶段，通过感知和动作及其协调，儿童建构起复杂的动作图式或格式。在以后的发展过程中，随着动作的内化，儿童形成更加高级的思维和运算。[2] 在皮亚杰诸多经典的实验里，比如"目的与手段分离"的"伸手够物""客体永久性"探究的"寻物"中，我们都可以发现学前儿童从最初的手眼不协调、动作无组织（顺序）、目的不明确，经过多次的

[1] 十大儿童心理学实验(2)——自我概念形成[OL]. http://www.yeeyan.org/articles/view/58283/20588.

[2] 杨宁. 儿童早期发展与教育中的身体问题——五论进化、发展与儿童早期教育[J]. 学前教育研究，2014(1)：22.

尝试后逐步发展为手眼协调、动作有清晰的组织顺序、能够采用有效的手段以达到明确的目的。这一动作图式的形式都是基于身体的感觉和运动。

与成人相比，儿童的生命更加具有身心一元的性质。捷克教育家夸美纽斯早就在著名的《世界图解》中指出："不能预先在感觉中存在的东西，无论何事都不能存在于理性之中。因此，努力地将感觉训练得能够正确把握事物间的区别，就奠定了所有智慧和所有知性的能辩程度，以及人生活动中全部思维能力的基础。"[1] 夸美纽斯明确认为，感觉是儿童的第一位导师。年纪越小，身体感知的需求越大。幼儿通过身体感知所获得的对世界、生活的认识体验是具有决定意义的。[2]

学前儿童的身体与心灵是一元的，身体与心灵是互相依赖、共生共存的。我们尤其不能忽略身体对于心灵的意义。

三、戏剧情境中的学前儿童的身体与心灵

从戏剧艺术的视角来说，身体既是戏剧创作的材料，也是戏剧创作的手段，更是戏剧创作的结果。演员既是创造者——通过扮演角色把剧本的情节表现出来，他自身又是创造的材料——借助自己的声音、动作和表情进行表现，他还是最终的戏剧作品——舞台上活生生的人物形象。演员的表演所依赖的"不是别人，而是他自己，他整个的人：他的身体、声音、内心的感情……这就是说拿他自己来创造艺术"[3]。

[1][2] 转引自朱自强. 童年的身体生态哲学初探：对童年生态危机的思考之二[J]//方卫平. 中国儿童文化. 杭州：浙江少年儿童出版社，2005：11.

[3] 张庚. 戏剧艺术引论[M]. 北京：文化艺术出版社，1981：4.

当戏剧艺术剥离掉舞台上那形形色色的灯光、服装、道具、装置、音效、音乐等等，就只有演员的身体，他（它）们在感受着，运动着，讲述着一个故事。身体是戏剧的核心元素，儿童用身体在戏剧的世界中感知、想象和表达。

（一）真与假：身体的感知与身体的想象

戏剧表达依赖真实的身体感知经验。在戏剧活动中，学前儿童身体的表达必须依赖身体感知的经验，即通过视觉、听觉、嗅觉、味觉、触觉等多种感觉所获得的真实的经验。真实的感知经验因为是从生活中转瞬间获得的，比较零散，需要在戏剧活动中给予进一步深度感知和梳理。当然教师应顺应学前儿童感知经验的成长，尽量调动已有经验为先，再辅以深度感知。

我是一棵树

（中班戏剧主题活动“大树和小鸟”）

1. 教师出示孩子们的绘画作品（各种各样的树，如柳树、桃树、冬青、松树）。孩子们仔细观察后开始自由摆出树枝的弯弯的造型，教师引导他们用身体做树干、手臂做树枝、手指做树杈。

通过定格，孩子们摆出各种树的镜像画面，有的腰侧弯，手臂下垂，是弯弯的柳树；有的双臂向外伸开，小手摆出花朵的样子，是桃树；有的站得直直的，两手举高呈塔尖状，是直立的松树。

分析：中班儿童自己画树，需唤起自己已有的视觉经验，当然还有触觉的、嗅觉的经验。根据自己所画出的树，他们自由摆出树的造型，这是儿童对自我经验的一种表达。这种表达在造型的细节上还不够精致，但是可以尽可能自由释放儿童已有经验。

2. 教师出示各种不同姿态的树的图片（柳树、迎客松、倒槐树、梧桐树、紫藤），孩子们摆出不同姿态的树的造型。一部分孩子自由选择一幅树的图片，通过观察并摆出其造型，由其余孩子像雕塑师一样帮助同伴修改腿部、腰部、手臂、手指等细节，尽可能地表现出树的姿态。

分析：教师所提供的树有不同的姿态，枝条的伸展方向不同，与儿童自己的绘画相比更具有典型性。儿童通过观察树枝的细节，用肢体摆出造型；作为“雕塑家”的儿童既要观察树的姿态，还要观察、评价同伴的造型，并做出修改。

同时，戏剧是假的，即时间、空间、人物以及所发生的故事都具有假定性。这一假装的表现在基于真实的感知经验的同时，需要调动对时间、空间、角色以及故事情节的想象，以虚构的方式表现出来。戏剧的假定性与身体的想象相辅相成。想象是对头脑中的表象进行加工，创造出新形象的思维过程。

身体的想象并不单一是由大脑内部所完成的，而是内部表象与身体运动的联结。法国哲学家莫里斯·梅洛-庞蒂从现象学的角度提出身体哲学理论，他认为“思考活动是在整个身体之中与身体的各部分互动中进行的，而且与所思的意向性对象关联着，我思是与身体及身体所置身其中的世界，互动而进行的”[1]。

吹泡泡

（大班戏剧工作坊“神奇的泡泡”）[2]

T1：“我的口袋里有一个神奇的吹棒，它能吹出世界上最大的泡泡，但是它看不见也摸不着。我把吹棒放到你们手里的时候，你们一定要握紧噢，不然它就消失了。”

T1：“使劲吹吧，想吹多大就吹多大！然后告诉我你的泡泡有多大。”

T1：“能不能用动作告诉我呢？”

B1：“我的泡泡比一辆公共汽车还要大。”

G1：“我的泡泡有山那么大。”

B2：“像地球一样大。”

[1] 转引自张法. 身体美学的四个问题[J]. 文艺理论研究，2011(4)：4.

[2] 杨娟. 大班幼儿戏剧工作坊的行动研究[D]. 南京：南京师范大学硕士学位论文，2012：32-33.

G2：“我的泡泡比世界还要大。”

B3：“我的泡泡比大象还要大。”

G3：“我的泡泡能把人装进去。”

G4：“像球一样大。”

B4：“有大象和老虎合起来那么大。”

分析：大班儿童一边用语言表达对泡泡的想象，一边用动作表现着他们内心所想象的很大很大的泡泡：有的用手臂围绕；有的同时把小臀部向后突出；有的脚跟踮起，手臂举高，表现出泡泡的巨大。动作的想象与表现正是幼儿身体思考的结果。

（二）原形与变形：身体的表达

身体美学的“身体”与“肉体”相对，指活态灵动的、具有敏锐感知和反思的人类身体，兼具物质性和社会性。[1] 身体既是被感知的对象，也是积极体验、感受世界的主体。

身体在进入社会的过程中会形成一定的习惯，“包含个人追求和社会内容为一体”的个人习惯，“包括身体之内的世界观、认知结构、动机结构和身体外显的方方面面（走路的姿态、吃东西的样子、说话的方式……）”[2] 习惯的身体带有个人的生活印记和感知经验，具有文化性和社会性。对于儿童来说也是一样的，每个儿童的身体习惯不完全一样，是个性、性别、家庭教养方式、社会要求等多方面因

[1] 梁成帅. 身体意识改善的审美价值及途径——舒斯特曼身体美学的实践性探析[J]. 扬州大学学报(人文社会科学版)，2012(2)：45.

[2] 张法. 身体美学的四个问题[J]. 文艺理论研究，2011(4)：5.

素不同程度影响的结果。儿童有时会用自己习惯的身体进入到戏剧的身体表达状态，即身体的原形，儿童本来的自己，不是即将装扮成角色的表演者。大班戏剧主题活动“花木兰”中，一位6岁的女孩很喜欢在他人面前展现自己动人的表情和美丽的舞姿。而她在表演阶段所选择的角色却是木兰的奶奶。当她仍然用习惯的身体姿态扮演奶奶时，观看的孩子们纷纷提出她演得不像。原形对儿童的表演还是有一定的影响的，往往在表演的初期更为明显。

身体在自然的时空里有着自然的行动方式，我们做动作、说话、思考有着自然的时空状态。但是在戏剧表达中，这种身体的原形状态往往被打破，形成一种张力，呈现出身体的美感。学前儿童喜欢且善于身体的变形，在变形中体验情感的变化。

1. 速度变形——快与慢

学前儿童的快动作，以夸张的方式表现动作的过程（程序）；慢动作则着重于表现动作的细节。例如在大班戏剧工作坊“图画里的秘密”中，孩子们想象画中有一个小男孩，表现他在一个冬天的早晨起床穿衣、洗漱的过程。当教师使用“遥控器”策略时，孩子们的快动作配合着动感的音乐，有力度，富有节奏感；孩子们的慢动作则充分表现每个动作的细节和表情的细微变化。他们很喜欢速度的变形。

2. 重量变形——轻与重

轻与重的变化，与身体重心所在的位置是有关系的。当身体轻轻的时候，重心偏上；当身体重重的时候，重心偏下。当然轻与重与情感也是有关的，快乐的情感，身体轻盈；悲伤的情感，身体沉重。

3. 时间变形——倒叙、静止、重播

时间的自然流变是永远向前的，但是戏剧中的时间可以发生变形：倒叙即时间回到过去，静止即时间停下来，重播即时间重复。时间的变形使得身体在过去与将来、动与静、流逝与重复中变化着，体验着不同于日常的戏剧经验。

4. 空间变形——大与小、高与低

学前儿童的身体在空间属性上就是小的、低的。在戏剧的世界里，儿童可以变大如巨人，也可以变小如蚂蚁；可以是高高的长颈鹿，也可以是矮矮的小草。空间上的变化，让儿童感觉到神秘、奇特与惊喜。

5. 性别变形——男与女

性别的变形，让儿童在戏剧的虚构情境中体验另外一种性别。女孩可以扮演威武的将士，男孩可以扮演温柔的小女孩。正如“花木兰”戏剧主题活动中，女孩扮演女扮男装的木兰将军，男孩扮演在家织布的木兰姑娘。另外一种性别行为方式的体验与表现只有在戏剧中可以没有现实性别原形所特有的社会规范与禁忌。当然这仅仅是戏剧中的虚构体验，现实的性别原形是并未改变的。

6. 年龄变形——年老与年轻

学前儿童是幼小的，他们渴望长大，希望体验像爸爸妈妈一样做大人的感觉，喜欢扮作年迈的爷爷奶奶。

（三）自我与角色：身体的创作

戏剧作品中有一个最重要的要素，即演员用身体创作出来的不同于自我的角色。角色就是“演员所扮演的剧中人”[1]。观众所看到的戏剧作品正是演员在扮演角色的过程。

演员的“自我”和角色不是一回事。意大利剧作家皮蓝德娄认为“演员与角色不是一体的，演员就是演戏的人，角色就是被演员扮演的人”[2]。演员用自己的身体，去塑造一个不同于自我的“角色”。演员的“自我”是天然具备的，而塑造的角色与演员的自我之间既要凸显，也要隐藏。演员的自我要适当地凸显与张扬，其表演应具有个性，带有自己的独特意味；同时演员的自我要适当隐藏，不能完全因自我而遮盖了角色的特性，角色的特性仍然是第一位的。

学前儿童作为演员，在戏剧创作中同样遭遇着自我与角色之间的关系。学前儿童与角色之间的关系有如下几种类型。

1. 在假装的情境中当自己

这仅仅是一种假装行为，对自己与角色没有区分，自己就是角色，角色也是自己，把自己假装成大灰狼、小和尚、小鱼，那么自己也成了大灰狼、小和尚、小鱼，与角色融为一体地生活，往往在戏剧表演结束后还沉浸在自己假装的角色中。正如我们看到有些小班的孩子在扮演小老鼠的时候，突然听到老猫的叫声，立刻吓得大哭起来；还有大班那个叫笑笑的小女孩，她就把自己当作胖和尚，当看到导演请丹丹演胖和尚时，她伤心地哭了，后来丹丹主动和笑笑换了角色，笑笑又一次成为胖和尚时，她立刻破涕为笑。真是小孩子啊，他们完全生活在角色里：自己才是真正的胖和尚，怎么能让别人演呢？这种

[1] 彭万荣. 表演诗学[M]. 北京：中国社会科学出版社，2003：170.
[2] 彭万荣. 表演诗学[M]. 北京：中国社会科学出版社，2003：178.

把自己和角色融为一体的行为只是一种演员自我的凸显行为，还不能称得上真正意义上的角色扮演。

2. 表达角色的态度和看法

学前儿童已经知道现实中的自己和表演中自己扮演的角色之间的区别，意识到自己在舞台上就是扮演角色的生活，说角色的话、做角色的动作，表达角色的态度和看法，这标志着儿童角色意识的出现。中班儿童在“父与子”戏剧主题活动中，扮演路上的各种行人（买菜的、打手机电话的、杂耍艺人等），过马路时发出嘈杂的声音，吵着了躺在爸爸车上的儿子。孩子们表演得很开心，但是尚没有多少观众意识，经常背对着观众表演，也不在乎观众的评价，这说明儿童只是有了角色意识，还没有明显的观众意识，缺乏对角色表演规则的认识。

3. 在观众面前代表角色

随着角色意识的发展，学前儿童逐步能够理解角色行为职责，知道自己不仅要扮演角色，还要演给观众看，并且对其他角色也会提出这样的要求。

4. 控制整个表演，使观众感觉到角色生活在舞台上

儿童演员活在角色中，有意识造成一种真实的幻觉，尽力把观众带进戏剧世界中，而演员自己永远意识到这是一种虚构的表演，这是剧场演出中儿童与角色关系的最佳境界，大多数儿童都无法达到。我们对此也不提过高的要求。

戏剧让学前儿童在真与假的情境中，在原形与变形的变化中，在自我与角色的创作中，在虚构的戏剧世界里，用身体感知、体验、想象与表达着对自我的认识和对周围世界的认识。

第二节　模仿与想象：假装游戏蕴含“戏剧”的萌芽

学前儿童身体与心灵的对话，不仅是积极地感知与体验世界，而且还以一种“假装”的状态存在（这也是人类与动物所不同的一点），即在假装游戏发展过程中，向有观众意识发生的“戏剧”静悄悄地逐步演进。而这种从游戏到戏剧的内在过程，无不隐含着学前儿童的模仿和想象。如果说模仿是身体对外界的“复制”“再现”，那么想象则是冲破外界的束缚，进入一个神奇的虚构世界中。没有想象，模仿的游戏仅仅停留于角色游戏，有了想象，游戏就自然向着戏剧发展了。

有关儿童艺术发展和教育的研究已经表明儿童不仅有自发的绘画、唱歌、舞蹈等艺术行为，也有自发的戏剧行为。儿童艺术发生的研究大多是从艺术与游戏的关系入手的。英国艺术教育家里德认为不正式的游戏可以发展艺术的活动，“游戏以拟人化和客观化可以发展为戏剧”[1]。对此，我国幼教学者边霞（2000）从儿童文化的视角对“艺术”和“游戏”进行了深入而透彻的分析。她认为：“起初，儿童的游戏和艺术活动是同一的、未分化的，融为一体的，儿童的游戏中包括了艺术的萌芽。渐渐地，孕育在儿童游戏中的艺术因素从游戏的母体中一步步地走出来，开始独立。可以说，儿童的艺术是从儿童的游戏那里直接发展而来，游戏是儿童艺术发生的母体。”[2] 所以说，戏剧也可以从儿童的假装游戏发展而来，假装游戏无形中发展了“戏剧对话能力”，还丰富了“戏剧艺术感受力”。由此，我们也从儿童假装游戏

[1]　[英]赫伯·里德. 通过艺术的教育[M]. 吕廷和，译. 长沙：湖南美术出版社，2002：222.

[2]　边霞. 儿童的艺术与艺术教育[D]. 南京：南京师范大学博士学位论文，2000：60.

出发，进一步研究“戏剧”的萌芽如何从个人假装游戏、角色游戏到戏剧性游戏的发展中生长。

一、假装游戏：从个人假装游戏、角色游戏到戏剧性游戏

许多研究认为，假装游戏是儿童与生俱来的。“通常幼儿在18—24个月时就会开始出现假装行为，直至儿童中期（即6岁左右）时逐渐减少并消退，3—5岁时是进行假装游戏的‘高发季节’。”[1] 据许多跨文化的研究材料综合分析判断，儿童最初的装扮动作出现在1岁半到2岁之间。[2] 他们在不睡觉的情况下，会把小脸蛋枕在妈妈的怀里假装睡觉；他们会在不喝水的情况下，拿着空杯子做出喝水的动作；他们会在不梳头的情况下，用梳子做出梳头的动作。儿童的假装是自发的、快乐的、自由的，没有谁来教他们这么做，这为他们后来的戏剧发生打下了基础，因为戏剧的最重要的特征之一就是它的假定性。戏剧的“假定性”一词源于俄文условность[3]，意思是艺术形象与它所表现的对象的自然形态有意偏离的一切手法与审美原理，包括替代原则、时空转化、情境虚幻等。总之，儿童知道自己在假装，才可能产生他们的戏剧；儿童乐于假装，才愿意积极地投身于戏剧活动中。

我们所熟悉的角色游戏、表演游戏、象征性游戏都属于假装游戏。我国学者刘焱（2004）就曾指出，在我国，往往习惯把象征性游戏称为角色游戏，但是角色游戏只是皮亚杰所说的象征性游戏的发展

［1］ 转引自倪伟. 假装游戏与儿童发展：观点、争论与展望［J］. 南京师范大学学报，2014(5)：111-112.

［2］ 参见华爱华. 幼儿游戏理论［M］. 上海：上海教育出版社，1998.

［3］ 林克欢. 戏剧表现论［M］. 北京：中国社会科学出版社，1993：22.

历程中的一个阶段。3岁以前幼儿的象征性游戏中往往没有角色，只有动作的象征，象征性游戏包括角色游戏在内。成熟的象征性游戏的特点同戏剧性游戏相似，因此，同象征性游戏一样，戏剧性游戏也是学前儿童典型的游戏形式，遵循着儿童游戏的发展规律。而且，“皮亚杰的象征性游戏与想象游戏（imaginative play）、假装游戏（pretend play，make-believe play）和表演游戏（thematic play）在性质上相似，都以‘假装’为主要特征，常表现为以物代物、角色扮演和以动作代情境，因而这些名称常常被互换使用”[1]。

假装游戏也等同于象征性游戏。《教育大辞典》将象征性游戏（symbolic play）亦称为“假装游戏”，指前运算阶段的儿童能利用表象将眼前存在的东西（如小棍、石头、纸条）想象为另一些眼前不存在的东西（如枪、鸡蛋、面条）的游戏。它产生于儿童有了表象之后，并在2岁、3—5岁、6岁间达到高峰。[2]

以色列儿童游戏研究学者、心理学家萨拉·斯米兰斯基和希福塔娅（Smilansky & Shefatya，1990）提出与“假装游戏”有关的6个发展因素[3]。（1）模仿角色扮演：儿童用模仿性的动作或言语来扮演一个假装的角色。假装游戏中，儿童变换了身份后，已不是自己，利用动作、姿势、表情、语气语调等扮演他人或物，如扮演自己生活中熟悉的人，父母、医生、警察等，或者来自童话、神话、卡通片中的人物。此时，儿童已经从关注人或物的动作转向对“人”的兴趣，引导

[1] 刘焱. 儿童游戏通论[M]. 北京：北京师范大学出版社，2004：182.

[2] 教育大辞典编纂委员会编. 教育心理学[M]. 上海：上海教育出版社，1990：7.

[3] 转引自Lesley Hendy & Lucy Toon. Suppoting Drama and Imaginative Play in the Early Years[M]. Philadelphia：Open University Press，2001：11.（该引文由邱云整理）

着儿童游戏行为的是角色而不是角色的动作，角色意识成为游戏的中心。(2) 与玩具有关的假装：儿童以角色的身份去移动或使用材料或玩具。游戏中的儿童利用任何玩具、材料或动作、口语的描述来代替真实的物体，如把一根棍子当成魔法棒。(3) 与动作、情景有关的言语假装：儿童使用言语叙述作为动作和情景的补充。如5岁的儿童扮演"船长"："船现在开动了，请大家坐好。"说完，开始稳稳地坐在台阶上，双手做握方向盘的动作。儿童可以用语言来塑造想象的情境。(4) 角色扮演的坚持性：儿童持续进行角色扮演能坚持至少10分钟。(5) 社会互动：至少2个儿童一起在故事背景下玩耍。(6) 言语交流：儿童有关于扮演的对话。在这里，角色动作模仿、投射于玩具的"导演式个人游戏"、言语和动作扮演的角色游戏，以及在一定故事背景下的"戏剧性游戏"的要素都体现出来了。

但是，在"广义内涵"的假装游戏里，还是有不同假装（或者角色扮演）层次的游戏。克雷塔·费恩（Creta Fein，1984）根据角色承担的不同，将2—4岁儿童的假装游戏划分为4种水平。(1) 假装行为中的自己：把自己置身于假装的情景中，比如"我假装正在教我的玩偶"。(2) 一般的角色转换：在假装的情景中扮演不同于自己的其他角色，比如我是医生，正在照顾我的病人。(3) 相互的角色：扮演一个角色，并与其他角色互动，比如我是妈妈，在和我的孩子说话。(4) 相互与可逆性角色：从扮演妈妈和孩子说话转换到孩子回答，反之亦然。[1] 由此，我们看到2—4岁儿童从行为假装、自己扮演角色到与他

[1] 转引自Lesley Hendy & Lucy Toon. Suppoting Drama and Imaginative Play in the Early Years[M]. Philadelphia: Open University Press, 2001: 11.

人互动扮演角色，再到角色转换的不同层次。

综合这些研究，本书试图厘清学前儿童假装游戏的发展线索，从行为、情景、角色和情节等维度进一步深入分析。

（一）个人行为假装：动作假装

在18—24个月的幼儿那里，神奇的假装游戏（pretend play）突然就发生了：戴着爸爸的帽子去“上班”；拎着妈妈的包去“购物”；手背在身后，嘴里说着“爷爷散步”；等等。假装游戏是一种儿童将自己处于假装的情景，以假装的动作、语言再现现实生活。之所以称之为“假装”，是因为幼儿假装在做着什么，动作是假装的，使其“不可能”通过假装获得“可能”。而且，幼儿为了使自己假装得更为贴切、明白，会借助相应真实的服装、生活用品等材料加以象征，比如手里拎着妈妈的包、穿上妈妈的高跟鞋，就装扮成妈妈；头上戴着爸爸的帽子，就装扮成爸爸。正如图1-1，这位2岁的孩子，在旅行回来后戴着爸爸的帽子，背着旅行包，手里拎着袋子，怀里抱着玩具娃娃，假装着急地赶飞机。行为假装，应该是假装游戏的最外显的形态。此时的行为假装还是个人的，没有与其他人或者角色发生互动。

图1-1　旅行归来后的假装游戏：赶飞机

此外，个人行为假装具有对于物的表征性假装。“例如，儿童假装用香蕉打电话，如果儿童（假装者）能准确地意识到什么是香蕉（现实），什么是电话（心理表征），知道在本情境下二者之间的信息关系，理解心理表征有可能不同于现实，并非出于误解或欺骗，并有意做出这种行为（意图），而且是乐于做出这个行为，那么就可以视为一种假装游戏。”[1] 用香蕉替代电话，这一心理表征的出现是由假装意图所导致的，为了能像成人一样打电话，儿童以方便原则找到相应的替代物，以假装的动作表征打电话的行为。上文中装扮成爸爸、妈妈的孩子，也是用爸爸的帽子或妈妈的高跟鞋这一两个物品起到一种象征意义，并不需要完全装扮成爸爸、妈妈的模样。

总之，个人行为的假装本质以“动作假装”为主，即“我假装做什么事情”，这时候还没有意识自己要扮演成他人，正如克雷塔·费恩（Creta Fein，1984）所概括的“假装行为中的自己”。同时，动作假装所使用的物品还不具有象征性，仅仅是实物的真实意义，比如假装游戏“赶飞机”中的孩子所戴的帽子、背的包，就是孩子认为赶飞机必须携带的物品，和真实情景的意义是相同的。

（二）导演式个人游戏：角色与情境融为一体

4 岁以前，儿童的游戏以个人游戏为主，他们喜欢自己摆弄玩具、材料。当他们在游戏中发展出一定的情节，出现了不同的角色时，他们就像导演一样在组织游戏了，苏联的加斯帕洛娃就把这种游

[1] 倪伟. 假装游戏与儿童发展：观点、争论与展望[J]. 南京师范大学学报，2014(5)：111.

戏叫作导演式个人游戏。加斯帕洛娃认为，在导演式个人游戏中，儿童不需要其他玩伴的配合，他们把各种玩偶当作自己的玩伴；也不担任任何固定的角色，只是在那里调整各种人物之间的关系，这种“导演式游戏的个人特点以及个人在反映角色之间的各种关系的过程中所起的组织作用和指导作用，都表明该游戏具有明显的导演特点”[1]。

正如图 1-2 中幼儿的表现，这位幼儿嘴里噙着安抚奶嘴，说明她还是自己，并不扮演角色。但是她正在给玩偶盖被子，一场自编自导的“导演式个人游戏”或者说“投射游戏”开始了。我们可以想象，她一会儿学着妈妈的声音：“乖宝宝要睡觉了。”“小兔子，你怎么这么调皮，又踢被子了。”她一会儿学着小兔子的声音：“啊，我睡不着，给我讲个故事，好吗?”

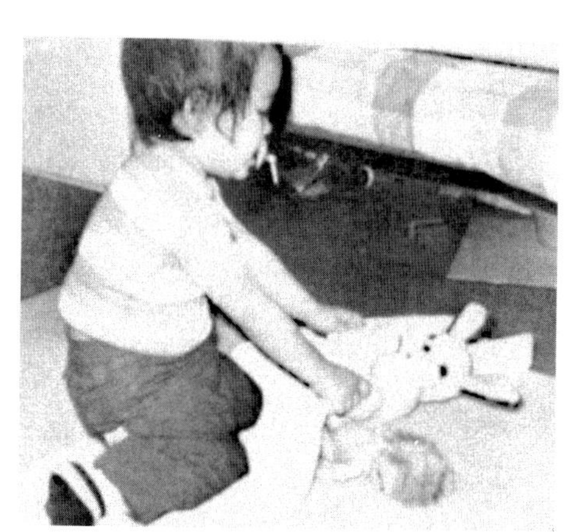

图1-2 宝宝快睡觉[2]

在导演式个人游戏里，学前儿童将个人所操作的物品（玩具、玩偶），“投射”以角色身份。在彼得·斯莱德（Peter Slade，1954）看来，这一游戏被称为“投射游戏”（projected play）。他在《儿童戏剧》一书中，提到儿童的“个人的”游戏或者是“投射的”游戏是儿童的“表演准备”。其中，“投射游戏”需要使用物品或者孩子们眼中的“宝贝”“拥有物”，儿童身体一动不动，好像完全投入到这一情景

[1] [苏]加斯帕洛娃. 论导演式个人游戏[J]. 赵维贤，译. 学前教育研究，1988(3).

[2] 胡宝林. 戏剧与行为表现力[M]. 台北：远流出版公司，1994：27.

中。儿童使用物品表演一段情景：儿童将自己的想象，投射在玩偶、汽车、战斗士兵所扮演的角色上等等。[1]

其实，儿童在导演式个人游戏中也会承担不同于玩偶的一个角色，笔者曾观察一位名叫一一的孩子（2岁11个月）的导演式个人游戏“拔牙”，这个孩子还在游戏中扮演了“医生”。

拔　牙

一一把一只玩偶小马放在抽纸盒子上，一盏打开的台灯放在小马旁边，灯光照射在小马嘴巴上。一一俨然是一位“医生”，要给小马拔牙。一一学着小马的声音，害怕地说：“不要拔牙！”接着不停地用遥控器（代替治疗器械）在小马肚子上摩擦着，问道：“肚子疼不疼？”然后又把遥控器放在小马嘴巴上：“再看一看，牙疼不疼啊？”并顺手用窗帘的系带把小马从头到尾包扎起来，“粘起来。好了，回家吧。”最后学着小马的声音：“谢谢！”

[1] 转引自Lesley Hendy &Lucy Toon. Supporting Drama and Imaginative Play in the Early Years[M]. Philadelphia:Open University Press,2001:12.

的确，从这个活生生的例子中，我们惊喜地发现儿童的几个特性：(1) 儿童通过移动玩偶等物品，根据自己对现实世界的理解，将自己带入一个假装的世界中，这些物品被想象为一个个角色。(2) 儿童在个人游戏中感到无比自由，完全按照自己的意愿组织一出戏，他们是积极的、自主的导演。(3) 儿童导演情节设计的来源丰富。有的完全是生活中直接经验的反映，比如说前面提到的“拔牙”的游戏；有的则是童话、诗歌、影视等作品中获得的间接经验的反映，比如有的孩子把《小红帽》《三只小猪》等童话的片段拉进游戏中，“大灰狼要吃外婆了”“大灰狼要吃小猪了”；还有的是直接经验和间接经验的糅合、交织，把几件事连接在一起。(4) 导演式个人游戏是在儿童操控玩偶的过程中诞生的，他本人可能担任任何一个角色，也可能不担任任何角色，但要轮流代替玩偶的角色来表演。可见，儿童导演是玩偶角色的直接指挥者。

总之，导演式个人游戏的角色和情境融为一体。那些玩偶角色是由游戏者操控的，不完全称得上独立的角色，既在虚构假装的情境里互动，又可以称为情境的一个组成部分。

(三) 角色游戏：角色从情境中分离

角色游戏是指幼儿“以模仿和想象，通过扮演角色创造性反映周围生活的游戏”。它的特点是幼儿的“创造性”以及游戏内容反映社会生活的“社会性”。[1] 学前儿童在角色游戏中，以对社会生活的理解、

[1] 黄人颂. 学前教育学[M]. 北京：人民教育出版社，1989：253.

重现为核心，尽管其形式是角色扮演的。典型的如“过家家”这一角色游戏，正是学前儿童对自己最熟悉的家庭生活方方面面的重演，在日复一日、乐此不疲地买菜、做饭、照顾宝宝、逛街等等中，他们越来越深刻地理解日常的家庭生活及人际关系。角色游戏的内容是“社会性”的，情节源于真实生活，而不是虚构的想象世界或文学作品。

在莱斯利·亨迪和露西·图恩（Lesley Hendy & Lucy Toon，2001）看来，角色游戏是投射游戏的扩展。游戏者扮演着另一个角色，玩着假装自己是别人的游戏，扮演着他们都知道的角色。他们会自己或者和别人一起重复地扮演同样的情景。在角色游戏里，儿童一旦摆脱现实世界的束缚，他们会尽可能地尝试各种不同行为组合。角色的具体功能有：行动角色、刻板角色、虚构角色。比如，行动角色：过家家、医院就医、购物、逛超市、到餐厅吃饭等等里的角色；刻板角色：建筑师、警察、教师等等；虚构角色：有时以姓名或者角色个性命名，如坏狐狸、杰克和怪物以及卡通人物等。[1]

如果说导演式个人游戏的角色互动是凭借物品的个人导演的一出戏，那么角色游戏则是多个角色之间的真正互动。每个参与游戏的儿童基于对自己和他人所扮演的角色的理解，进行着角色之间的交往，当有的儿童不能遵照情境规定扮演角色时，往往会得到其他角色的建议、劝阻、命令等不同的反应。角色游戏的“角色意识”更为明显，已经从情境中分离出来。

[1] 转引自Lesley Hendy & Lucy Toon. Supporting Drama and Imaginative Play in the Early Years[M]. Philadelphia:Open University Press,2001:14.

（四）戏剧性游戏：集演员、剧作家、导演、舞美于一身

随着儿童能力的发展，他们的想象不再局限于周围的物品或人物，也不再只是一个人玩，而是自己想象出一个虚构世界，并主动和几个伙伴合作共同进行一个有情节的游戏。这种游戏就是较高水平的“戏剧性游戏”。戏剧性游戏是一种“创造性的、自发的游戏。在游戏中，儿童凭借自己的想象来创造和编写戏剧角色、行为或事件”[1]。儿童在进入戏剧性游戏之前，往往会和玩伴一起商量“玩什么”“怎么玩”“用什么玩”之类的问题。儿童的戏剧性游戏一旦出现，这类游戏行为出现的频率迅速增加，到了6岁达到高峰，之后逐渐减少。[2]

从戏剧的角度分析，儿童的戏剧性游戏包含了剧情创作、角色分配、道具制定以及整体表演的调整安排。下面，就是一位名叫天天的女孩5岁时和笔者进行的一次戏剧性游戏。

女　王

一到星期天，天天就来邀请我和她做游戏，又要和我玩“女王”的游戏，她最喜欢玩这个游戏了。每次都是天天来分配角色，每次她都是“女王”，并让我扮演她的“大臣”。她会很认真

[1] [美]希尔达. L. 杰克曼. 早期教育课程：架起儿童通往世界的桥梁[M]. 杨巍，等，译. 北京：中国轻工业出版社，2002：278.

[2] 陈淑敏. 幼儿游戏[M]. 台北：心理出版社，1999：54.

地和我一起构思情节。她说："女王命令大臣赶快送上礼物，你就送上来衣服（刚好身边有一件衣服），可是女王不喜欢；你就送上一朵花，女王有一点喜欢，但还是不是特别喜欢。你就不知道女王真正喜欢什么，很着急，后来你就把你家里的好东西全都拿过来了（她把自己的玩具从柜子里都拿了出来），最后假装女王就挑了'高非'（《米老鼠》中的卡通人物），就这么玩吧。""但是，我也喜欢高非，不想把高非给你。"我故意要难一难这位女王。"我有魔棒（是一根可伸缩的教杆），你要什么，我就可以给你变什么。"这回，我耐住性子，点了点头。然后她开始打扮起来，头上裹了条红色丝巾，身上再披上一条黄色纱巾，手里还拿着一根"魔棒"，盘腿坐在双层床的蛋糕形台阶的最高一层，俨然一位高高在上的、威严的、美丽的女王。我们就按照"女王"安排的情节演了起来，如果我演的和事先她说的不一样，她就会让我重来一次，绝不允许我改变。

这是一个典型的戏剧性游戏，它显示出丰富的儿童自发性戏剧形态：天天不仅仅是演员，她还是剧作家，整个情节基本都是她创作的；她还是导演，负责分配角色，维护表演规则；她也是道具师、化装师，她寻找丝巾、纱巾、教杆等做替代性道具，把自己打扮成"女王"的模样。她集演员、剧作家、导演、舞美于一身，一身兼数职，真是忙得不亦乐乎！

关于戏剧性游戏（dramatic play）的英文命名很多，比如sociadramatic play、social-dramatic play、symbolic play、representational play、imaginative play、thematic play、fantasy play等。

“戏剧性游戏”一词近十多年来才在国内的研究中逐步出现。戏剧性游戏常常被包含进角色游戏中，其实它具有角色游戏的模仿和假装两个特性，但是在角色关系的明确性、情节的完整性上比角色游戏更进一步。

对“戏剧性游戏”的中文翻译以及内涵解释有很多，有的称社会戏剧性游戏、扮演游戏、社会角色游戏、社会性扮演游戏、主题角色游戏。

《教育大辞典》对“戏剧性游戏”的定义为：“一种假装游戏。利用想象，假装在不同的情景扮演不同的身份或角色。当几个儿童在一起进行这类游戏时，可称社会戏剧性游戏。”[1]

以色列学者莎拉·斯米兰斯基（Smilansky）认为：“戏剧游戏（dramatic play）是由儿童扮演别人的角色而形成，在游戏中儿童模仿人们的活动和言语形式，利用真实的或想象的道具和自己的经验（这些第一或第二手的经验是在各种熟悉的情景获得和个别模仿而来的）而展开。当这种活动有两个或两个以上儿童合作，并且游戏者以他们的角色之间的相互关系为基础进行游戏，既用语言又按动作表演时，这种戏剧游戏可称为‘社会戏剧游戏’（sociadramatic play）。”[2]

刘焱（2004）认为：“幼儿伙伴之间合作进行的象征性游戏（皮亚

---

[1] 教育大辞典编纂委员会. 教育大辞典[M]. 上海：上海教育出版社，1990：7.

[2] 转引自潘洁. 儿童社会戏剧性游戏的研究[J]. 学前教育研究，2001(6)：34-35.

杰称之为‘集体的象征’）是象征性游戏的最成熟的形式，这种游戏也被称为社会性扮演游戏（social-dramatic play）或主题角色游戏，标志着情景转变、以物代物、角色扮演等因素协调和整合的结果，标志着幼儿认知和社会性发展的成就。”[1]

邱学青（2008）将戏剧性游戏翻译为“扮演游戏”，并将其定义为“用以展示身体技能、创造能力以及社会性技能的象征性游戏”。扮演游戏在儿童2岁左右开始，到3岁时，产生扮演游戏的最高形式——“社会角色游戏”（social-dramatic play）。儿童通过模仿别人的言行伪装成其他人，这种伪装依赖于言语表达，功能表现在模仿角色、想象物体、替代动作、描述情景。[2]

此外，我们熟悉的“表演游戏”如果是儿童自发的，也属于“戏剧性游戏”的范畴。表演游戏是指儿童“按照童话或故事中的情节扮演某一角色，再现文学作品内容的一种游戏形式。它以儿童自主、独立地对作品的理解去展开游戏情节”[3]。

中国台湾戏剧教育学者林玫君（2005）赞同斯米兰斯基（Smilansky）的说法，倾向于使用“戏剧游戏”一词，并在其前面加上“自发性”三个字，又将戏剧游戏称为“自发性戏剧游戏”。其内涵是：“幼儿运用想象，重新把生活或想象中的人物事件，透过自己的肢体、口语和行动表现出来。”在台湾地区，一般人们通称它为“扮家家酒”，且将幼稚园的“戏剧扮演区”称为“娃娃家”。[4]

[1] 刘焱. 儿童游戏通论[M]. 北京：北京师范大学出版社，2004：182.

[2] 邱学青. 学前儿童游戏[M]. 南京：江苏教育出版社，2008：90.

[3] 邱学青. 学前儿童游戏[M]. 南京：江苏教育出版社，2008：309.

[4] 林玫君. 创造性戏剧理论与实务[M]. 台北：心理出版社，2005：8.

戏剧性游戏在假装游戏（或者象征性游戏）中是最为复杂、高级的，尤其是“情节”已经超越日常生活的重现，被赋予儿童自己更丰富的、更为自由的想象。虽然角色、情境、情节这些戏剧要素在戏剧性游戏中都已显现，但是“观众”还没有出现，即儿童还没有被观看的需要、观众意识，因而还是一种游戏，不能称之为“戏剧”。

二、模仿与想象：学前儿童假装的内在机制

学前儿童在假装游戏中的“假装”与戏剧艺术的主要特性“假定性”之间的共同性，使得假装游戏最终走向了戏剧。揭开学前儿童“假装”内在机制的神秘面纱，能够更加深刻地理解学前儿童“为何假装”“如何假装”“假装什么”等问题。

（一）模仿是假装的外显

皮亚杰（Piaget，1962）认为，假装是一种特殊形式的同化，假装游戏实际上是一种随着儿童的经验积累逐渐形成的内化模仿。[1] 儿童对周围世界的思考、认识和理解来自模仿，模仿以假装的形态呈现。皮亚杰（1980）观察到：当一个16个月大的小女孩看到一位发怒、叫喊并顿足的同伴离去1.2小时以后，女孩就模仿这情景，并自己逗着笑起来。[2]

因此，“假装是人类的一种心理状态，儿童的假装包含在游戏活动中。儿童假装是一种与模仿类似的行为活动，是个体成长中的适应过

[1] 王可，郭会萍. 儿童假装游戏理论与相关研究[J]. 心理研究，2009(5)：40.
[2] 林泳海. 论儿童模仿及其教育价值[J]. 应用心理学，1987(专刊)：9.

程。因此，假装体现着个体走向现实进程中的认知成长状态，是假装者根据想象的情境，有意识、有目的地用模仿的方式进行的智力行为”[1]。

模仿是儿童的天性。美国的蒂芬妮·弗尔德和她的同事研究发现新生儿能模仿实验者高兴、悲哀、愤怒的表情。[2] 模仿行为一直伴随着儿童成长，从观察模仿父母、老师、同伴的行为，逐步扩展到模仿影视、文学作品中的人物。可以说，儿童没有模仿的冲动，也就不可能有戏剧扮演的冲动，他们的扮演最初的形式都是一种模仿。戏剧性游戏还扩展了模仿的范围，具有较为完整的丰富的情节，它比角色游戏的情节更讲究合理性。儿童在戏剧性游戏里有角色扮演，并具有初步完整的情节表现，但是还没有观众意识，与儿童自发的戏剧艺术还有一定距离。

儿童在假装过程中的模仿，一定要基于对模仿对象的理解，否则模仿无法进行，假装不能成功。哈里斯（Harris，1993）认为2岁儿童能够理解甚至模仿假装者的行为，是因为他们把假装看成一种模拟现实的能力。利拉德（Lillard，1993）扩展了哈里斯的立场，他认为年幼儿童仅仅把假装理解为“看起来像某物”的动作，并不能理解假装的心理本质。也就是说，个体想要假装成某物就必须具有某物的相关知识，才能形成对某物的心理表征，才能进行假装。[3]

学前儿童为何能模仿呢？近二十年来脑科学研究领域一直在探索模仿的生理和心理机制。1996年，意大利帕尔马大学的神经科学家加

[1] 王可，郭会萍. 儿童假装游戏理论与相关研究[J]. 心理研究，2009(5):40.
[2] 参见[英]迈克尔·西戈，等. 儿童认知发展研究—— 一种新皮亚杰学派观[M]. 成都：四川教育出版社，1999:14-15.
[3] 王可，郭会萍. 儿童假装游戏理论与相关研究[J]. 心理研究，2009(5):41.

莱赛和里佐拉蒂（Gallese & Rizzolatti）等在恒河猴前运动皮层（pre-motor cortex，PMC）的F5区和下顶叶皮层凸起处的PF区发现了一类奇妙的神经元。这种神经元在个体主动执行或者被动观察他人执行相关动作时均能被激活，就像大脑中的一面镜子一样映射他人的心理活动，因此被命名为镜像神经元（mirror neuron）。[1] 镜像神经元的发现，使我们可以明确地解释在观察中或者在观察后的模仿发生的生理基础。

此外，有研究人员对“婴幼儿是对动作模仿，还是对动作意图模仿”进行了进一步研究。索斯盖特（Southgate，1990）等人通过脑电图（EEG）技术对9个月大的婴儿的手部抓取动作进行了研究。实验分为动作执行（婴儿伸手抓取一个物体）和动作观察（婴儿观察实验者做相同动作）两个阶段。阶段1是在婴儿面前设置一个有幕布遮挡的玩偶舞台，然后实验者通过操纵机械臂撩开幕布，将一个小玩具送到婴儿面前，等待婴儿抓取，另一名实验者在婴儿把玩一会儿后将玩具收回，然后循环重复这个过程直至婴儿厌烦。阶段2是让婴儿保持观察，然后掀开幕布让其看到舞台上有一个小玩具，间隔一段时间后，一只手（实验者的）撩开幕布伸向玩具，抓住它并将之从舞台中央移开，再放下幕布。在展现两个阶段任务的同时，记录婴儿大脑感觉运动的α波活动的频率变化范围。结果发现，无论是婴儿自己去抓取玩具还是观察实验者抓取玩具，婴儿大脑的α波活动频率都相应地减弱了。研究结论是婴儿只需预期接下来的示范动作序列中的一部分

[1] 转引自陈巍. 关于儿童模仿能力的理论解释模型及其研究展望[J]. 学前教育研究，2010(12)：23.

就可以理解整个动作序列的目的，而模仿正是以整个示范动作序列的结果被观察者所预见到的方式发生的。[1] 看来，婴幼儿的动作模仿，并不需要观察所有动作序列，当他们能够预期动作的意图，所有的动作序列就会被再现出来。婴幼儿作为模仿者，对于示范者意图的理解、猜测是模仿中很重要的成分。换一句话说，模仿并不是简单地来自镜像神经元的复制，而是取决于建立在前者基础上的认知层面的理解。

（二）想象是假装的内核

如果说模仿是假装的外显，那么想象是假装游戏的内在核心，同时想象也是戏剧萌芽的特点。只要仔细观察每一个儿童，我们就可以发现他们总是不断地发明自己的想象游戏，虚构想象的朋友、敌人、仙女和怪物，在幻想世界里体验现实无法带来的神奇和快乐。想象是儿童的天性，虽然随着人的成长，理性和责任逐渐自觉地代替了想象和冲动，但成年人仍然可以从戏剧中找到儿童时期想象带来的快乐体验。在成人的戏剧里，演员把自己想象成另外一个人，在另一个世界里生活，观众则仿佛身临其境，体验到现实生活中无法遇到的情景和情感：兴奋、焦急、恐怖甚至死亡。这些戏剧体验与游戏体验多么相似。英国心理学家格林·威尔逊就说过："幻想和游戏的一种正规化形式就是戏剧。"[2]

有关假装游戏的想象论也认为："儿童的假装游戏是在社会生活经

[1] 转引自陈巍. 关于儿童模仿能力的理论解释模型及其研究展望[J]. 学前教育研究，2010(12)：24.

[2] [英]格林·威尔逊. 表演艺术心理学[M]. 李学通，译. 上海：上海文艺出版社，1989：25.

验的基础上的一种想象，儿童想象他们正在体验着他人的信念和愿望，并在此基础上进行再创造。儿童根据想象出的假想情境，区分出什么是真实的什么是非真实的，来进行假装游戏。”[1]没有想象，只有模仿，也不能发生假装游戏。假装游戏来源于真实的模仿，但是其外化的过程必须依赖大胆的想象：情境的想象、角色的想象、情节的想象。而且学前后期（5—7岁）儿童随着年龄的增加，不再满足于真实生活的再现，更多虚构的故事出现在他们的戏剧性游戏里。

假装游戏的想象是一种“符号化”的想象。学前儿童在假装游戏中基于现实模仿的假装，需要借助想象完成情境的、角色的和情节的虚构，使得一切都有可能发生。以物代物的实物假装（椅子是汽车、盒子是床、布娃娃是宝宝等等）、动作假装（“医生”用手指头戳在“娃娃”的胳膊上代表打针、“司机”做出转动方向盘的动作、“警察”做出指挥交通的动作等等）、语言假装（对话、独白以及类似旁白的对假装的语言说明），都以符号的形式呈现出来。只有通过符号，想象才能进行，假装游戏才能发生。

[1] 王可，郭会萍. 儿童假装游戏理论与相关研究[J]. 心理研究，2009(5)：40-41.

第二章 灵性与人性的对话：学前儿童戏剧教育的人文精神

本章以人文精神追求为依归，论述了学前儿童戏剧教育之目的。

首先，从对儿童的灵性与人性的分析出发，探究了早期儿童“泛灵论”倾向与原始先民的思维特质神奇且神圣的巧合与对应，以及儿童人性在感性与理性融合中的启蒙。儿童应是灵性与人性的统一体。人性的大树得日月之精华，立于天地之间；灵性的草丛、花朵、藤蔓受雨露之滋养，与大树相生相伴。人性与灵性，构成一个充满生机、和谐适度、生生不息的小世界。

其次，从戏剧发生学视角，从前戏剧发展的三个阶段来阐述儿童的戏剧天性与原始先民的前戏剧之间的对应与观照，并分析了儿童戏剧发生与原始戏剧发生的一致性。

最后，论述了学前儿童戏剧教育应以人文精神的追求为依归，让灵性与人性在儿童身上得以完满地保留与完美地体现。

第一节　儿童的灵性与人性

儿童本原是灵性与人性的融合体，学前儿童更是天真未凿的赤子：他们像小鸟，叽叽喳喳，在鸟语花香中与小鸟们对唱；他们像小兽，蹦蹦跳跳，在草地树林里与小兽们对望；他们稚嫩的心灵，在好奇中模仿一切，在幻想中与万物相融。灵性，是人之初难能可贵的天赋。但是，由于带有工业化标签的现代教育过分关注人性的发展，忽视甚至忽略灵性在人心田的自然流淌，灵性被阻隔、被钝化，儿童被视为毫无关联的、相互割裂的、装盛各门专业知识的空空的“容器”。在艺术方面，没有学唱歌就不让纵情高歌，没有学跳舞就不让舞之蹈之，没有学绘画就不让信手涂画，没有学表演就不让即兴出场率性登台。其实，“儿童在出生时是带着神性来到尘世的，因而儿童的身上充满了神性，他们懂得和自然进行交流，聆听自然的教诲，接受大自然的滋养”。英国大诗人威廉·华兹华斯一语道中儿童喜欢假装的缘由：“儿童由于离神最近，受到世俗的浸染最小，始终保持着人类最初被创造出来时的能力，与鸟儿对话，与群山、万物交流，人类的原初状态（儿童）永远是人性完满的象征。”[1]

一、儿童的灵性

威廉·华兹华斯所谓“神性”，即为本章中“灵性”的另一种诗性的言说。在文学家泰戈尔笔下，有关儿童灵性的描写，显得更加清新而传神。如《对岸》里，灵性的儿童对“对岸”感到着迷，渴望到河的对岸去，幻想“长大的时候，要做这渡船的船夫。据说有好些古怪的池塘藏在这个高岸之后。雨过去了，一群一群的野鹜飞到那里去。茂盛的芦苇在岸边四周生长，水鸟在那里生蛋；竹鸡带着跳舞的尾

[1] 曾照莲，童长涛. 试论华兹华斯诗歌中的“童年主题”[J]. 学术交流，2004(12)：170.

巴，将它们细小的足印印在洁净的软泥上；黄昏的时候，长草顶着白花，邀月光在长草的波浪上浮游”[1]。《花的学校》里，“当雷云在天上轰响，六月的阵雨落下的时候，润湿的东风走过荒野，在竹林中吹着口笛。于是一群一群的花从无人知道的地方突然跑出来，在绿草上狂欢地跳着舞”。灵性的儿童“真的觉得那群花朵是在地下的学校里上学。他们关了门做功课，如果他们想在散学以前出来游戏，他们的老师是要罚他们站壁角的。雨一来，他们便放假了。树枝在林中互相碰触着，绿叶在狂风里萧萧地响着，雷云拍着大手，花孩子们便在那时候穿了紫的、黄的、白的衣裳，冲了出来。你可知道，妈妈，他们的家是在天上，在星星所住的地方”。[2] 儿童的灵性，自由地穿越、变幻于花木虫鱼间，在《金色花》里，孩子变成了一朵金色花，“长在树的高枝上，笑嘻嘻地在空中摇摆”[3]。在《榕树》里，“他想做风，吹过你的萧萧的枝杈；想做你的影子，在水面上，随了日光而俱长；想做一只鸟儿，栖息在你的最高枝上；还想做那两只鸭，在芦苇与阴影中间游来游去”[4]。在《孩子的世界》里，泰戈尔羡慕地赞美道：“我知道有星星同他说话，天空也在他面前垂下，用它呆呆的云朵和彩虹来娱悦他。”[5] 泰戈尔在充盈着自然生息的孩子身上，折析出儿童的灵性之光。

儿童心理学家皮亚杰则从儿童心理学的视角，分析了儿童思维的

[1] [印]泰戈尔. 新月集·飞鸟集[M]. 郑振铎，译. 北京：中华书局，2012：39–40.
[2] [印]泰戈尔. 新月集·飞鸟集[M]. 郑振铎，译. 北京：中华书局，2012：41–42.
[3] [印]泰戈尔. 新月集·飞鸟集[M]. 郑振铎，译. 北京：中华书局，2012：27.
[4] [印]泰戈尔. 新月集·飞鸟集[M]. 郑振铎，译. 北京：中华书局，2012：66.
[5] [印]泰戈尔. 新月集·飞鸟集[M]. 郑振铎，译. 北京：中华书局，2012：18.

“泛灵论”的倾向。他认为“前运算时期”的儿童不能区别有生命的东西和无生命的东西，不能区分心理的和物理的东西。他们不但常常认为许多无生命的东西有生命，而且认为那些东西和人一样有感觉、有意识。“幼儿认为，凡是运动中的物体都是有生命的和有意识的，风知道它自己的吹动，太阳知道自己的运转。”“儿童可能宣称刺面的寒风是敌意的，而温暖的太阳则是慈善的。”[1]

我国学者叶舒宪（1988）曾指出：“19世纪初，比较解剖学的创始人弗里德里希·梅克尔提出一个大胆假说，认为个体的成长史就是种族历史的一种重演……几十年以后，进化论的创始人达尔文又从生物学方面提出：人类个体的胚胎发育史恰恰重演着生物自低等向高等进化的历史。”[2] 那么，我们可以从原始先民的思维特质里，进一步探索儿童灵性的本源。

处于人类认识发展初始时期的原始先民，如同早期儿童般不能区分心理的和物理的东西，他们与大自然声息相通，对自然界的千姿百态、千变万化无法理喻。在原始先民的心目中，自然万物充满灵性，于是他们对许多自然现象进行曲折变形的反映，把自然现象加以想象与神化，创生了许多鬼怪精灵，并对之加以崇拜，原始宗教从此产生，原始先民的思维特质也由此显出了雏形。与此同时，原始先民自身的灵性得到了最广泛的投射。

对于原始先民的认识特质，英国著名人类学家泰勒（1871）以梦境作为探析之孔、切入之口，进行了独特的分析与解读。泰勒在《原

[1] [瑞士]皮亚杰，英海尔德. 儿童心理学. 吴福元，译. 北京：商务印书馆，1980：83.

[2] 叶舒宪. 原始思维发生学研究导论[J]. 哲学研究，1988(2)：64.

始文化》中论述的“万物有灵论”，原始人所看到的万事万物和自然现象都存在着神秘的属性，即有神灵、灵魂，彰显了原始人的“神性”的形象思维、“巫术思维”。泰勒把灵魂寄托于巫术，认为灵魂是不可捉摸的虚幻的人的影像，按其本质来说，虚无得像蒸汽、薄雾或阴影；它是那赋予个体以生气的生命和思想之源；它能独立地支配着肉体所有者过去和现在的个人意识和意志；它能离开肉体并从一个地方迅速地转移到另一个地方，它的大部分是摸不着看不到的，它同样地也显示物质力量，尤其看起来好像醒着的或者睡着的人，一个离开肉体但跟肉体相似的幽灵；它继续存在和生活在死后的人的肉体上；它能进入另一个人的肉体中去，能够进入动物内甚至物体内，支配它们，影响它们。[1] 在泰勒那里，原始先民以心理联想和类比的原始思维规律，在大自然的一切现象中获得了“答案”，在一切生物身上，发现了“精灵”“灵魂”“意向”。

法国人类学家列维-布留尔在《原始思维》(1922) 一书中则认为，在前万物有灵论阶段，原始先民们使用着所谓的“原逻辑”的原始思维。他们认定不存在原因和结果的分离，以为个人与外界通过神秘的方式相互渗透，并以此认识和把握外界。[2] 那时，原始先民还没有灵魂观念，他们蒙昧着、恐惧着、神秘着，他们尚未超越周遭的动植物群体和周围的自然环境，他们同周围万物有一种共生感。雷鸣电闪，冬雪夏雨，江河湖泊，悬崖峭壁，无不让原始先民们感到恐惧惊慌，并因被他们凭空加上的神秘属性而具有了神秘的能力和神圣的性

[1] [英]爱德华·泰勒. 原始文化[M]. 连树声，译. 上海：上海文艺出版社，1992：416.

[2] [法]列维-布留尔. 原始思维[M]. 丁由，译. 北京：商务印书馆，1997：62–69.

质。他们深切地体会到、感觉到大自然到处弥漫着、渗透着灵性，深信这灵性是生命的本原，是连续的且不间断的，他们深信灵性控制着万事万物。原始先民们对存在物和客体的区别没有察觉，他们甚至忽视这种区别。无论何时何地，他们以为看得见的世界和看不见的世界是一体的，认为任何事物的发生都是由神秘的和看不见的力量引起的。

而在西方哲学大家——柏拉图那里，原始先民似乎行进到“人猿揖别”的路口，他们散发着灵性之光的原始思维，终于又萌发出了自我意识即人的主体性。人本是大自然之子，灵性是远古人类的天赋禀性。这是一种与天、地、万物交流对话的神奇的能力。“大家还记得柏拉图的一个幻想吧（柏拉图《理想国》第七章）：一个从小在黑暗环境中长大成熟起来的人，突然有一天被人逮到了高空去看日出。他会感到多么惊奇呀！我们司空见惯、漠然置之的景象，他见了怎么能不惊奇呢？ 他既有孩童般的自由无拘的感觉，又不失成年人的成熟老练，看到这一壮观的景象，他的整个心灵都被激动了，并以为这一定是神，他的灵魂也就随之对其顶礼膜拜。只有处在原始阶段的民族中才会有这种孩童性的伟大。原始人中的第一个异教思想家，第一个开始思想的人，就是柏拉图所讲的兼有孩童和成人特点的人。这个人既有孩童般的单纯无染，又有成人般的深沉刚毅。”[1]

在柏拉图这个极具象征意义的意象中，“这个人”体现了远古人类的懵懂思维的一次激动人心的巨大提升。“高空观日”，喻示早期人类的文明积累到一定的高度，理性的光芒照耀到原始先民的身上、心

[1] 转引自魏善浩. 论神话的灵性思维及向人性思维与神性思维的分化[J]. 中国文学研究，1995(4)：13.

上，在灵性草丛里茁壮起人性的大树，成了有自我意识、开始思想的人。

这是一个神奇且神圣得难以言表的巧合与对应——早期儿童“泛灵论”的倾向，与前万物有灵论阶段原始先民的思维特质，极为相似与相近。恰是如此，我们看到儿童灵性之光的闪烁何尝不是人类早期原始先民“泛灵”“精灵”“灵魂”的思维的复演。

二、儿童的人性

走过万物有灵论阶段，原始先民在与大自然互动的漫长过程中，其主体性即人性逐渐萌发、张扬，甚至开始与灵性分离，抛弃灵性。原先与早期儿童“泛灵论”的倾向，神奇且神圣得难以言表的巧合与对应，逐渐失焦且渐行渐远。至此，原始先民开启了后万物有灵论阶段，由所谓的自我意识、思想、灵魂主宰着，开始人类的人性流变。

按照主流观点的论述，人性是在一定社会制度和一定历史条件下形成的人的本性，是从根本上决定并解释着人类行为的那些人类天性，即人类天然具备的基本精神属性。而李泽厚（1981）的观点颇为独到，他认为人性是就人与物性、与神性的静态区别而言（此处所谓“神性”之意涵，大致为本章所言“灵性”之意蕴）。如果就人与自然、与对象世界的动态区别而言，人性便是主体性的内在方面。就是说，相对于整个对象世界，人类给自身建立了一套既是感性具体、拥有现实物质基础（自然）的，又是超生物族类、具有普遍必然性质（社会）的主体力理结构（能量和信息）。人性应该是感性与理性的互渗，自然性与社会性的融合，这种统一不是二者的相加、凑合或混合，不是“一半天使，一半恶魔”，而应是感性（自然性）中有理性（社会性），或理性在感性中的内化、凝聚和积淀，使两者合二而一，融为整体。[1] 没有理性，我们的生活无法继续；没有感性，生活也将无法忍受。感性和理性缺一不可。

对于儿童来说，其人性就是依从于自然属性，在逐步社会化的过程中蕴含的感性和理性的统一。儿童用感性感受其周遭的社会生活、人与人的关系，用理性发现、思考和把握规则和道理。儿童应和着人类的人性发展的节奏，其本原的灵性在单向的时间长河里，逐渐趋向边缘、浑浊及衰减。人性本是人类跨出蒙昧、走出懵懂的正向建构。

但是，随着工业化时代的到来，弘扬人的主体性的人性大旗导致人与自然的对立、人的灵性缺失。人的这一自然天性，总是被分裂成知觉的和思维的、抽象的和个别的、感性的和理性的、直觉的和分析的、高级的和低级的。带有工业化标签的现代性教育难免过分关注人性的发展，忽视灵性在人心底的自然流淌。正如阿恩海姆所说，人分成了艺术家和普通人，知识分子分裂成人文科学家和自然科学家。

其实，基于人的完整与完整的人，儿童的人性和灵性本应共生共存，应是如斯美好之生态：人性的大树得日月之精华，立于天地之间；灵性的草丛、花朵、藤蔓受雨露之滋养，与大树相生相伴。人性与灵性，构成一个充满生机、和谐适度、生生不息的小世界。

[1] 于传勤. 李泽厚学术思想概说[OL]. http://ibic. imnu. edu. cn / show. aspx? & id=200 & cid=6.

第二节　儿童的戏剧天性与前戏剧的演进

早期儿童“泛灵论”的倾向，与原始先民的思维特质，神奇且神圣地巧合与对应着。那么，儿童的戏剧天性与原始先民的前戏剧演进过程之间，有着怎样的对应与观照呢？

一、原始先民的前戏剧演进

我国戏剧学者马也（1993）从戏剧人类学视角对戏剧发生提出了独到的见解。他认为以“演员演故事”作为戏剧真正发生的标志，人类的模仿和扮演的主要阶段为：史前巫术思维阶段以前“无神性的技术性经验性的模仿和扮演”，巫术思维时期“巫术的模仿”“神性的宗教性模仿”和最终戏剧发生的“演员演故事”这四个阶段。其中，第二、三阶段是对第一阶段的否定，第四阶段又是对第二、三阶段的否定，第三阶段“神性的宗教性模仿”是对第二阶段“巫术的模仿”的深化和发展。第四阶段戏剧发生：演员演故事。演员演的是虚构的故事，不再是宗教仪式特定的程序，标志着戏剧的完全发生。[1]

我们将第四阶段戏剧发生前的原始先民所逐步演进的、所扮演的类似戏剧活动统称为“前戏剧”，即以马也先生所论述的“人类模仿和扮演的前三个阶段”为线索。

（一）第一阶段：无神性的技术性和经验性的模仿与扮演

在这一阶段，原始人“扮兽猎兽”是以生存为实用目的，“由长者

[1]　马也. 戏剧人类学论稿[M]. 北京：文化艺术出版社，1993：90-91.

或有经验、有技术者表演，幼者或未成年者学习并表演。此时演的本质就是教习、学习和演习”。起初原始人身披兽皮仅为了御寒，并不知道可以欺骗野兽，混迹其中。但是当野兽多次上当后，原始人懂得了扮兽行为的欺骗性和蒙蔽性，于是朴素的“蒙骗”知识、经验、技术产生了。这是一种“无神性”的模仿和扮演。这种“演”（模仿）的本质正是今天不少人类学家所谓的文化本质即“习得”。[1]所谓习得，指均靠长者或有经验者表演，未成年者模仿、演练、练习，通过模仿或重复生产和生活行为而达到经验的习得。但是，随着模仿和装扮被巫术化之后，朴素的经验被巫术思维过滤了，“一切模仿和装扮、一切形象、一切的‘演’，都带有巫术性或神秘性”[2]。尽管如此，狩猎装扮行为对未成年者的影响仍然存在，狩猎巫术仪式的“习得”功能仍然存在，前戏剧也被赋予了教习的色彩。

（二）第二阶段：巫术的模仿

法国人类学家列维-布留尔以原始思维“互渗律”，解释了原始人尚未出现“灵魂”概念前对“扮兽猎兽”中所扮演形象与原型的互渗，“某些人每次披上动物（如虎、狼、熊等）的皮时就要变成这个动物。对原始人来说，这样的观念是彻头彻尾神秘的”[3]。“扮兽”即“兽”，形象与原型完全等同了，自我则被安全地隐藏起来，这是另一种追求安全的方式，实用的目的以另外一种方式呈现。在儿童的假装

[1] 马也. 戏剧人类学论稿[M]. 北京：文化艺术出版社，1993：89-90.
[2] 马也. 戏剧人类学论稿[M]. 北京：文化艺术出版社，1993：93.
[3] 马也. 戏剧人类学论稿[M]. 北京：文化艺术出版社，1993：79.

游戏、角色游戏、戏剧性游戏中也会有儿童表现出“我与角色同一化”的倾向，这何尝不是原始人“互渗律”思维的复演。

“扮兽猎兽”从旧石器时代的原始人狩猎岩画中可见一斑，由我国考古学家盖山林于1976—1980年间发现的阴山岩画中就有约1万年以前的旧石器时代晚期至新石器时代早期的原始人狩猎图。这里的一幅岩画（见图2-1）[1]上有装扮成鸟兽的狩猎者，他们在狩猎的紧张激烈的场面中，身披鸟的羽毛或兽皮，头戴鸟嘴或兽角。

图2-1　伪装狩猎岩画（阴山）

对于原始人的装扮狩猎行为，列维-布留尔的解释是：“某些人披上动物（如虎、狼、熊）的皮时就要变成这个动物。”[2]这是原始思维互渗律的体现，即形象和原型是互渗的，拥有形象就意味着占有原型，人占有了虎的形象，就有了虎的力量。其实，原始人“对于人变成老虎时是否不再是人或者老虎重新变成了人是否就不再是老虎这个问题是不感兴趣的。他们感兴趣的首先是和主要是使这些人在一定条件下拥有同时为老虎和人所‘共享’的那种神秘能力，这样一来，他们就比那些只是人的人或只是老虎的老虎更可怕”[3]。“扮兽”使一个人同时享有人和兽的优势，增强了人战胜兽的力量，或者说是装扮的那个“兽”有力量去战胜猎取对象的那个兽。从这种说法来分析，在人类的

[1] 刘锡诚.中国原始艺术[M].上海:上海文艺出版社,1998:311.

[2] [法]列维-布留尔.原始思维[M].丁由,译.北京:商务印书馆,1997:93.

[3] [法]列维-布留尔.原始思维[M].丁由,译.北京:商务印书馆,1997:93.

巫术时代，原始戏剧使人在无法预知、无法征服、无法理解的大自然面前拥有了神秘的、可亲的、可依赖的、无穷的伟大力量，使人类不再渺小和无力。戏剧是有力量的。

此外，狩猎在原始人那里不是简单的捕猎行为，而是与一系列复杂的巫术仪式联系在一起，包括了狩猎前的舞蹈、猎人对自己施加巫术、狩猎中使用巫术以及最后收场安抚猎物等完整的过程。这些巫术仪式中隐含着戏剧的因素，如列维-布留尔的如此解释："这是一种戏剧，或者更正确地说，是描写野物和它在落到印第安人手里时遭遇的哑剧。"[1]

下面，以狩猎前的巫术仪式来分析狩猎仪式中的戏剧，或者更确切地说，这是原始戏剧。

在狩猎中，第一个最重要的行动是对猎物施加巫术的影响。这个行动主要包括一些舞蹈、咒语和斋戒。凯特林详细描述了北美野牛舞。跳这种舞的目的是要迫使野牛出现……大约5个或15个曼丹人一下子就参加跳舞。他们中的每个人头上戴着从野牛头上剥下来的带角的牛头皮（或者画成牛头的面具），手里拿着自己的弓或矛……这种舞蹈有时要不停地连续跳两三个星期，直到野牛出现的那个快乐的时刻为止。当一个印第安人跳累了，他就把身子往前倾，做出要倒下去的样子，以表示他累了；这时候，另一个人就用弓向他射出一支钝头的箭，他像野牛一样倒下去了，在场的人抓住他的脚后跟把他拖出圈外去，同时在他的身子上空挥舞着刀子；用手势描绘剥野牛皮和取出内

[1] [法]列维-布留尔. 原始思维[M]. 丁由，译. 北京：商务印书馆，1997：222.

脏的动作。接着就放了他，他在圈里的位置马上就由另一个人代替，这个人也是戴着面具参加跳舞……[1]

虽然狩猎仪式中舞蹈的动作成分很多，但它包含了戏剧最朴素的角色、情节等因素，有人假扮野牛，有人扮演狩猎成功的猎人，展现了完整的狩猎过程。当然原始戏剧还不是真正意义上的戏剧，因为巫术仪式所有的参与者并没有意识到这是扮演，没有把自己当作演员，而把这一切当作是他们行动成功的必然行为，因为“神秘的行动才是真正最重要的，这个行动的本身就能够保证猎物的在场和捕获”[2]。

但是，在前巫术思维阶段和巫术思维阶段的“模仿”，原始人的演员意识尚未出现，没有意识到“我”和所扮演的“非我”有什么不同，且尚处于无情境的“演”，即这些“模仿”就是生活本身。

（三）第三阶段：神性的宗教性模仿

巫术神性思维在漫长的历史长河中被原始人所怀疑，出现了“假”的意识，出现了人与他所扮演角色的矛盾，这时，“演员”的意识就萌芽了。萨满教的主持或专职祭祀“萨满”的出现，使神“人格化”和“人形化”了：药、酒、歌、舞和面具所强制制造的情境，（情境的诞生）可以使仪式的参与者把自己从现实生活中分离出来，从实际的必须的现实生活意识中摆脱出来。正是在这种幻想的内心世界中，他们产生了创造新的活动和新的角色的能力。[3]

---

[1] [法]列维-布留尔. 原始思维[M]. 丁由，译. 北京：商务印书馆，1997：221. 这里笔者做了一些删节，把最主要的细节呈现出来。这一“野牛舞”是美国人类学家凯特林于1882年在北美印第安人那里看到的。

[2] [法]列维-布留尔. 原始思维[M]. 丁由，译. 北京：商务印书馆，1997：221.

[3] 马也. 戏剧人类学论稿[M]. 北京：文化艺术出版社，1993：121-129.

在我国尧舜时期，以动物为图腾的氏族，分别装扮成各种动物，模仿动物的各种动作。《吕氏春秋·古乐》就记载了先民“百兽率舞”的巫术仪式：

帝尧立，乃命质为乐，质乃效山林溪谷之音以歌，乃以麋辂置缶而鼓之，乃拊石击石，以像上帝玉磬之音，以致舞百兽。

在这一仪式中，有人拍击各种陶器，模仿山林溪谷的声音；有人身披兽皮，扮作野兽，模仿各种野兽的动作，四处逃奔，最终还是被捕猎到。这里，追逐狩猎的场面是虚构的，拊石击石是音乐伴奏，各种兽型的服饰是装饰美术，狩猎过程呈现了一定的情节。有学者认为，20世纪60年代发现的广西宁明县花山崖壁画（见图2–2）正是“百兽率舞”图，反映了当时巫术仪式的情景。图中有人头戴装饰物，有人佩带类似弓箭的武器，还带有猎犬，有人或立或爬，扮野兽状。假定的情境使得巫术仪式具有了“演员演”的要素。

图2–2 “百兽率舞”图（广西宁明县花山崖壁画）[1]

[1] 孙文辉. 戏剧哲学——人类的群体艺术[M]. 长沙：湖南大学出版社，1998：8.

为什么原始人在狩猎中要运用这种巫术仪式，或者说巫术中的戏剧因素是如何成为原始人最重要的生存方式的？原始思维是否可以回答这个问题？巫术仪式就是原始人的生活本身，更进一步说，原始戏剧也是原始人的生活本身。戏剧可以说是人类生存的一种方式，也是人与动物的区别之一，比如说老虎从来不会考虑把自己装扮成另外一个强大的动物，而人类天生具有如此神秘的思维特性。

总之，在追溯原始先民前戏剧发展的三个阶段的神奇历程中，我们可以感受到戏剧元素如何从现实生存意义中脱离，如何在巫术思维、宗教神性的对话中显现。

二、儿童戏剧发生与原始戏剧发生

儿童戏剧的发生是和儿童观众意识的出现联系在一起的。儿童的观众意识也是从戏剧性游戏发展而来。当戏剧性游戏逐步分化出演员、剧作家（剧本）和观众等几个要素时，儿童自发的戏剧就诞生了。笔者个人就有着这样的体验：

看戏归来“演戏”

笔者童年时期，笔者家所在的大学每年寒暑假都会请著名的戏班子为全校师生演戏。一到这时候，笔者和妹妹就特别激动。

两人早早地来到灯光球场占地方，有几次还偷偷地挤到后台看演员化装。现在已记不起来看的是什么戏，印象最深的是看戏归来的演戏。在笔者的记忆里，姐妹俩最喜欢模仿戏里的船夫：把挑水的扁担当作摇船的桨，一边摇“桨”，一边碎步前行表示船向前走，嘴里还哼着小调，要把阔小姐送到对岸。当时6岁的笔者和妹妹在地上画了两道线，线之间表示河流，两边是岸。一个做了船夫，另一个只好演阔小姐。轮到笔者演阔小姐时，笔者找来两块枕巾抓在手上，当作小姐长长的“水袖”，模仿舞台上的阔小姐，一会儿把“水袖”舞出去，一会儿把“水袖”收回来，边唱边说。刚开始玩这个游戏时，十分在意角色的分配和模仿，都想演船夫。随着游戏次数的增多，安排的情节越来越丰富。后来，两人轮流做观众，欣赏对方的表演。到最后，笔者和妹妹还邀请哥哥来看两个人表演，两个人很在意自己表演得像不像，也很在意哥哥的评价。这就是从模仿成人戏剧并加入自己想象成分而发展出来的戏剧性游戏。

从这个例子可以看到儿童最初的戏剧性游戏是如何一步步向戏剧迈进的。儿童起初是把观众从演员中分离出来，然后邀请与游戏无关的他人作为观众来观赏，观众意识的出现说明了戏剧性游戏已经向戏剧艺术的层面发展了。

儿童戏剧的发生其实和原始戏剧的发生有许多一致的地方。关于戏剧的发生，许多戏剧学者都认为与原始人的巫术仪式有关。我们知道，在中国古代尧舜时期先民的“百兽率舞”的巫术仪式中，有人拍击各种陶器，模仿山林溪谷的声音；另一群人身披兽皮，扮作野兽，模仿各种野兽的动作，四处逃奔，最终还是被捕猎到。这里，追逐狩猎的场面是虚构的，拊石击石是音乐伴奏，各种兽型的服饰是装饰美术，猎人捕猎呈现了一定的情节。原始戏剧已经具有演员、美术、音响、情节等基本的戏剧元素。

英国学者詹耐特·古德瑞杰（Janet Goodridge，1970）专门论述过“原始人与儿童戏剧”的关系[1]，指出原始戏剧的本质特性对于儿童戏剧的研究很有启发意义。尽管原始人的经验与儿童的经验不同，但是人类个体的发展正如人类种族从原始人向文明人演变发展一般，个体的童年时光应对应于人类发展的原始阶段。原始戏剧和儿童戏剧的共同要素有：（1）整个群体参与戏剧活动，激起所有参与者全身心的投入、关注和兴奋。（2）戏剧对于早期人类来说是戏剧艺术与其他艺术的整合。在原始人的生活中，唱歌、说话、喊叫、绝技表演、乐器演奏、身体装饰、武器舞弄通通体现在一个完整的巫术活动中，讲述和歌曲配合其中。这种整合活动可以满足他们的基本需要，并达到与周围环境的和谐。儿童游戏或者扮演通常也是表达生活与周围环境的和谐一致。这一共同要素是最为鲜明的。（3）模仿是儿童和原始人生活和学习的一种必要要素。在原始人的表达中，模仿首领和动物以学习生活、生产经验。儿童也是如此，通过动作、声音、身体装饰或装扮来模仿周围的人与事，从而丰富和巩固对周围世界的认识。（4）我们

[1] Janet Goodridge. Drama in the Primary School[M]. London:Heineman Educational Books Ltd,1970:14-21.

在原始戏剧和儿童戏剧中都能看到有力量的动作、情感释放和表达，诸如恐惧、生气、喜爱、好奇、遗憾、兴奋、失望和愤怒等。(5) 喜剧色彩是另一个重要要素。原始人和儿童同样对“倒霉”等可笑的情景做出开怀大笑的反应。在儿童游戏中，我们也可以看到这些特点，甚至这些游戏会故意招致“灾祸”和“冲突”。陷阱、嘲弄、计谋、笑话等都可发展为这方面的经验。(6) 人物、情景、主题对于原始戏剧和儿童戏剧同样重要。英雄和怪物是戏剧中常见的角色，旅行的主题和恶劣的天气情况也会被提到，屈服和惊奇的戏剧性主题也是很鲜明的。(7) 原始人和儿童对于魔幻、征兆、自然力量抱有强烈的情感，尚不能在人类和自然、现在和将来之间做出明显的区分。影子变人、鸟变人、葬礼等表演在原始人戏剧和儿童戏剧中具有特殊的隐喻。(8) 原始人的扮演方式与儿童戏剧语言和动作的表演有关。原始人的戏剧表演有一定的季节模式，就如儿童的游戏一般。

笔者则认为，原始戏剧发生与儿童戏剧发生的一致性具体表现在：(1) 它们都是将演员、剧作家和导演三位融于一体。原始戏剧和儿童戏剧没有将三者区分开来。(2) 它们都没有明确的观众意识。原始戏剧的围观者也会和巫师共同表演；儿童在游戏中一般都是演员，没有被观看的需要，他们对观众的需要及自己做观众的兴趣是逐步从戏剧性游戏中发展而来的。(3) 它们都来源于一种假想的装扮活动。原始戏剧发生自巫术仪式，那时原始人装扮成野兽、神灵，寄托了他们心灵的愿望和渴求；儿童戏剧发生于游戏，那是一种不真实的幻想行为，表达了儿童心灵的奇妙幻想和探索周围世界的冲动。

总之，戏剧和儿童具有一种天然的、和谐的、紧密的联系。儿童天生具有戏剧扮演的冲动，儿童天生是导演，儿童还是演员、剧作家和导演的集合体，儿童戏剧从戏剧性游戏中的发生和原始戏剧的发生具有一致性。具有戏剧天性的儿童需要戏剧，需要戏剧能力的进一步发展和提升。我们要保护、尊重、发展儿童的戏剧天性，给予儿童一定的戏剧创作空间，创造一种使儿童的戏剧天性与其他各方面能力和谐成长的教育。

第三节 学前儿童戏剧教育的人文精神追求

在儿童教育“生态观”视角下建构的学前儿童戏剧教育研究，力图改变这种灵性与人性分离的状况，将儿童、戏剧和教育三者作为一种和谐对话的生态关系来考察，最终追求儿童灵性与人性的和谐对话。我们知道，戏剧的本质不在于“演员将故事表演给观众”的外在表演艺术表现形态，其深刻性蕴含于戏剧发生在人类灵性与人性对话的需要中。原始人在巫术仪式中创造了原始戏剧形态，并通过扮演和举行仪式而获得神力，使戏剧一开始就具有与神灵对话的天性。戏剧的内在本质正是人对生命的思考，并且在与神灵对话中探寻人性的本真意义，感悟人的感性与理性的要旨。

作为儿童艺术教育的一个门类、领域，学前儿童戏剧教育在教育目的上反对“技术”“技能”“技巧”至上的观念与做法，倡导一种人文精神的诉求。我国美学家、美育家滕守尧先生就认为：“当艺术的知识技能与人文精神融为一体，化为个人的特殊表达时，即使技术上不怎么精到，也是艺术。反过来，如果是单纯的艺术技能展示，即使技术上熟之又熟，精之又精，也不是艺术。”[1] 正如一个孩子反复排练后，在舞台上所谓效果好的表演，最多只能是一种技艺的展示，如果没有他个人对角色自己的思考与独有的表达，还不能称得上艺术。

学前儿童戏剧教育绝不是也不应该是培养专业演员、导演、舞美师等戏剧艺术家的专门的戏剧教育，而应以人文精神的追求为依归，让灵性与人性在儿童身上得以完美地体现。“人文精神是一种对人类生存意义和价值的终极关怀精神，经常表现出一种以人为对象、以人为中心、对人无限关爱的思想倾向。”[2]

那么，基于灵性与人性的对话，学前儿童戏剧教育的人文精神可具象为自由精神、娱乐精神（游戏精神）、创生精神和审美精神等。

一、自由精神：身与心的自由

学前儿童在戏剧教育情境中，以“假装”为核心的身体自由为先。然而，我们常常看到的是那种束缚儿童身体自由的教育，其最直接的理由是“孩子太多，要自由就乱了”。暂且不探讨自由与混乱的关系，我们可以深入分析束缚了儿童自由的危害：束缚了嘴巴，儿童不能说话；束缚了手，儿童不能动手操作；束缚了腿脚，儿童不能走、跳、跑；甚至束缚了耳朵、鼻子、舌头，儿童听不到、闻不到、尝不到。不给儿童自由的教育，就是封闭儿童感官，就不应该称为教育。此外，我们也会看到不给儿童自由的戏剧教育，剧本是教师给的，角

[1] 滕守尧.艺术与创生——生态式艺术教育概论[M].西安:陕西师范大学出版社,2002:184.
[2] 滕守尧.艺术与创生——生态式艺术教育概论[M].西安:陕西师范大学出版社,2002:185.

色是教师分配的，台词和表演是教师教的，服装和道具是教师安排的，这样的戏剧教育更是背离了戏剧艺术“假定性”的本质，这一切的“假装”都和儿童没有了关系，仅仅是执行教师的命令而已。戏剧活动中的身体“自由”，即是指儿童在假装的情境中，由他们自己对行动、角色、情节进行假装。

学前儿童在戏剧教育情境中，身体的自由一定是基于心灵的自由。身体的自由来自心灵自由的表达。他们用自己的眼光观察着周围的世界，感受着、品味着、思考着，在戏剧虚构的情境中用身体表达自己的想法：“大树”有的直，有的弯；“小鸟”有的站在高处，有的趴在地上；“小猫”有的舔着毛，有的四仰八叉地晒着太阳。尊重学前儿童自己的想法，正是给予他们自由。但是，教师往往以成人的程式化的动作“教”孩子，比如，演小兔子跳一定是竖起两只手；演小猫一定是张开手指，横在面前；演小老鼠一定是两只手指头靠着，放在鼻子前；等等。以成人的思考代替儿童的思考，限制了儿童自由地思考，当然也就限制了他们的自由表达。自由的身体表达，一定是建立在自由的思考基础上的。

学前儿童在戏剧教育的情境中与戏剧活动的关系也是自由的。有关研究发现，以“儿童与戏剧主题活动关系的疏密程度”为依据，可将其参与类型分为局外游离、旁观、评论和自我交托。[1] 其中，局外游离有一些特殊的游离类型：(1)“局外”的局内人——假性游离。在戏剧主题活动中，有时儿童看似与当前活动无关的行为，实际与活动

[1] 张霞. 幼儿园戏剧主题活动中幼儿参与的类型研究[D]. 南京：南京师范大学硕士学位论文（初稿），2014：43–49.

保持着某种联系，他们耳在听、脑在动，表现出一种假性的游离。（2）“慢半拍”——短暂性游离。当活动进行到某一个环节时，儿童暂时性停留在上一个活动环节中，从而表现出短暂性游离状态。（3）身体和情感需要——被默许的游离。放松身体，有时儿童出于宣泄情绪和获得情感支持的需要也会暂时性游离活动。旁观有两种类型：（1）主动型旁观。无兴趣使然的旁观或表示抗议导致的旁观行为。（2）被动型旁观。只是碍于表达能力有限，加上同伴的有意忽略，便被动地成了“旁观者”。

对于局外游离和旁观这两种非投入的参与类型的学前儿童，教师往往处于忧虑的状态，极力希望通过鼓励激发他们参与的热情。如果不存在戏剧教育活动内容、方法以及教师组织问题，教师可不必为此担心，只需让这些类型的儿童可以相对自由地处于戏剧教育情境中，耐心等待他们积极参与。

学前儿童戏剧教育应该是心灵和身体的自由：自由地思考、自由地想象、自由地表达。我们反对那种为了所谓至高无上的舞台表演效果，而牺牲儿童自由的戏剧教育。

二、娱乐精神：游戏的状态

我国学者黄进（2003）倡导富于游戏精神的儿童教育，她强调：游戏作为儿童存在方式即是从教育的享乐角度提出的，它呼唤让儿童从教育的对象成为教育的主人，这里的主人不是主体，主体更多的是传统教育发展意义上的一个概念，它偏重于人理性的、目的性的一面，而游戏—享乐情境中的人却更倾向于一种陷落的、沉迷的存在，恰如迦达默尔所说的“游戏无主体”，这里的人是忘“我”的。在“我”与“忘我”之间转换与共在，就是这种教育观的实质。[1] 这一点上，学前儿童戏剧教育同样以游戏精神为内核，并把握戏剧的娱乐性、游戏性特性，让“教育的主人”——在戏剧中享乐的学前儿童和教师充分感受到戏剧的愉悦、轻松、舒畅。每一次戏剧教育活动犹如一场开心无比的游戏，犹如一次酣畅淋漓的娱乐。

这是因为，戏剧具有娱乐功能。戏剧是与人类生活最接近的艺术，雅俗共赏，老少皆宜。“越来越多的戏剧理论家越来越感觉，戏剧最先不是源于人类的审美需要，而是与人类原始的生产生活密切相关的，是人类生命的需要。”[2] 并且，随着戏剧宗教性的逐渐淡化和削弱或者说不再成为主流，其娱乐性却在不断强化和壮大，出现了专门从事职业性戏剧表演活动的各种戏剧工作者，为人们的娱乐提供了丰富的戏剧节目。中国在宋代出现了瓦舍、勾栏等商业性的剧场，西方在文艺复兴时期形成了较为成熟的剧院经营体系，使戏剧艺术走向了市场娱乐的道路。

在我国古代，戏剧不仅是成人的娱乐方式，也是儿童娱乐的主要方式之一。北宋初年出现了专供儿童娱乐的戏剧，每逢元宵节，“京城诸门皆有官中小棚……多设小影戏棚子，以防本坊游人小儿相失以引聚之”[3]。虽然当时皮影戏是为了防止儿童走失专设的，但不可否认它具有供儿童娱乐的功能。南宋以后，发展迅速的傀儡戏备受儿童的喜

[1] 黄进. 游戏精神的缺失——幼儿园教育中的反游戏精神批判[J]. 南京师大学报(社会科学版)，2003(6)：78.

[2] 孙文辉. 戏剧哲学——人类的群体艺术[M]. 长沙：湖南大学出版社，1998：199.

[3] 程式如. 儿童剧散论[M]. 北京：中国戏剧出版社，1994：124.

爱，成为儿童喜闻乐见的娱乐形式。后来清代的“肩担戏”（傀儡戏的一种）走遍大街小巷，走到哪里，后面都跟着一群孩子，其中《高老庄》和《王小儿打虎》等名戏，既富有傀儡戏艺术特色，又富有儿童情趣，给孩子们带来了许多欢乐和无限的遐想。

戏剧为什么曾经具有那么强烈的吸引力，而成为大众的娱乐方式呢？也就是说，人们为什么要去看戏呢？一是因为生活的无聊和平淡，需要戏剧给予精神的寄托，产生快感；二是因为生活的极度忙碌和疲惫，人们需要换换脑子以调剂紧张的神经，戏剧成了转移注意力的娱乐方式。施莱格尔（1902）曾说过：“戏剧在各种娱乐当中，毫无疑问是最悦人的一种。我们在看戏时固然自己不能有所行动，却可以看见别人在行动。”[1] 这句话一语道破戏剧娱乐性的实质：戏剧可以把我们从平凡的现实世界拉到充满伟大理想的悲剧世界或滑稽讥讽的喜剧世界，消除日常生活的无聊或紧张，让心灵得到最大限度的解放和寄托，快乐从戏剧里倾泻而出。

如果从戏剧内容的角度进一步探讨戏剧的娱乐性，那么喜剧的娱乐性便是首要的因素了。滑稽是喜剧最明显的特征。滑稽的人和滑稽的事尽管丑陋而怪诞，但是诙谐幽默，能引人发笑，让人轻松愉快。从喜剧而衍发的“喜剧精神”有三个要点：一曰轻松活泼的情调，二曰豁达乐观的胸怀，三曰追求自由的精神。[2]

戏剧的娱乐功能也隐含着戏剧的游戏性，戏剧让人过剩的精力得以发泄，这和席勒和斯宾塞所主张的游戏是过剩精力的表现十分类

[1] 转引自朱光潜. 悲剧心理学[M]. 合肥：安徽教育出版社，1996：258.

[2] 董健，马俊山. 戏剧艺术十五讲[M]. 北京：北京大学出版社，2004：109.

似。从娱乐的角度看，戏剧可以说是一种艺术，也可以说是一种游戏。

学前儿童戏剧教育万不可失去戏剧本然的娱乐性、游戏性，要保护学前儿童娱乐的、游戏的状态，让他们感受戏剧带来的愉悦、挑战和成就。

三、创生精神："有"中生"有"

我国著名美学家、美育家滕守尧先生提及的"创生性智慧"，是对现代性"创造性智慧"的一种批判和超越，"让已经区分和分离的二元，如真假、善恶、美丑、主客、贵贱、表里、虚实等，重新融合，并在融合中生发出新的性质或功能"。"真理永远产生于两极'交合'而不断产生的"新生"中，而产生'交合'的前提就是老子所说的'反者道之动'。"[1]

创生性智慧的"交合"不是"无"中生"有"，而是"有"中生"有"，创生来自源源不断的、内在的已有经验、表象、记忆和想法；不是简单地新旧拼接、相加，而是另一个新生事物、新质的诞生。

学前儿童戏剧教育遵从艺术创生性智慧，将"有"中生"有"作为创生精神的主核。儿童在戏剧中的表达、创作和表演都不是外在强加的，不是成人教授的，不是无中生有，而是内在身体与思想的不断对话产生的新质，是灵性与人性碰撞的火花。一股生生不息的创生精神蕴藏其中。当然，只有这样的学前儿童戏剧教育才是富有创生精神的戏剧教育。

[1] 滕守尧.艺术与创生——生态式艺术教育概论[M].西安:陕西师范大学出版社,2002:107.

小猫晒太阳

（大班戏剧工作坊“盒子里的猫”）

一群6岁的大班孩子正在用自己的身体表现午后阳光里小猫们晒太阳的情景。有的四脚朝天，慵懒地伸一伸；有的安静地蜷缩成一团，好像睡着了；还有的眯着眼睛，用手挠着头；有的伸长舌头，到处舔着身体……

儿童的动作表现如此生动、细腻、富有个性，不是对已有动作的一元化的模仿、复制，不是教师“教”出来的，当然也不是教师能“教”出来的。在他们的日常生活中，他们常常看到幼儿园里生活着的一家自由自在的猫，有时候他们也给猫儿们喂食，和猫儿们嬉戏，这是他们已有的经验。教师也会用语言或音乐渲染戏剧虚构的情境：在午后的阳光里，小猫们吃得饱饱的，来到院子里散步、休息……这是另一个用语言所描述的已知的情境，孩子们在这两者已有经验基础上，用自己的身体创生出不同的、更加丰富的“猫儿休息情景”。此时此刻儿童的身体表达不能等同于原有的生活经验，其产生的是一种“新质”。

灰太狼参加生日会

（中班戏剧主题活动“快乐生日会”）

美羊羊的生日会，教师扮演的灰太狼带着小灰灰和红太狼也来参加。面对这一戏剧“冲突”，许多孩子的即时反应是：“不行！灰太狼你会吃掉我们羊儿的！”灰太狼提出一个约定：在美羊羊的生日会上，灰太狼一定不吃羊。面对如此的约定，羊儿们的回应有两种：一种是很快同意了灰太狼的请求，并且要求灰太狼一定要遵守这一约定。另一种还是坚决不同意。于是，灰太狼为了说明自己不会吃羊，请羊儿们提出进一步的要求。有的说，戴上口罩，不能张开口吃羊！有的说，戴上手套，不能伸出爪子抓羊。还有的说，把手放在身体背后，不能伸出来抓羊。终于，这些羊儿们同意了戴上口罩、手套的灰太狼参加美羊羊的生日会。

儿童在戏剧情节的创作中，已有的经验与新的冲突不断互动，连带出一串串故事情节。就如那些坚决不同意灰太狼参加美羊羊生日会的儿童，对灰太狼一定会吃羊儿的刻板印象使他们不愿相信灰太狼的约定。情节在此“焦点”上需要进一步延展，教师抛出“如何让灰太狼保证无法吃到羊”这一问题，促使儿童再次结合自己已有经验，生发出新的情节。儿童对情节的创作，是教师所无法预知的，这也是创生精神的所在。

四、审美精神：求“美”的和谐

如果说，科学精神是一种求真的态度，道德精神是一种求善的态度，那么审美精神就是一种求美的态度、观念和立场，是建立在真与善和谐统一基础之上的，表现出和谐与生机。“审美精神作为真善美高度融合统一基础上的自由解放的人生态度和生命状态，它必然要求人能达到与自然、社会、人自身内在的和谐统一，同时，它又不是超念的，在这一点上说，审美精神是有层次之分的。但是，无论是人与自然的和谐还是人与社会、他人的和谐，这种和谐最终还是要成为人内心的体验才能真正算得上达到了和谐。因此说，审美精神的最高层面还是人内心的真正自由和谐，一种至真至善至美的理想的人格状态。”[1]审美精神是一种和谐的状态，即人与自然的和谐、人与社会的和谐、人与人的和谐以及人自身身心的和谐。

（一）学前儿童戏剧教育的审美精神一方面体现在内容层面，即在“冲突”中寻找美的“和谐”

戏剧本然是“冲突”的艺术，然而戏剧教育要在“冲突”中寻找“美的和谐”。从“善”的反向层面看，戏剧艺术“冲突”会涉及打

[1] 李政云，曾卫疆. 科学精神、道德精神、审美精神之解析[J]. 湖南省政法管理干部学院学报，2002(S2)：7.

斗、欺骗、恐吓、威胁等等负面的内容，带来一种不美的感觉。学前儿童在面对戏剧冲突时，往往会用简单化的方式解决，比如打死大灰狼、用毒药毒死砍树人等等，在学前儿童戏剧教育视域里，如何对待这些冲突呢?

美的“和谐”不是一味地否定邪恶，甚至置其于死地，而是唤起善良、德行、希望，使“恶”走向“善”。比如，三只小兔子在妈妈离开家的时候，一定要打死大灰狼吗?难道不可以吓走大灰狼，让它不敢再欺负小兔子?砍树人一定要被毒死吗?难道不可以让他感受到破坏森林给自己带来的危害而改过自新吗?只要这样，那种不美的暴力色彩就会从学前儿童创作的戏剧里消失，使“真假、善恶、美丑、主客、贵贱、表里、虚实”等在美的和谐里获得一种富有希望的新生命。

（二）学前儿童戏剧教育的审美精神另一方面体现在形式层面，即学前儿童戏剧作品的“稚拙美”

学前儿童的艺术作品和成人艺术家的艺术作品定然是不同的，比如我们都十分认可的充满幻想、童趣、写意象征的儿童画，甚至艺术大师毕加索也从儿童画中寻找创作的思路和风格。在探索儿童画的稚拙美时，有学者认为从儿童视觉思维角度分析儿童画是“画出他们看到的”，即当儿童打算描绘某一物体时，他们常常只是把这些总体形状包含的某一部分的形状大体描绘出来。我们从儿童画中看不出试图机械模仿原型的痕迹，它展示的是心灵对所要再现的题材的重要结构特征的自由发现。儿童绘画是“问题解决”的过程。因为绘画作品体现了儿童视觉思维的痕迹，即儿童绘画的过程也是个体思考的过程。[1]

但是，在学前儿童戏剧作品上，教师往往深受成人戏剧（舞台表演）的影响，希望学前儿童在舞台上能生动地表演：动作形象、表情丰富、对话生动、情节完整。但是，六七岁前的学前儿童能做到这一点吗？大部分成人不经训练恐怕都难以达到。问题出在我们对于学前儿童戏剧艺术作品的理解没有持看待儿童画的视角。我们看待学前儿童的艺术作品时要以期待的眼光，欣赏他们的动作和表情、角色对话以及舞台行动的“稚拙美”。

1. 动作和表情的“稚拙美”

学前儿童在戏剧活动情境中，扮演角色时的动作和表情，有时候是转瞬即逝的，比如“小兔子”们害怕了，有的立刻把头缩下去，表情紧张，但是几秒钟后就回到了“本我”的状态；有时候是不及时的，比如演小兔子们害怕，有的“小兔子”却迟迟没有害怕的样子，等到“大灰狼”都要扑上来了，“小兔子”才有一点点害怕的表情；有时候是不够夸张的，比如“小兔子”害怕就是微微低下头，看起来没有什么表情，其实孩子们的内心还是紧张的。

2. 角色对话的“稚拙美”

角色之间的对话，对学前儿童来说还是有一定难度的，因为不仅要用言语表达自己的想法，还要倾听、理解其他角色的言语，并及时回应。角色对话的稚拙美体现在：说出的话不完全让别人理解；说话的声音小小的；本来不必说话的角色突然说出一句意想不到的话，如

[1] 刘冬岩，贺成立. 基于视觉思维的视角解读儿童画[J]. 东北师大学报（哲学社会科学版），2011(1)：186.

扮演小雪人的孩子突然张口说话，她解释说：“因为雪人肚子里有一个收音机。”

3. 舞台行动的“稚拙美”

背对观众是稚拙的舞台最典型的表现，尤其两个以上角色对话时，学前儿童会只顾着面对面说话，顾不上观众是否看得清楚；舞台位置出现意外，戏剧主题活动“花木兰”里的“奶奶”最后一个出场应该走路缓慢，可是扮演者却快步冲到最前面，一点不像老年人走路的样子；舞台路径上，行动路线不明确，戏剧主题活动“父与子”的表演中，“警察”指挥交通，没有走到“爸爸”开的汽车旁边，而是突然站在汽车面前。这些“稚拙”的舞台行动是学前儿童与成人在戏剧表演上最明显的区别之一。

总之，学前儿童戏剧教育的人文精神诉求，以自由精神实现身心的自由，以娱乐精神实现游戏的愉悦，以创生精神实现“有”中生“有”的多种可能性，以审美精神实现真善美的融合。在戏剧教育中，如此人文精神的追求，可以让学前儿童在人生最初的童年阶段感受到戏剧艺术带来的灵性与人性、感性与理性的交融。

第三章 本质与工具的对话：学前儿童戏剧教育的取向

本章以历史为纵向维度，以中西方儿童戏剧教育为横向维度，深入探讨揭示“学前儿童戏剧教育用于什么、有什么价值”等问题，即探讨学前儿童戏剧采取本质论取向还是工具论取向的问题。

中国儿童戏剧教育取向的历史解读，让我们看到戏剧教育从以本质取向为开端，到工具论取向的偏倚，以及最终走向融合的趋势。这里有对中国大陆儿童戏剧教育发展脉络和类型的厘清，也有对中国台湾、香港地区儿童戏剧教育实践与研究的呈现。

西方儿童戏剧教育取向的历史解读，在经历了以工具论取向为主、本质论取向为辅的状态后，两种取向的融合势在必然。在此，梳理了“创造性戏剧”“戏剧教学”“剧场教育”三大戏剧教育模式，以及戏剧在早期儿童教育课程运用中的形态。

第一节　儿童戏剧教育的本质论与工具论之争

一、艺术教育的本质论与工具论

儿童戏剧教育的取向与艺术教育取向同属一个范畴。艺术教育价值取向之争开始于视觉艺术教育，并影响到各个艺术门类，包括戏剧艺术教育。

艺术教育的意义到底是什么？艺术对于人生的意义是否等同于其在学校教育中的存在意义？以上问题历来被艺术教育学者们所关切和探讨。在探讨艺术教育的意义、价值和功能时，学者们常常提出并进行辩证的论题首推“工具论”和“本质论”两种取向。前者视艺术教育为促进儿童全面发展达成的手段，后者则强调艺术是人生中一项特殊而圆满的经验，其存在意义在于其独特的本质性价值或艺术学科价值。“工具论”取向以英国艺术教育家里德（Read，1958）和美国艺术教育家罗恩菲尔（Lowenfeld，1957）为代表，“本质论”取向以美国艺术教育家艾斯纳（Eisner，1969）为代表。

“工具论”和“本质论”取向在艺术教育中的差异具体体现为：前者充分尊重儿童的艺术天性，围绕儿童的兴趣激发自我表现，并在课程的设计上把着眼点置于社会、社区和儿童的需求方面进行考虑，课程的实施过程必须顺应儿童自然的发展，不能以成人的标准来看待儿童，教师亦不应以任何外在的因素干扰儿童的发展；后者强调艺术实际上是人类文化活动及日常经验中最为特殊的经验，其对人生具有无可替代性，重视艺术教育本质的重要性，儿童艺术能力不是自然成长下的结果，而是经由后天的适当学习而来，有赖于良好的艺术课程和教师。

二、戏剧教育的本质论与工具论

在儿童戏剧教育领域，美国纽约大学的戏剧教育学者麦凯瑟琳（McCaslin，1996）分析了戏剧在教育中的价值，探讨了戏剧是作为一种工具存在，还是作为一种艺术本质存在，这就是关于儿童戏剧教育取向的探究。[1] 她认为，戏剧早已成为教育和教学的工具，只不过今天的工具性与过去的工具性在具体内容上有所不同。西方最早将戏剧运用到教育中要属公元前5世纪的古希腊雅典的教育。在那里，戏剧家得到极高的尊重，戏剧也成为教育的一支主导力量。柏拉图在他的《理想国》一书中强调了戏剧扮演是学习的一种方式，亚里士多德则鼓励将戏剧运用到教育中。中世纪则通过宗教神秘剧进行心灵教育。直到16世纪中叶，戏剧开始成为英国男童学校的课程。随后的几个世纪以来，戏剧教育以各种不同的方式出现在各个国家和不同的文化地域。随着戏剧教育的发展，关于戏剧教育的意义和功能的争论出现了："在课程中的戏剧是作为一种工具（means）还是一种结果或本质(end)？是否应主要考虑戏剧的教学工具价值，还是为了戏剧自身的目的将戏剧作为一门学科？自20世纪以来，许多戏剧教育的前驱们极力反对戏剧／剧场的本质价值，推崇戏剧成为其他学科学习的'女仆'。然而，戏剧有时也会成为教师所关注的另一种艺术。"[2]

（一）工具论取向

工具论取向，即戏剧作为一种教学媒介（medium）。当戏剧作为一种教学媒介时，教育目标通常为：传递知识、激发兴趣、解决问题和改变态度。[3] 这一取向以英国的戏剧教学（Drama in Education）流派为代表，其中桃乐丝·希斯考特（Dorthy Heathcote）主张教师将戏剧

[1] Nellie McCaslin. Creative Drama in the Classroom and Beyond[M]. New York:Longman Publishers,1996.
[2] Nellie McCaslin. Creative Drama in the Classroom and Beyond[M]. New York:Longman Publishers,1996:271-272.
[3] Nellie McCaslin. Creative Drama in the Classroom and Beyond[M]. New York:Longman Publishers,1996:277.

运用到教学课堂情境中[1]，可以帮助儿童扩展对生活经验的理解、反思，并深入认识周围世界；布瑞恩·维（Brian Way）关注戏剧对人发展的作用[2]，而不是教育的或审美的意义，将剧场观众参与作为戏剧教育的主要形式。其实，戏剧作为教学工具最早运用到语言教育领域，尤其是口语表达、阅读和写作教学中，后来才逐渐渗透到其他各学科领域的教育中。

（二）本质论取向

本质论取向，即戏剧作为一种艺术（art）。当戏剧作为一种艺术时，教育的目的是审美的和本质的，“审美的”指向的是戏剧作品的结果特性；“本质的”意味着儿童是戏剧家。戏剧教育内容有动作和韵律、哑剧表演、即兴扮演、角色研究和语言表达等。教师帮助儿童创造戏剧情境，培养儿童对表演的敏感性，研究戏剧的结构、组织、单元、情节、角色的关系，鼓励他们在集体表演中表达自己的观点。教师的首要工作是营造一种宽松的戏剧创作氛围，使每个表演者很舒适地与其他表演者合作表演。然而，这一取向强调了戏剧教育的结果，往往导致教师仅关注个别戏剧表演能力强的儿童，由他们扮演主要角色并呈现出令人较满意的作品，却牺牲了大多数的“村民”或“游民”儿童。[3]此外，剧场戏剧欣赏也是“本质论”取向的具体表现，然而受到优秀儿童戏剧作品创作和演出的客观限制，这种机会对儿童来说少得可怜。

[1] Betty Jane Wagner. Dorothy Heathcote: Drama as a Learning Medium[M]. Washington, DC: National Education Association, 1976: 13-19.

[2] Brian Way. Development through Drama[M]. London: Longman, 1967: 1-9.

[3] Nellie McCaslin. Creative Drama in the Classroom and Beyond[M]. New York: Longman Publishers, 1996: 274-275.

麦凯瑟琳还认为，关于戏剧教育“工具论”取向和“本质论”取向的矛盾一直没有解决，很可能两者的矛盾无法得到调和。[1]

工具论取向和本质论取向在中西方儿童戏剧教育中具有不同的具体形态。从这一角度梳理戏剧对于中西方儿童教育的贡献，可以明晰戏剧在儿童教育中的功能、地位、价值、意义等。

第二节　中国儿童戏剧教育取向的历史解读

戏剧在我国儿童教育中的运用，存在“工具论”和“本质论”两种取向的形态，其中“工具论”取向一直为先导，“本质论”取向随着戏剧进入儿童教育机构才逐步凸显。

一、中国大陆儿童戏剧教育取向

（一）工具论取向的形态

1. 我国古代的儿童戏剧欣赏教育

戏剧在我国儿童教育中最早的形态就是戏剧欣赏，也可以称之为“剧场”教育，不过当时的剧场不是现代意义上有舞台和观众席的剧院，很可能是固定的演出地“瓦舍”和“勾栏”，也可能就是在集市临时搭建的戏台，甚至是皮影戏、木偶戏艺人用肩挑的扁担在小巷、十字路口制造出来的“剧院”。即便如此，戏剧欣赏仍是我国古代儿童社会教育的一种主要形式。在我国古代，私人教学和学塾之类的设置是教育最主要的形式，一般只有富家子弟才有经济实力接受教育，而广

[1] Nellie McCaslin. Creative Drama in the Classroom and Beyond[M]. New York：Longman Publishers，1996：286.

大的平民子弟被排斥在教育之外。但是，民间流传的戏剧给予了儿童丰富的精神食粮，使他们在得到精神愉悦的同时获得了一定的历史知识，受到中国传统礼教思想的熏陶。其中，儿童歌舞戏、皮影戏和木偶戏（傀儡戏）的欣赏是三种主要的戏剧欣赏教育形式。

从中国远古产生歌舞始，儿童歌舞也随之产生了，商周时期的“歌舞事神”都有儿童参与。隋唐以来，歌舞百戏繁盛。当时，民间佳节中的歌舞戏《钵头》等也有儿童的演出版本，与成人的表演争奇斗艳。宋以后，出现了专门由儿童扮演的歌舞戏，如《村田乐》《跳鲍老》等。另外，宋代的儿童歌舞和杂剧常常融合在一起，既有歌舞，也有戏剧性表演，如《百子杂剧图》（见图3-1）上所示，以滑稽的“杂剧”为主，并与歌舞交替演出。

我国戏剧理论学者周华斌于1985年底至1986年间，在美国考察时发现《龙的心》（Alasdair Clayer，1984，波士顿出版）一书载有这幅《百子杂剧图》（宋代）。说明如下：

宋代绘画《百子杂剧图》的热烈欢腾的戏场上，孩子们戴着假胡子，扮演大模大样的官员。在另一些表演中，孩童们系着小箍带，耍

图3-1 百子杂剧图

弄着花样，或骑竹马。[1]

儿童参与成人戏剧性表演的儿童歌舞戏虽然以成人为观众，但是不可忽视其对儿童自然而然发生的教育意义，使儿童从小深受当地文化、风俗和伦理的熏陶。

皮影戏的题材自宋以来多以历史故事为主，取材于《汉书》《后汉书》《三国志》《旧唐书》《新唐书》《旧五代史》《新五代史》等历史书籍，情节复杂，人物众多，可以称得上是最生动的历史教育了。南宋流传最广的傀儡戏《巨灵神劈华岳》演的是“华山挡河，水过之而曲行，河之神以手劈开其上，足蹋离其下，中分为二，以通河流，手足之迹，于今尚在”。这个傀儡戏充满奇幻色彩，颂扬巨灵神大无畏的奋斗精神，一直流传至今。宋元时期为儿童积累了一大批精彩的傀儡戏剧目，有《汉匡衡凿壁偷光》《孙康映雪》《老郎君养子不如父》《三娘教子》等。明代又出现了一些儿童剧目：《王祥行孝》《忠孝蔡伯喈》《赵氏孤儿报冤记》等。这些剧目向儿童灌输了孝、悌、忠、信、礼、义、廉、耻等中国传统儒家道德观念，告诫儿童要发愤读书、孝顺父母、报效国家。清代的“肩担戏”（傀儡戏的一种）走遍大街小巷，走到哪里，后面都跟着一群孩子，其中《高老庄》和《王小儿打虎》等名戏，既富有傀儡戏艺术特色，又富有儿童情趣，给孩子们带来了许多欢乐和无限的遐想。总之，皮影戏和傀儡戏作为一种“民间戏剧”“平民戏剧”，在我国古代儿童教育中承载了意义深远的教育作用，并一直延续到19世纪末20世纪初的近代教育中，给文化贫瘠时期的孩子

[1] 周华斌：中国戏剧史新论[M].北京：北京广播学院出版社，2003：56.

们带来最生动的艺术享受和知识道德教育。

总之，我国古代儿童剧的剧目以历史剧和神话剧居多，儿童从这些娱乐性的戏剧演出中，获得知识启蒙和道德教育。但是，有学者认为，“中国在儿童戏剧方面的发展，似乎在历史上难以找到纯粹的形式，也许是‘荒于嬉’古训的阻碍，儿童戏剧没有得到鼓励和发展”。其实，不仅是儿童戏剧，包括儿童美术、儿童音乐、儿童舞蹈等各种儿童艺术都直到“五四”时期才具有了独立于成人艺术的特殊地位。因此，中国古代和近代的儿童戏剧教育只能依存于成人戏剧艺术中，尚未有其独立的形态。

2. 表演游戏

表演游戏是我国幼教界最为熟知的一个概念。黄人颂（1989）认为，它被看作是按照童话或故事中的角色、情节和语言，进行创造性表演的游戏。表演游戏最早出现在我国清代蒙养院章程中。从清代蒙养院章程到民国时期幼稚园课程标准，都设有游戏一项，具体是指感官游戏、体操游戏、节奏游戏和表演游戏。[1] 儿童的表演游戏可以是自发的，但是大多是在幼儿园表演区域进行的表演游戏。学前儿童凭借自己对生活的认识和理解，可以增减童话故事的情节、角色以及对话和动作，创造性地再现原有文学作品。表演游戏的表演性不强调面对观众表演的形象性，而是强调儿童对文学作品情节表演的丰富性，他们把作品里虚构的世界展现出来，在这个虚构的情境中体验文学作品里人物的感受。另外，表演游戏不同于角色游戏，如果说后者是一

[1] 黄人颂. 学前教育学[M]. 北京：人民教育出版社，1989：250，248.

种自发游戏的话，在幼儿园里所发生的表演游戏则更具有教学性。表演游戏常常被用作文学活动的延伸，用来加深儿童对文学作品的理解，学习文学作品中精彩的语言。我国学者周兢（1992）就把故事表演游戏当作“一种文学和游戏双重因素结合的活动”[1]。她还指出，表演游戏的重点集中在理解作品的内容，体验角色心理，并用适当的语言、动作、表情将这种认识表现出来。同时表演游戏富有创造性，允许儿童通过自己在活动中的认识与想象来发展故事内容。由此看来，表演游戏是幼儿园的一种戏剧教育活动，它已经具备了戏剧的诸种元素，有角色的认识、分配和扮演，有道具的分配、运用、制作，也讲究一定的表演技巧（语言、动作、表情），都有童话、散文和诗歌等文本做基础，并作为儿童文学教育的手段而存在。

我国学者刘焱等人（2003）认为，thematic-fantasy play 可译为“主题想象游戏”，最接近于我们所说的“表演游戏”。从这个角度说，想象是表演游戏的重要心理表征。表演游戏中具有想象的元素，因此表演游戏又是一种象征性游戏（symbolic play），或想象游戏（imaginative play）。在这种游戏中，教师鼓励儿童运用身体或声音来阐释或者扮演故事（或诗歌）的部分或者全部，将作者的言辞变为儿童自己的运动和语言。[2] 由此，表演游戏很大程度上是对文学语言教育的延伸，更多地凸显了工具性价值。

3. 故事表演

故事表演是“通过对话、动作、表情来再现文学作品的一种形

[1] 周兢. 幼儿园语言文学教育活动[M]. 北京：中国广播电视出版社，1992：133.

[2] 刘焱，李霞，朱丽梅. 幼儿园表演游戏现状的调查与研究[J]. 学前教育研究，2003(3)：32.

式……它是复习文学作品、巩固记忆的一种好形式”[1]。故事表演一般是复述故事的一种教学方法：在新授故事活动后，师幼共同讨论表演动作和过程，帮助儿童分配角色，轮流进行表演。故事人物的语言由担任角色的儿童讲述，叙述部分由教师和其他不担任角色的儿童共同讲述。教师通过启发、示范、评价等方法及时帮助儿童提高表演技能。故事表演的形式很多，有童话剧、歌舞剧、音乐剧、哑剧和木偶戏等。在和一些教师的非正式访谈中，笔者还发现教师常常将故事表演和表演游戏混为一谈，教师介绍的活动明明是完全按照故事进行的故事表演，但他们都把它说成是表演游戏；而明明是带有创造性成分的表演游戏，教师却说是一种故事表演。其实，故事表演是在教师组织下，严格按照故事的情节和语言进行表演的，这类活动通常在故事教学活动之后进行，借助儿童乐于扮演的天性让他们更好地熟悉和理解文学作品，学习主要对话，并能用形象的动作表演出来。看来，完全把故事表演和表演游戏分开来是很难的，但作为教育者，对发生在幼儿园里的活动还是应该有科学的认识和把握，只有这样才能够明确让儿童表演的目的以及教师参与的程度。此外，为了吸引儿童的兴趣，达到良好的教学效果，故事表演还被恰当地运用到各科教学中。

不论是故事表演还是表演游戏，它们的关注点都放在儿童的语言、动作的表演环节上，没有看到儿童愿意做导演、做道具师等戏剧创作的多种内在要求；它们仅仅强调了从文学活动发展而来的表演，没有意识到儿童戏剧表演的多种来源。

[1] 周兢. 幼儿园语言文学教育活动[M]. 北京：中国广播电视出版社，1992：132.

4. 戏剧教学方法运用于其他领域（学科）

戏剧教学在其他领域（学科）的运用，可以更好地促进儿童的学习，其中主要为语言教育领域。张金梅（2009）对幼儿园小、中、大各年龄班进行了戏剧要素与绘本阅读要素的有效整合，开展了将戏剧运用于早期阅读活动的行动研究，主要研究了戏剧教学策略在早期阅读教育不同层次活动中的运用：（1）戏剧动态欣赏融入整体感知性阅读。（2）角色扮演融入重点体验性阅读。（3）“坐针毡”融入个体创造性阅读，努力使早期阅读活动真正成为儿童自己的创作性阅读。[1] 颜晓燕（2010）提出运用戏剧艺术拓宽幼儿早期阅读的途径：（1）不同体裁内容的整合。故事剧绘本阅读、歌舞剧绘本阅读、家乡戏绘本阅读。（2）不同运用时段的整合。先读后演的切换融合方式、边读边演的切换融合方式、先演后读的切换融合方式。（3）不同艺术符号整合。体态动作的欣赏与阅读、声响音效的欣赏与阅读、媒体动画的欣赏与阅读、剧本制作的欣赏与阅读。[2]

（二）本质论形态

1. 儿童剧演出

儿童剧演出是由教师组织个别表演能力强的儿童在舞台上所进行的戏剧演出，剧本一般取自剧作家已经创作好的儿童剧作品。从题材来看，有历史剧、童话剧和现代剧等，从表现样式来看，有话剧、歌舞剧、戏曲、木偶剧、皮影戏、哑剧等。我国真正意义上的儿童剧最

---

[1] 张金梅. 将戏剧运用于早期阅读活动的行动研究[J]. 幼儿教育(教育科学)，2009(36)：27–31.

[2] 颜晓燕. 早期阅读与幼儿戏剧活动的整合形态[J]. 绥化学院学报，2010(2)：163–165.

早出现在20世纪初“五四”时期。当时，西学东渐影响强劲，西方先进的“儿童观”为一些有识之士所倡导，他们大声呼吁几千年来被封建思想所忽视的、压抑的“儿童”应该具有自己的特殊地位和特点，反对把儿童看作“小大人”“小祖宗”，认为儿童是“有他自己内在生活的人”，认为儿童应该有自己的玩具、自己的儿歌、自己的童话、自己的艺术和自己的教育，儿童的世界就应该以“儿童为本位”。“儿童的发现”促使我国儿童艺术、儿童教育等领域发生了重大的变革，在戏剧艺术领域出现了一大批专门为儿童创造戏剧的儿童剧作家，如黎锦晖、叶圣陶和周作人等，他们创作的剧本被学校用来演出，从此真正为儿童演出的戏剧（儿童剧）出现了。黎锦晖在20世纪20年代创造了《葡萄仙子》《小小画家》等13部儿童歌舞剧，继承了我国戏曲的载歌载舞的传统手法，并借鉴西方歌剧的曲式旋律，设计适合儿童表演的舞姿，布置儿童喜爱的舞台，创造了中西合璧的新歌剧形式，为儿童提供了适合他们欣赏的戏剧艺术，强调了戏剧艺术的审美教育功能。

当下，儿童剧演出经常是幼儿园“六一”儿童节汇演、元旦联欢会等重要节日庆祝活动的重大节目，像《金鸡冠的公鸡》《拔萝卜》《小兔乖乖》《龟兔赛跑》《小熊请客》等传统经典儿童剧受到了教师的青睐，为节日增添了喜庆和热闹。儿童剧演出比较注重演出的效果，一般由教师选择儿童演员，然后帮助儿童演员背诵台词，或者将台词提前录音，再反复进行严格的舞台演出排练，直至最后公演。至于演员的服装、道具以及舞台布景都是教师制作的，儿童只要做好演员和观众就行了。儿童剧的演出由于过于注重演出的效果，强调类似于成人演员的表演排练，压抑了儿童主动进行戏剧创作的愿望，也限制了儿童戏剧能力的发展。这不是笔者所希望的戏剧的幼儿园教育运用，反而是我们要加以批判和变革的做法。

2. 儿童剧场教育

儿童剧场教育是指儿童在剧场、学校和幼儿园等场所观赏专业儿童剧团的戏剧演出所发生的戏剧教育行为。儿童剧团的演员不一定是儿童，常常是大人演给小孩子看。儿童剧团曾经是我国儿童戏剧教育不同于西方儿童戏剧教育的一大特色。自中国最有影响的儿童剧团——中国儿童艺术剧院1956年成立以来，全国各地纷纷成立了儿童剧团，为儿童演出了许多精彩的剧目。

我国的儿童剧场教育的发展以专业的儿童剧团为基础，自新中国成立以来经历了三个重要发展时期。[1] 第一个时期是20世纪五六十年代：1956年中国儿童艺术剧院成立，它隶属于文化部，是中国最有影响的儿童剧团。在中国儿童艺术剧院和宋庆龄创办的中国福利会儿童艺术剧院的带动下，儿童剧团在全国遍地开花，代表剧目有张天翼的童话剧《大灰狼》、乔羽的歌剧《果园姐妹》、老舍的童话剧《青蛙骑手》和《宝船》、任德耀的《马兰花》等。第二个时期是“文革”结束后的20世纪80年代，1982年文化部举办了首届儿童剧观摩演出，涌现了一大批优秀的剧目，比如历史剧《报童》、现代儿童剧《奇怪的101》、历史歌舞剧《花木兰替父从军》、课本剧《大森林里的小故事》等。第三个时期是20世纪90年代以后，以1990年上海儿童戏剧展演为标志，展示了试验性、示范性的儿童剧创作，代表剧目有《特殊夏

[1] 蒋风，韩进. 中国儿童文学史[M]. 合肥：安徽教育出版社，1998：651.

令营》《和月亮交谈的六个晚上》《红蜻蜓》等。但是进入20世纪90年代以来，受到动画片的冲击，儿童剧陷入了前所未有的重重困境之中。中国儿童艺术剧院副院长、著名编剧欧阳逸冰就指出，中国大约有3.8亿儿童，而全国的儿童艺术剧团只有22个，目前只有12个剧团进行创作和演出。所以，我们就不会奇怪目前近半数的儿童没有看过戏，甚至不知道戏剧和电影、电视剧有什么异同。儿童剧团的戏剧教育作用不容忽视，我们有理由要求把戏剧艺术还给儿童。

中国儿童剧团曾经的繁荣是我国儿童戏剧教育的一大特色，它对儿童戏剧教育起到了不可忽视的特殊作用：在剧场的欣赏给儿童带来完美的艺术享受，舞台美术、灯光、音乐、歌舞好比是精美的艺术作品，糅合在一定的剧情中，更容易为儿童所理解；剧场井然有序的规则使儿童学习到礼仪和礼貌行为；蕴含深刻道理的剧情是对儿童进行道德教育最好、最生动、最形象的教科书。在剧场中，儿童很容易把自己当作戏剧中的角色，看一出戏就像经历了角色身上所发生的一切，体验到角色的喜怒哀乐，懂得了做人的道理；戏剧世界的光怪陆离和奇妙幻想打开了儿童想象的大门，他们一边欣赏一边构思自己心中的戏剧，剧情和自己的想象不谋而合时，他们很开心；剧情和想象不同时，他们有点遗憾。这就是剧场的教育魅力。

3. 戏曲教育

戏曲是中国传统戏剧的特有样式，它之所以成为幼儿园教育活动的主题，比如“小小戏曲迷”[1]等戏曲主题活动，其出发点大都是弘扬民族文化，培养儿童对民族艺术的积极情感和态度，使儿童了解戏

[1] 陈冬云. 让幼儿接受戏曲艺术熏陶[J]. 早期教育，1997(4)：4.

曲、喜爱戏曲。所以，戏曲主题活动的教育内容重点是了解戏曲艺术，包括戏曲角色行当（生、旦、净、末、丑）、道具、服装和化装（包括脸谱制作）；多方面参与各种戏曲活动，包括戏曲欣赏、学习戏曲表演的唱腔和台步；多层次挖掘戏曲教育内容，即围绕认识戏曲而展开语言教育、常识教育、美术教育和音乐教育等各学科教育活动。戏曲主题活动使幼儿园戏剧教育突出戏剧本身的艺术教育价值，不再仅限于把戏剧当作教育、学习的工具，但是这类活动很可能像音乐、美术、舞蹈等艺术活动一样，陷入对艺术技能的学习和模仿，造成“为了学习戏曲而学习戏曲”的局面。儿童很可能一开始被戏曲独特的表现形式所吸引，但他们的学习兴趣能持续多久也不免令人担忧，毕竟成人化的戏曲艺术离儿童的生活比较远。那么，抱着“了解戏曲”的教育目的是不是显得过于简单和直接了呢？其实，了解某种戏剧样式恐怕不是儿童戏剧教育的主要目的，或者说唯一目的。

（三）本质论与工具论的融合

张金梅（2005）在借鉴西方百年传统戏剧教育经验的基础上，深入幼儿园实践，提出了一种全新的综合课程研究范式——“戏剧综合范式”。这一理论主要体现在其《幼儿园戏剧综合课程研究》（2005）一书中。该书从戏剧与人类、儿童及教育三者之间存在的本质联系出发，建构一种理想、完美、多元、感性的儿童教育，着力探讨了幼儿园戏剧综合课程的主要来源、实施过程、年龄阶段性特点以及教师与儿童双主体的关系等各方面的问题，并深入研究了儿童戏剧创作心理的特殊规律，全面勾画出幼儿园戏剧综合课程的全貌，在关注教师成长的同时，使儿童成为课程的主人。[1] 屠美如在该书的“序言”中认为，从幼儿园综合课程的建构以及儿童全面发展的角度看，这一戏剧综合课程具有工具论的取向，从最终儿童戏剧经验的生成性建构来看，亦有本质论的取向。

二、中国台湾和香港地区的儿童戏剧教育取向

在我国台湾地区幼稚园艺术教育中，“戏剧”与教育的联结早在20世纪70年代就产生了，最初由李曼瑰、胡宝林等将西方的“创造性戏剧”引进台湾。

李曼瑰在《儿童戏剧教育运动及儿童剧的征选与出版》（1983）一文中认为“创造性戏剧”将儿童戏剧纳为儿童教育的一环，是未来教学的趋势，它不仅能突破传统学科的限制，亦能将儿童戏剧从单纯的娱乐或艺术，拓展为教育，与生活联结，使儿童工作、学习、游戏同时并行，着重儿童对各种艺术的兴趣与欣赏，充实生命的丰富性。[2]

胡宝林于1975年起在台湾地区推行儿童戏剧相关活动，在其著作《戏剧与行为表现力》中，阐述了儿童戏剧教育和儿童创造力养成的理念。他借鉴了西方的“creative drama”的戏剧教育理念，提出“创作的儿童戏剧”，又称“创作性戏剧”，其特质可归类为：（1）是游戏，不是表演；（2）象征和虚拟的自觉；（3）愿望的表白与模仿；（4）是自我创作表现的，不是矫装的；（5）无固定道德价值的剧情。[3]

[1] 张金梅. 幼儿园戏剧综合课程研究[M]. 南京：江苏教育出版社，2005：序1-2.

[2] 转引自陈晞如. 话说从头：翻开台湾儿童戏剧教育史（1945-1986）[J]. 美育（台北）. 2002(186)：89-90.

[3] 胡宝林. 戏剧与行为表现力[M]. 台北：远流出版社，1994：76-79.

创造性戏剧在台湾地区的大力推广则开始于20世纪80年代，并与当时兴起的儿童剧团形成合力。当时的儿童剧团有邓佩瑜的“快乐儿童剧团”（1982年成立）、倪鸣香的“成长儿童学园”（1983年成立）、胡宝林的“魔奇儿童剧团”（1986年成立）。[1]

台湾儿童戏剧教育学者郑黛琼（1990）总结了20世纪80年代以来台湾地区幼稚园推进戏剧教育实践的探索[2]，她认为台湾地区幼稚园戏剧教育出现了四种形态：（1）教师演给儿童观赏的剧场活动；（2）教室内教师将戏剧作为教学动机的剧场活动；（3）创造性戏剧教学；（4）创造性戏剧教学与学科的结合使用。

林玫君等（2004）将台湾地区幼稚园戏剧课程分为四种形态：（1）幼儿自发性戏剧游戏；（2）教师依幼儿游戏主题进行引导与组织戏剧；（3）教师引导情境布置；（4）教育戏剧／创造性戏剧。[3] 这一分类将自发的戏剧性游戏和在教师引导下、由游戏而来的戏剧活动（类似于我国大陆幼儿园的表演游戏）都纳入到幼儿园戏剧课程中，使得幼儿园戏剧课程的外延扩展，既有儿童自发，也有教师引导，还有介于两者之间的。

林玫君（2005）在其所著《创造性戏剧理论与实务——教室中的行动研究》一书中，梳理了创造性戏剧的基本概念、对儿童的发展价值、创造性戏剧的课程模式，以及创造性戏剧在教学实施中的师幼关系、教室规范和影响因素等，并详细呈现了创造性戏剧初阶课程和进

[1] 转引自陈晞如. 话说从头：翻开台湾儿童戏剧教育史（1945-1986）[J]. 美育（台北），2002（186）：92-95.

[2] 郑黛琼. 艺术教育教师手册——幼儿戏剧篇[M]. 台北：台湾艺术教育馆，1996：4.

[3] 林玫君，朱秋玲，甘季碧. 戏剧融入幼稚园课程之发展历程行动探究[J]. 课程与教学季刊（台南），2004（3）：97.

阶课程行动研究的过程，对于戏剧教师的成长很有帮助。

在幼儿园戏剧统整课程方面，陈仁富（2002[1]，2005[2]，2008[3]）则针对“教育戏剧”[4]（drama in education）在台湾地区幼稚园的实施展开多次行动研究，以绘本故事中的亲情、认知、心理成长、创造等主题为素材，融合健康、游戏、音乐、工作、语文、常识等六大课程领域进行大单元的统整课程实验。这一研究和张金梅（2005）的幼儿园戏剧综合研究有共同之处，后者的统整切入点不仅仅有故事，还有事件和想法，并且最终有剧场活动的呈现。

台湾地区的幼稚园戏剧教育有两种倾向，一种是学习西方“创造性戏剧”的经验，旨在促进儿童创造力的发展，并有一定本土化的努力；另一种就是戏剧艺术教育采取“本质论”的取向，很讲究剧场艺术的效果，并且专业的戏剧工作者也加入到幼稚园戏剧教学中。

香港戏剧教育和台湾不同，更多受到英国“教育戏剧”[5]（drama in education）的影响。香港教育戏剧的历史可以追溯到20世纪80年代初期，根据香港剧场工作者黄婉玲和陈玉兰（2002）的研究，香港教育戏剧的概念最早是由中英剧团引进并推行的。庄舜姬（Chris Johnson）进一步深化和落实这种理念，开创了香港戏剧界的先河，首先在

[1] 陈仁富. 教室主权的转移——教育戏剧在幼稚园之行动研究[R]. (台湾)“行政院”科学委员会专题研究计划成果报告. 台湾屏东:屏东教育大学幼儿教育学系,2002.

[2] 陈仁富. 戏剧与绘本的邂逅:幼儿戏剧统整课程研究[R]. (台湾)“行政院”科学委员会专题研究计划成果报告. 台湾屏东:屏东教育大学幼儿教育学系,2005.

[3] 陈仁富. 教育戏剧课程设计之行动研究[R]. (台湾)“行政院”科学委员会专题研究计划成果报告. 台湾屏东:屏东教育大学幼儿教育学系,2005.

[4][5] 对于“drama in education”的翻译,我国一些学者翻译为“教育戏剧”,笔者对此有不同的观点,从其本源上来说应该翻译为“戏剧教学”,这里只是引用“教育戏剧”的说法。

剧团设立了教育主任和工作坊主任两个职务。[1] 然而，香港幼稚园戏剧教育则大大晚于中小学戏剧教育的推广。谭宝芝主持的“学校、剧团与学院伙伴教学计划：戏剧融入学前教育”项目（2013—2015）[2]，通过戏剧教育学者与香港话剧团的戏剧艺术教师、幼稚园教师三方合作，共同建构戏剧教育活动，以“创造性戏剧”为主要模式，体现了戏剧教育的游戏性，并通常以绘本为戏剧活动的来源。这一合作模式基于香港较为深厚的儿童剧场发展基础。

综上所述，中国大陆学前儿童戏剧教育在向台湾、香港地区同行的借鉴中，从对“戏剧教育”（drama education）的陌生、误解，甚至排斥，到今天的认可、期待和重视，戏剧这一艺术形式与儿童教育越来越近。

第三节　西方儿童戏剧教育取向的形态考察

在西方的儿童教育体系中，不论是在学前教育阶段，还是在学校教育阶段，“戏剧”以其独有的教育价值，已经成为一股重要的教育力量，给儿童教育带来了鲜活的生命力。

早在古希腊时期，戏剧开始进入到西方儿童教育中；直到20世纪初，随着“新教育运动”的发展，为了打破原有的知识中心、课本中心和教师中心的旧教育模式，戏剧才真正地成为西方儿童教育的一个组成部分；经过近100年来的发展和变化，西方儿童戏剧教育形成了创造性戏剧（creative drama）、戏剧教学（drama in education）和剧场

[1] 曹路生. 香港教育戏剧[J]. 戏剧艺术，2003(6)：51.

[2] 笔者于2014年6月参访了香港教育学院谭宝芝博士与香港话剧团艺术教师、香港幼稚园教师在多个幼稚园进行的戏剧活动实践的合作研究。

教育（theatre in education）等多种流派，并且呈现出各种流派相互吸收、相互渗透、相互融合的态势。这标志着西方儿童戏剧教育已经从单一走向多元、从片面走向整合、从幼稚走向成熟。

西方儿童戏剧教育的两种取向相比，“本质论”取向没有涉及具体形态，而“工具论”取向的具体形态极为丰富，具体包括如下。

一、创造性戏剧（Creative Drama）

美国的儿童戏剧学者在20世纪二三十年代提出了“创造性戏剧（creative drama）”，旨在通过儿童的“做戏剧（do drama）”实现促进儿童发展的教育目的。创造性戏剧的理论来源和哲学基础是美国进步主义教育家杜威所倡导的“儿童中心论”和实用主义哲学。[1] 他认为戏剧活动就是一种“做中学”，儿童的扮演就是“做”，通过扮演可以学习到很多新的经验，这就是“做”中的学。

在美国K—12年级的教育计划中，我们都会发现“创造性戏剧（creative drama）”的身影，它可能是一种单独的艺术教育活动，也可能是渗透到各个教育活动的一种教和学的组织形式，甚至就是整个幼儿园或学校的课程模式。可以说，创造性戏剧以其丰富的内涵从不同的侧面介入到美国的儿童教育的各个层面中。

（一）定义

自“创造性戏剧”一词20世纪二三十年代在美国出现以来，不同

[1] Gavin Bolton. Drama as Education: An Argument for Placing Drama at the Centre of the Curriculum[M]. Harlow: Longman House, 1984: 119.

的学者对它有不同的界定，直到1977年，美国儿童剧场联盟（CTAA）才给“创造性戏剧”下了一个正式的官方定义：“它是一种即兴的、非演出的、以过程为中心的戏剧形式，参与者（participant）在引导者（leader）指导下想象、扮演和反思人类真实的或想象的经验。”[1] 从这个定义看，创造性戏剧首先是一种特殊的戏剧形式，由即兴性、非演出性和过程性将其和正式的舞台戏剧区别开来，它从戏剧的开始到结束都没有固定的脚本，扮演活动的目的不是愉悦观众，而是为了参与者的发展。其次，创造性戏剧只有参与者，没有演员，只有引导者而没有教师或导演，它是由引导者和参与者在互动中实现的。再次，创造性戏剧的主题源于人类真实的或想象的经验。最后，创造性戏剧的过程不外乎想象、扮演和反思三个主要环节。

（二）本质

从本质上讲，创造性戏剧既是一种艺术，又是一种学习手段。前者表明创造性戏剧具有戏剧艺术性的表现形式，尤其和剧场艺术紧密联系，具有剧场艺术的某些属性，比如说剧场规则、剧场分工与合作等。后者表明了创造性戏剧的目的，正如奈尔丽·麦凯瑟琳（Nellie McCaslin，1996）对创造性戏剧目标的归纳：（1）创造力和审美能力的发展；（2）批判性思考能力的发展；（3）社会性成长和与他人合作能力的发展；（4）道德和心理判断能力的发展；（5）自我知识的增长。这是因为“创造性戏剧从根本上说是学习的手段，它整合了认知

[1] Rosenberg Helane S. Creative Drama and Imagination: Transforming Ideas into Action[M]. New York: Holt Rinehart and Winston, 1987: 4.

的、情感的、社会的和心理运动的等多方面能力”[1]。

美国学者艾林纳·蔡斯·约克（Eleanor Chase York，1967）专门对创造性戏剧的儿童发展价值进行了总结，具体包括创造性、敏感性、流畅性、灵活性、想象力、情绪稳定性、社会合作能力、道德态度、身体平衡协调能力以及交流能力等。[2] 就拿创造性来说，儿童在创造性戏剧活动中，把自己完全放置到某一个想法中，自由地表达自己内心深处的思想、感受和信念，使自己的创造力得到了充分的发展。

（三）理论来源

创造性戏剧的理论来源是美国进步主义教育家杜威所倡导的“做中学”和“以儿童为中心”的教育思想（Geraldine Brain Siks & Hazel Brain，1961）。杜威认为戏剧活动就是一种“做中学”，儿童的扮演就是“做”，通过扮演他们可以学习到很多新的经验，并丰富了自我表达，这就是“做”中的学。他甚至认为在教室中进行的戏剧活动比在其他场合进行的更有助于儿童经验的学习。1931年，《进步主义教育》期刊明确了戏剧表演在进步主义教育中的角色，宣称戏剧表演作为教育的工具以及一种艺术，已经成为教育中十分重要的力量。这本期刊所强调的以戏剧表演促进儿童创造性表达的教育理念，成为美国教育中的一个里程碑。杜威的“做中学”（learning by doing）在当时戏剧教师的视野下被演绎成“做戏剧”（do drama）（Gavin Bolton，1984）。对

[1] Nellie McCaslin. Creative Drama in the Classroom and Beyond[M]. New York:Longman Publishers,1996:12.

[2] Eleansor Chase York.Values to Children from Creative Dramatics[M]//Geraldine B. Siks & Hazel Brain Dunnington. Children's Theatre and Creative Dramatics[M]. Washingon:University of Washingon Press,1967:124-131.

于戏剧这种方式，进步主义学者进一步发挥，认为戏剧是最特殊、最重要的经验学习和自我表达的自然的手段（Rosenberg，1987）。由此，“以儿童为中心”在戏剧活动中体现为“每一个人都是自我表达的个体”，儿童和教师作为戏剧活动中某种角色实现自己对戏剧的贡献，表达自己对世界的看法，他们的语言、动作、表情都是他们内心想法的外化，不受他人的干扰和限制，的确是一种发自内心的自我表达。美国创造性戏剧的兴起就和杜威的进步主义教育观联系在了一起。

（四）“创造性戏剧”的提出及其历史轨迹

1. 创造性戏剧的提出（20世纪二三十年代）

这一概念的提出还要归功于美国儿童戏剧教育先驱温妮弗瑞德·沃尔德（Winifred Ward）。她在20世纪20年代开始了戏剧教育实践，让儿童在“做戏剧”（do drama）中获得发展，打破原有的知识中心、课本中心和教师中心的旧教育模式，戏剧开始真正地成为教育的一个组成部分。1930年，温妮弗瑞德·沃尔德出版了《创造性戏剧》一书，第一次提出了“创造性戏剧”的概念，标志着创造性戏剧的确立。沃尔德的创造性戏剧重表演的过程，不重表演的结果。她作为创造性戏剧的先驱，受到进步主义教育思想的影响，主张通过故事戏剧的想象表达，促进儿童个性发展，帮助儿童理解自我和社会。具体来说，其教育目标是儿童个性和社会化的发展，包括五个活动体系：肢体运动或哑剧、感知力、性格分析和特征化、对话以及故事戏剧。对儿童来说，戏剧的主要价值是人物的性格特征，文学故事是戏剧活动的主要来源，故事表演是戏剧化学习的主要方式，故事演出是戏剧活动的主要环节，引导者起到指导的作用。

2. 创造性戏剧的初步推广（20世纪四五十年代）

1944年，美国儿童剧场委员会（CTC）成立，进一步明确了创造性戏剧的目标，即对儿童创造性思考能力的培养。随着20世纪50年代美国政府对艺术教育的重视，戏剧在整个儿童教育中的地位得到了认可和保证，越来越多的教育学者面对不同个性特点的儿童来发展和验证创造性戏剧教育方法的可行性，从而使创造性戏剧从不同程度得到了推广。

3. 创造性戏剧的起伏波折（20世纪六七十年代）

20世纪60年代，在美国倡导艺术教育与科学教育并重的大背景下，创造性戏剧开始在儿童特殊教育、儿童人格教育以及儿童艺术教育等领域显示出前所未有的潜力。1967年，英国儿童戏剧教育家布瑞恩·维（Brian Way）《通过戏剧的发展》一书在英国出版，表明了英国儿童戏剧教育者对其他儿童戏剧教育流派的学习和借鉴，使20世纪60年代的创造性戏剧教育超越了沃尔德的“故事化戏剧”的单一形式，从而愈加丰富多样。但是，到了20世纪70年代，一方面，由于受到美国经济下滑以及战争因素的影响，美国的艺术教育乃至创造性戏剧教育失去了经济的支撑和实际的需求，出现了被基础的科学教育所排挤的危险；另一方面，面对这种外在的压力，创造性戏剧努力提高自身在整个教育中的地位，以戏剧满足教育的基本需要，从而推进了创造性戏剧的综合的、整体的教育价值，促使了创造性戏剧的进一步完善和发展。吉瑞汀·西克丝（Geraldine Siks）就是这一时期最主要的儿童戏剧教育家之一，她为了改变长期以来戏剧在教育领域受到忽视的局面，提出了“过程—概念”取向。这一取向有助于引导者（即教师）理解参与者投入到制作戏剧的过程，以及在这一过程中他们是如何获得戏剧概念的，从而使戏剧和剧场艺术、戏剧和课程紧密地联系起来，为巩固戏剧在教育中的地位提供了有力的理论支撑。同时，“治疗戏剧”（remedial drama）的兴起和推广表现出了创造性戏剧对特殊儿童的独特的教育作用。可以说20世纪六七十年代是创造性戏剧的“多事之秋”。

4. 创造性戏剧的理论研究（20世纪80年代至今）

进入20世纪80年代以来，美国的戏剧教育以及整个教育呈现出平缓而稳定的发展态势。在创造性戏剧领域，教育界学者更加关注戏剧的重要性以及价值的系统化理论研究和实践验证。海尔兰尼. S. 罗森伯格（Helane S. Rosenberg，1987）为创造性戏剧构架了一个较为完整的体系——想象、行为以及两者的联系，将戏剧创造看作是将想象的想法转变为行为的过程。罗森伯格还认为创造性戏剧作为一种学习手段，包括了内部过程和外部行为两个方面，其内部过程就是感知新经验，回忆过去经验，并将新旧经验通过想象形成戏剧创造的来源；而外部行为就是创造人物、故事和情景，这与演员、剧作家、设计者有密切联系。可以说罗森伯格从理论上阐释了创造性戏剧具有培养创造力和想象力的根本作用。到了20世纪90年代，创造性戏剧的理论研究具有总结过去、展望未来的态势。著名儿童戏剧教育家奈尔丽·麦凯瑟琳（Nellie McCaslin）从事了30多年的创造性戏剧实践和理论研究工作，她在2006年第8次再版了她的著作*Creative Drama in the Classroom and Beyond*，该著作既涵盖了创造性戏剧70余年来的已有理念，又增加了新的理念——将创造性戏剧扩展到教室以外的博物馆、图书馆和社区，将美国的创造性戏剧与英国的参与剧场有机地结合起来，将创造性戏剧的本质不仅规定为艺术形式、学习手段，还增加了社会化活动的内涵。从此，创造性戏剧在K—12年级的各级各类教育中得到了充分的重视和运用，而且在课程中呈现出核心的、关键性的角色。至于创造性戏剧的发展趋势，罗森伯格（Rosenberg，1987）甚至预言，创造性戏剧在21世纪的教育中将成为一股最有力的开发人的潜能的力量。

（五）一个创造性戏剧活动案例的反思

现在，请看美国儿童戏剧教育学者奈尔丽·麦凯瑟琳（Nellie McCaslin）详尽描述的一个创造性戏剧活动的案例，其步骤是：（1）想象。有了想象，才能有创造。例如，在活动的开始，教师面向班级全体儿童击鼓，从快、较快到慢，使所有儿童沉浸在激动的、兴奋的、忘记一切的氛围中，自然而然地随着鼓点蹦着、跳着、扭动着。热身运动后，教师转换情绪，提出一个假想——大家走在绿草坪上，接着问："你感到了什么？你的脚累了吗？想象一下脱下你的鞋子后踩在软软的、凉凉的草地上，又有什么不同的感觉？"有的孩子真的脱下鞋子。由此，有关草地的各种丰富的表象在儿童头脑中形成了。也许在下一次活动中，教师请儿童想象他们脚下踩的是寒冷的雪地。在想象活动中，教师要善于发现儿童的兴趣在哪里、儿童思考什么问题、他们愿意探究哪些冲突性问题。（2）集中。从想象中集中概括出一种想法，以便后来进行较长时间的戏剧活动。（3）组织。对关于这一想法的各种材料的分析和整理，如果是来源于故事的创造性戏剧活动，儿童就要思考有什么人物、他们在做什么以及有关即兴扮演的所有准备工作。(4) 创造。可以是一种结果的创造，即对问题结局的创造；也可以是一种过程的创造，即问题解决方式的创造。(5) 自我表达。教师不关注儿童表演得是否完美，更关心他们自由表达自我的能力，鼓励他们大胆地说出心里想说的话、说出不同于别人的话、能站在大家面前说话、不要担心别人嘲笑自己的话等等。(6) 交流。即在表演后进行扮演者和观看者之间的讨论，包括你认为剧情有趣、合理吗？有什么内容被遗漏吗？你喜欢他们表演的开始部分吗？你理解他们表演的结局吗？如果让你来演，你将增加什么，去掉什么？等等。通常情况下，每一次的交流又为下一场的即兴表演做了准备，整个活动就处于多次“表演——讨论”和“再表演——再讨论”的不断循环提升之中，直到活动结束或儿童没有兴趣为止。

在儿童创造性戏剧课程方面，美国儿童戏剧学者布朗和布莱德尔(Brown & Pleydell，1999) 在 *The Dramatic Different* 一书中，展示了以绘本故事为题材，运用创意肢体活动、哑剧、偶剧、面具、即兴表演、角色扮演等方式，根据故事的特性选择适当的戏剧活动。[1]

创造性戏剧正是通过儿童在戏剧扮演中尝试各种解决办法，促使儿童在“演戏”中思考人与人、人与社会、人与自然的各种关系和问题，从而丰富了儿童的各种经验。

创造性戏剧有着丰富的活动形态，这里所介绍的案例只是其中一种来自儿童亲身经验的创造性戏剧活动。这一活动反映出创造性戏剧重过程、轻结果的特性，虽然表现形式是戏剧扮演，但教育目的不是

[1] 转引自陈仁富. 戏剧与绘本的邂逅：幼儿戏剧统整课程研究[R]. (台湾)“行政院”科学委员会专题研究计划成果报告. 台湾屏东：屏东教育大学幼儿教育学系，2005：5.

戏剧作品，而是通过戏剧培养儿童的批判性思考和创造性表达。这一点是特别值得我们借鉴的。虽然我国幼儿园的表演游戏和美国的创造性戏剧有很多类似之处，比如说两者都是介于游戏和表演之间，既有游戏的成分，又有戏剧表演的成分，都是从文学作品发展而来（创造性戏剧的来源更多，还有事件、想法等），但我们注重的是儿童对文学作品的理解和记忆，美国的创造性戏剧注重的是儿童的批判性思考。"思考"比"理解""记忆"更加复杂，思考是在"理解""记忆"基础上新的经验的建构，儿童在戏剧中面临各种矛盾、冲突和问题，在戏剧扮演中尝试各种解决办法，在"做戏剧"中思考人与人、人与社会、人与自然的各种关系和问题，丰富了各种经验。创造性戏剧抓住"思考人生"的戏剧本质，通过戏剧这种最能直接面对生活的艺术让儿童学会生活、学会思考。所以，在我们将戏剧运用到儿童教育的过程中，不能满足于戏剧给教学带来的活跃的氛围等肤浅的认识，而要深挖戏剧艺术的魅力，特别是创造性戏剧所追求的批判性思考能力的培养。但是，创造性戏剧不注重表演的效果、没有演员和观众之分，容易使儿童流于参与的快乐和表达的简单化，缺少了戏剧的艺术性，这却是我们所要填补和发展的。

二、戏剧教学（Drama in Education，简称DIE）

（一）产生背景

戏剧教学（Drama in Education）起源于20世纪60年代至70年代，由英国戏剧教育学者桃乐丝·希斯考特（Dorothy Heathcote）倡导，是对传统的、呆板的灌输式教育教学方法的一种改革，也可以视为“新教育运动”的延续。

（二）主要内涵

我国大陆、台湾地区大多数学者将“drama in education”译为“教育戏剧”（林玫君，2005；周斌，2008；张生泉，2009；黄爱华，2010；吴戈，2010），张金梅（2005）译为“戏剧教学”，马利文（2011）和徐俊（2011）译为“戏剧教学法”，我国台湾戏剧教育学者黄美序（2009）则译为“教学戏剧”。[1] 在笔者看来，翻译成“戏剧教学”更符合桃乐丝·希斯考特原创的本义。

奈尔丽·麦凯瑟琳（Nellie McCaslin）认为DIE是把戏剧作为教授其他学科知识的手段（a means of teaching other subjects）。它可以拓展儿童的认知，能够让他们通过想象看到现实，理解行为背后的意义。其目的，不在于扮演，而在于理解，尽管扮演贯穿始终；不在于主要涉及的人物，而在于态度。戏剧教学可以用来教授任何一门学科。[2]

戏剧作为一种工具，对教学具有什么价值呢？在西方“戏剧教学”中，戏剧既可以作为教师“教”的媒介，也可以作为儿童“学”的媒介，这正是戏剧作为教学媒介的两个层面的内涵。[3]

英国儿童戏剧学者桃乐丝·希斯考特（Dorothy Heathcote）作为“戏剧教学”流派的创始人，大力主张将戏剧视为教学的媒介，即在教

---

[1] 张克明，张金梅. Creative Drama、DIE和TIE之比较及其对我国学校戏剧教育的启示[C]. 北京：全国第四届大学生艺术展演活动高校艺术教育科研论文一等奖，2015：1.

[2] Nellie McCaslin. Creative Drama in the Classroom and Beyond[M]. New York：Longman Publishers，1996：12.

[3] Nellie McCaslin. Creative Drama in the Classroom and Beyond[M]. New York：Longman Publishers，1996：270-286.

育教学中运用戏剧来丰富儿童的觉察力，使他们能通过想象发现现实，发掘行为表面下所隐含的深刻意义。比如在“中世纪的服装”这一主题活动中，教师把儿童置身于一个中世纪的教堂情景中，儿童装扮成中世纪的骑士等角色，然后进一步继续对主题的探索和学习。尽管戏剧教学出现了角色扮演，但它的目的不是创造剧本或扮演角色，而是深入体验学习主题。桃乐丝·希斯考特（Dorothy Heathcote）把戏剧教学目标确定为提供反思和分析生活经验的舞台，并通过扮演来验证这些经验，使儿童在戏剧活动中认识自己、认识社会。一般来说，即兴表演是戏剧教学中最好的形式之一，而且扮演和反思是同等重要的，各占一半活动时间。

西西莉·奥妮儿（Cecily O’Neill）也是“戏剧教学”流派的重要代表人物。她认为，“戏剧教学”最重要的任务是创设供人分享的戏剧情境，即在一个虚构的世界里探索和检验想法、问题、各种关系和有趣的领域，希望儿童体验快乐，觉察世界和获得满足，逐步有意识地掌握扮演，并分享别人的感受和认知。“角色扮演”是“戏剧教学”中的重要概念，儿童在扮演角色中能发现自己的潜能，逐渐改变他对周围世界的偏见或误解。在戏剧中，教师不是寻找答案，而是帮助儿童发现自己的问题，所以“教师入戏”不是为了表演得更完美，而是用热情、想象和真诚，和儿童一起探索一个虚构的世界。从戏剧作为教学的媒介来看，戏剧在课堂上的运用既能满足教师有效教学的需要，又能最大程度地激发儿童的学习兴趣和探索欲望，使教师和儿童都对教学十分满意。

（三）理论建构

英国戏剧教育著名学者盖文·伯顿（Gavin Bolton）常与桃乐丝·希斯考特（Dorothy Heathcote）研讨戏剧教学实践，并在戏剧教学（DIE）理论研究上被公认为最具国际影响力的开创性学者。他从“扮演乃以‘存在’（being）来‘探索存在’（explore being）”这一基本意念上建构理论，认为儿童能同时做自己和别人，并同时存在于不同地方，在想象扮演游戏或者戏剧性游戏中，感受剧场的艺术形式：张力、时间感、对比、象征等。“就是依靠剧场的形式力量使儿童投入角色、在事件中体验存在，同时又有能力监察和反思过程的模式，是伯顿在教学中追求完善，透过这种投入状态来让儿童面对自己和相对于自己的、所置身的社交世界。”[1]

盖文·伯顿（Gavin Bolton，1992）在《教室戏剧的新观点》一书中提到一个案例，是他与一班6岁儿童进行的以“道路安全”为主题的戏剧教学。通常的做法是孩子们用身体探究想象过马路的各种方式，然后出现一个关于道路安全的冲突。但是，他先虚构了一个故事情境，故事中有一个叫迈克的5岁男孩，教师入戏扮演迈克的父亲，孩子们扮演迈克的邻居。父亲回到家，发现迈克不在，他以为迈克已经放学回家了，只不过淘气地藏在某个角落。父亲喊道：“迈克，迈克，我知道你躲起来了，快出来吧。”但是每次呼喊后，都没有回应，父亲的语气有些焦急了，并询问邻居有没有看到迈克——或者躲在邻居家里？父亲根据邻居的建议打电话给学校，尽管他实在太害怕而不敢打通电话：“你们有没有人看到……”后来得知，迈克过马路的时

[1] [英]大卫·戴维斯.盖文·伯顿教育戏剧精选文集[M].黄婉萍，舒志义，译.台北：心理出版社，2014：23.

候，没有注意左右车辆，发生了意外，现在已经在医院了。[1] 教师以入戏的方式引导儿童探讨道路安全问题，作为“邻居”的孩子们感受到了迈克的父亲的焦急，又避免了直接面对车祸的负面状态。很有意思的是，迈克这个角色是以隐身的方式存在的。

（四）典型戏剧教学策略

1. 教师入戏

在戏剧教学中，教师可以担任某个角色，参与到戏剧表演中，这被称作“教师入戏”；当需要理清表演思路时，教师可随时中断表演，和儿童讨论如何表演，然后继续即兴表演，这叫“教师出戏”。教师通常以某一道具、服装作为角色的象征，以示“入戏”还是“出戏”。比如教师在鼻子上贴上小猪鼻饰，就意味着入戏为小猪；去掉小猪鼻饰时就意味着“出戏”，回到教师身份。在这一点上，戏剧教学和创造性戏剧完全不同，创造性戏剧的教师一般不会中断儿童的即兴表演。

2. 专家外衣

在桃乐丝·希斯考特（Dorothy Heathcote）看来，“专家外衣”就是“人们穿着他们的‘外套’（即表达他们兴趣、习惯和风格）和其他人并列在积极地表现过程中。……学生们像同事一般，积极地结合在一起，专注在任务上，以供应他们的客户（脑海中的观众）”[2]。专家外衣”使得儿童所扮演的角色是与教学主题或学科相关的专业领域知识的专家，例如“中国”主题活动，教师首先抛出一个问题：什么样的

[1] [英]大卫·戴维斯. 盖文·伯顿教育戏剧精选文集[M]. 黄婉萍，舒志义，译. 台北：心理出版社，2014：56.

[2] [英]桃乐丝·希斯考特，盖文·伯顿. 戏剧教学——桃乐丝·希斯考特的“专家外衣”教育模式[M]. 郑黛琼，郑黛君，译. 台北：心理出版社，2006：227.

人需要知道中国？答案可能是：媒体工作者、旅行社的人员、传教士、贸易特派员、创办事业或工厂的企业家、联合国工作人员、历史学家和电视制作人或电影制片人。其次，这些专家需要承担的工作有哪些类型？儿童必须以专家的身份研究“中国”，比如旅游专家研究中国旅馆、食物、装饰和传统等，并训练所有旅行社员工如何面对西方观光客，最后要检讨文化的可能性，使得观光客在享受、景仰和渗透这一文化的同时，感觉舒适与安全。[1]

在戏剧教学中，戏剧从表面上看起来是主题活动的一个成果，但实际上它不是学习活动的目的。这就是戏剧教学，戏剧完全“工具化”了。戏剧的工具价值在儿童教育中的运用无疑是具有积极意义的，但是一味地强调戏剧的“工具”价值，戏剧变成了教育教学的“调味剂”，难道戏剧自身的艺术价值不应该走进儿童的世界吗？难道儿童就没有创造戏剧的冲动吗？很可能出现这样的情形：教师为了教学进度把儿童兴致盎然的戏剧表演中断，教师为了达到教学目标忽视了儿童创造戏剧的艺术性。戏剧教育“工具论”取向最大的弊端就是忽视了戏剧艺术的本质价值。

三、剧场教育（Theatre in Education，简称TIE）

（一）内涵

英国剧场教育创始人之一托尼·杰克逊（Tony Jackson，1980）概括了剧场教育的本质内涵：“在本质上，TIE需要被视为一种新的艺术

[1] [英]桃乐丝·希斯考特，盖文·伯顿. 戏剧教学——桃乐丝·希斯考特的“专家外衣”教育模式[M]. 郑黛琼，郑黛君，译. 台北：心理出版社，2006：38.

种类，一种剧场样式，正是为了直接满足剧场和学校的两方面的需要。它利用剧场技巧和想象策略来为教育服务。”[1]

剧场教育不同于传统儿童剧场的英国概念，是以课程资源或者社会问题为主题，一般由专业演出公司的演员—教师（actor-teacher）实施，它是为了引发年轻观众的思考，而不是为了娱乐。[2]

（二）产生背景

在剧场教育诞生之前，英国戏剧教育家布瑞恩·维（Brian Way）就提出了参与剧场（participation theatre），并对TIE的形成起到了很大的指引作用。参与剧场不同于传统的儿童剧场：儿童观众也可以作为参与者参与到舞台表演中；戏剧是随着儿童的参与、创造而变化的，但不脱离原有的戏剧情景和角色；戏剧的文本经过修改以适应儿童参与的需要；它的目的不是娱乐，而是鼓励儿童思考问题、亲身感受各种情感。布瑞恩·维（Brian Way，1967）在《通过戏剧的发展》一书中论述了他的戏剧教育的理论和实践——将正式剧场和创造性戏剧结合起来，发展出参与剧场（participation theatre）。他曾对儿童观众做过观察研究，发现了一种新型戏剧结构，即向儿童观众开放，使儿童观众成为参与者。首先，儿童观众的人数最多限定为25人，他们围坐成一个圆形。其次，演员要掌握邀请观众表演的技巧，知道怎样邀请、怎么与参与者合作、怎样把参与者送回座位等。在参与剧场中，儿童

[1] Tony Jackson. Learning Through Theatre: Essays and Casebooks on the Theatre in Education[M]. Manchseter: Manchseter University Press, 1980: ⅷ.

[2] Nellie McCaslin. Creative Drama in the Classroom and Beyond[M]. New York: Longman Publishers, 1996: 12.

观众不受限制和约束，可随时给演员提供建议，甚至可走上台来表演，这当然要得到主要演员和参与者的同意。年龄越小的儿童，参与表演越自然。在参与剧场中，当观众成为参与者时，创造性戏剧和儿童剧场的区别就消失了。布瑞恩·维（Brian Way）提倡观众参与剧场表演，但不是为了培养演员，而是为了人的发展。

剧场教育（Theatre in Education）简称为TIE（也有“教育剧场”等多种翻译），开端于20世纪60年代中期的英国。当时战后英国经济复苏，教育和戏剧的大力发展促成了剧场教育的形成（在伯明翰大学和曼彻斯特大学相继在布里斯托大学后建立了戏剧系）。首先，大众教育在教育目的层面上不再被看作仅仅是一种纯粹的工具，而是为一种丰富的文化生活做准备。其次，剧场与社会发展的关系的问题已经被明确提出。剧场的社会功能是怎样的？剧场如何更好地承担这一社会功能？剧场仅仅是提供人们娱乐的房子吗？早期儿童剧院对TIE的影响引起大家的探讨。当时教育课程的局限以及剧场缺乏对人们生活的影响，最终促使TIE的形成。此外，一个重要影响来自贝尔格莱德剧院（Belgrade Theatre），这一剧院致力于一种全新的模式，自其诞生起就抱有剧场对于城市责任的意识。安东尼·理查森（Anthony Richatdson）作为贝尔格莱德剧院的导演，在TIE的发展历史上起到了举足轻重的作用，试图通过教育项目培养一种全新的观众群。他努力引起各年龄阶段儿童对于剧场的兴趣，并注意到儿童喜欢表演曾经看过的剧目里的故事、情节冲突。他认为儿童表演问题的解决，具有很大的教育潜力，同时相信剧场应该是一个各个年龄群体被吸引而来聚会的地方，并对社区生活起到很多直接的作用。由此，他把剧场描绘为“社会的必需品”，把自己比喻为“社区服务员”。[1]

贝尔格莱德剧院的导演助理高顿·威林斯（Gordon Vallins）曾受到布瑞恩·维（Brian Way）戏剧教育思想的影响，承担了剧场与学校的联系工作，吸引年轻人来剧院欣赏适合他们的戏剧。该剧院的策略是让社区的年轻人对他们的活动产生兴趣，而这一策略孕育了TIE，可被视为TIE的来源。[2]

在1964年的一次贝尔格莱德剧院会议上，TIE这一概念由贝尔格莱德剧院的导演助理高顿·威林斯命名。高顿·威林斯认为剧场和教育两者不可分离，专业实践者能够进入教育体系中发挥作用。[3] 1965年，高顿·威林斯在考文垂的贝尔格莱德剧院开始了第一个TIE项目。

（三）实施过程

约翰·奥图尔（John O'Toole，1976）如此描述了TIE的实施过程：首先，根据儿童的需要以及表演团队的能力，如裁剪衣服般设计表演素材。其次，儿童被邀请以一定的角色身份参与表演，他们要掌握能力、做出决定、解决问题，于是根据儿童在戏剧情境中以及坚持角色所提出的想法，表演内容的结构就十分灵活；表演团队意识到教学情境的重要性，尽力为了以后的工作而提出建议，或者为课堂的教师提供最初的工作坊。[4]

[1] Gordon Vallins. The Beginnings of T.I.E. , in Tony Jackson ed. Learning Through Theatre: Essays and Casebooks on The Theatre in Education[M]. Manchseter: Manchseter University Press, 1980: 3-5.

[2] Gordon Vallins. The Beginnings of T.I.E. , in Tony Jackson ed. Learning Through Theatre: Essays and Casebooks on The Theatre in Education[M]. Manchseter: Manchseter University Press, 1980: 5.

[3] Gordon Vallins. The Beginnings of T.I.E. , in Tony Jackson ed. Learning Through Theatre: Essays and Casebooks on The Theatre in Education[M]. Manchseter: Manchseter University Press, 1980: 9.

[4] Nellie McCaslin. Creative Drama in the Classroom and Beyond[M]. New York: Longman Publishers, 1996: 12.

TIE 主张把戏剧从剧院舞台中解放出来，反对固定的剧场和剧目，他们在充分掌握观众对象的情况下，把握社会问题和地域特点，自编或改编剧目，在学校或社区礼堂中，在观众群中表演。戏随时可能会中断，以期邀请观众提出问题，参与讨论，并即兴参与表演。[1]

尽管剧场教育以戏剧为手段，以促进人的发展为目的，但是剧场艺术性在其中得到凸显，戏剧的主要元素——演员、观众、剧本、剧场等进入到儿童戏剧教育的视野中，儿童不再是“创造性戏剧”或“戏剧教学”中所说的“参与者”，他们从“参与者”发展为演员、观众、导演、剧作家、舞台设计师和评论家等，努力使最初的想法转变为行动，即通过戏剧的方式表达想法。可以这么说，剧场教育表明了戏剧教育“工具论”取向与“本质论”取向有所融合。

四、戏剧运用于早期儿童课程

戏剧在早期儿童课程中的运用一般有两种主要形式：一种是戏剧游戏，另一种是戏剧统整课程。

（一）戏剧游戏

保罗·罗雅克（Paul Rooyackers，1997）的戏剧游戏以“drama games”命名，即戏剧与游戏联结而产生戏剧游戏，群体在这一有计划的游戏中相互展示。[2] 作者概括了十种类型的戏剧游戏（drama games）：介绍游戏（introductory games）、感官游戏（sensory games）、

[1] 李婴宁. 英国的戏剧教育和剧场教育[J]. 戏剧艺术，1997(1)：58.

[2] Paul Rooyackers. 101 Drama Games for Children：Fun and Learning with Acting and Make-believe[M]. Alameda：Hunter House，1997：3.

默剧游戏（pantomime games）、故事游戏（story games）、声音游戏（sound games）、道具游戏（games with props）、面具游戏（games with masks）、木偶游戏（games with puppets）、化装游戏（games with costumes）、文本游戏（text games），并对如何开展这些戏剧游戏提供了实用的指导建议。这种戏剧游戏是由教师引导的，与儿童自发的戏剧性游戏是不同的。

乔·温斯顿（Joe Winston）等（2001）也主张以游戏来开始戏剧，这些戏剧游戏有空间移动的游戏、小组游戏和故事性游戏。此外，“娃娃家”“咖啡馆”等想象游戏也可以是由教师带领儿童共同开始的戏剧课程，必须考虑学习的目标、资源以及空间布局、主要角色、可能的故事，还有开放式戏剧活动，即每个儿童可以看到并参与这里发生的戏剧活动。当然，戏剧课程还要从内容的决定、戏剧活动的导入、儿童扮演的角色和教师的角色、如何推进故事、联结儿童的想法，到最后的戏剧活动收尾等每一个环节加以精心设计。[1]

莱斯利·亨迪和露西·图恩（Lesley Hendy & Lucy Toon，2001）就很强调戏剧性游戏（dramatic play）对于0—6岁儿童的发展价值，提倡把戏剧性游戏融于早期教育的课程中，即形成戏剧性活动（dramatic activity）。[2] 他们通过案例论述了在早期教育阶段如何开展戏剧活动，具体包括两种形态：(1) 角色游戏区域，可以创设社会戏剧性游戏和主题想象游戏，有助于儿童认知和情绪的发展，这种游戏比较类

[1] [英]乔·温斯顿，迈尔斯·坦迪. 开始玩戏剧4—11岁：儿童戏剧课程教师手册[M]. 陈韵文，张镫尹，译. 台北：心理出版社，2008：69-79.

[2] Lesley Hendy & Lucy Toon. Supporting Drama and Imaginative Play in the Early Years[M]. Philadelphia：Open University Press，2001：6.

似于乔·温斯顿（Joe Winston）等（2001）提出的戏剧游戏。（2）互动的故事创编，即与成人互动的主题想象游戏，重点是选择故事的开端，通常选自经典童话故事，比如《三只小猪》《杰克和豌豆》《白雪公主和七个小矮人》等等，并明确学习领域、尝试互动的故事创编、确定空间以及如何开始和结束扮演等等。

（二）戏剧统整课程

澳大利亚的戏剧学者沃伦（Warren，1992）在*Hooked on Drama*一书中针对2—8岁的儿童建构了戏剧课程，并引用桃乐丝·希斯考特（Dorothy Heathcote，1967）的看法，认为戏剧并不是运用肢体动作重述故事而已，而是要让人类学习如何去面对自己的困境。开放性结局的情节，远比一个早已知道开始和结尾的故事，能赋予戏剧更具弹性的发展空间。因此，沃伦的戏剧课程设计以主题为出发点，确立教学目标并开始寻找戏剧中的焦点，在既定主题的架构上尽量运用儿童的想法，透过教师及儿童的角色扮演进行戏剧活动，其间教师扮演会向儿童寻求协助的角色，建立一种儿童与成人间情感的联结，并结合让儿童扮演专家的角色（mental of expert），适度地将教师的主权移转到儿童的身上。[1]

美国的两位学者尼格尔·托艾和弗朗西克·普安蒂威勒（Nigel Toye & Francia Prendiville，2000）把戏剧引入到早期儿童精神的、道德的、社会的和文化的课程（SMSC）中[2]，以促进儿童社会化、道德、精

[1] 转引自陈仁富. 戏剧与绘本的邂逅：幼儿戏剧统整课程研究[R].（台湾）“行政院”科学委员会专题研究计划成果报告，台湾屏东：屏东教育大学幼儿教育学系，2005：5.

[2] Nigel Toye & Francia Prendiville. Drama and Traditional Story for the Early Years[M]. New York：Routledge，2000：3

神和文化等多方面能力的发展。他们认为2—5岁儿童的戏剧教育工作重点是研究游戏和戏剧的区别与联系、成人有效介入儿童戏剧活动的内涵以及教师如何用角色扮演的方式提高儿童的社会性学习能力。故事教学中的戏剧活动通常有三个步骤：第一步，从故事到人物的讨论；第二步，通过角色扮演，教师和儿童创造一个新故事；第三步，用特殊的环境发展出更加复杂的情境、人物和剧情，儿童成为合作的剧作家。另外，教师可以从儿童的游戏引导出戏剧来。美国SMSC早期课程展示了戏剧与早期儿童课程的有机联结，戏剧的内容有助于课程目标的实现，戏剧的形式有助于课程内容的组织和实施。

我们惊叹西方儿童戏剧教育对戏剧教育价值的挖掘和利用：戏剧可以促进儿童的发展，戏剧是提高教学效果的最佳手段之一，戏剧还能培养儿童戏剧艺术的审美能力。这些足以说明戏剧已经给西方教育带来的广阔而丰厚的价值。戏剧作为促进儿童发展的手段和戏剧作为教学的媒介是一种“工具论”取向，这种取向的儿童戏剧教育重在通过戏剧促进儿童的全面发展、提高教学的效果；戏剧作为一种艺术形式则是“本质论”取向，这种取向的儿童戏剧教育看到了戏剧的艺术特性，重视儿童戏剧艺术审美能力的提高。

然而，有关戏剧教育取向的争论在英国戏剧教育学者盖文·伯顿（Gavin Bolton）看来，“透过艺术进行教育”和“在艺术里进行的教育”这种分割并不存在。“就算是幼儿园学童那种最简单的戏剧形式，都必定用艺术形式去说明着世界的真相；否则戏剧活动就只会停留在

‘图表’层面，用以重申已有事实或联系一些技巧。”[1] 因为教师运用了“剧场的元素”，也对主题进行了探索。假设“工具论”和“本质论”的取向存在，从盖文·伯顿的论述中，我们看到融合是必然的，也是自然的。

事实上，当下的西方儿童戏剧教育已经出现了“工具论”和“本质论”两种取向融合的趋势，比如今天的“创造性戏剧”在即兴的扮演中加入了剧场的诸要素，增强了扮演的艺术性，既强调了儿童批判性思考力和创造力，又满足了儿童的戏剧艺术创造的欲望。在强调儿童戏剧教育“工具论”和“本质论”两种取向融合的深刻意义中，我们看到戏剧的各个层面上的教育价值在发展趋势上呈现出一种融合的态势，这也为我国儿童戏剧教育的发展指明了方向。

[1] 大卫·戴维斯.盖文·伯顿教育戏剧精选文集[M].黄婉萍，舒志义，译.台北：心理出版社，2014：55.

第四章 戏剧与教育的对话：学前儿童戏剧教育的内涵

本章试图回答“学前儿童戏剧教育是什么”的问题。

首先，在“戏剧”语言释义以及定义的基础上，从戏剧的特性出发，探讨戏剧对儿童戏剧教育的价值。

其次，从与成人戏剧教育区别的视角，阐述学前儿童戏剧教育丰富而独特的内涵：学前儿童戏剧教育不是成人戏剧教育的翻版，而是教师对儿童戏剧经验建构规律的遵循；学前儿童戏剧教育不是排戏式的结果性教育，而是体验的、探索的和个人的过程与结果的对话；学前儿童戏剧教育不是培养戏剧表演能力的技能教育，而是以戏剧艺术素养启蒙为核心的审美教育。

最后，从哲学、戏剧学、教育学、儿童艺术心理学等多学科视角深入探寻学前儿童戏剧教育的理论基础。

第一节 戏剧的特性及其对儿童戏剧教育的价值

我们先来从戏剧的界定开始。有关“戏剧”的种种语义上的解释为我们深入把握戏剧的定义提供了最生动的素材。中国的“戲”在《说文解字》中意思是[1]：“戲，三军之偏也，从戈，虘声。”其中的

[1] 转引自戴平. 戏剧——综合的美学工程[M]. 上海：上海人民出版社，1988：47.

"偏"指战车，"戈"指渔猎劳动的工具。"戲"字是由虎、豆、戈三幅画组成的，意思是在鼓声中人持戈与虎斗。"劇"字是由虎、豕、刀三幅画组成，意思是老虎食猪，人持刀相救。戏剧的文字造型揭示了戏剧的原始意义，反映了戏剧是人与自然、人与人、人与社会各种冲突的集中体现。戏剧的英文drama一词则源于希腊语，含有动作(action)的意思。"戏剧就是模拟动作、效仿动作，或人的行为的再现。"[1] 从本源上来说，戏剧是动作的艺术，以动作为基本语汇。在西方，戏剧一词还有另一个讲法，英语是theatre，德语是thratre，它们都源于希腊语theatron，即"观看的场所"。[2] 在这里，戏剧是指在一定的舞台空间发生的艺术，由表演着的演员和观看着的观众所构成，戏剧便成了演员和观众之间的一件事。那么，戏剧究竟是什么呢？中西方戏剧学者对戏剧的定义五花八门，种类繁多。经过反复对比，笔者比较倾向于商务印书馆出版的《现代汉语词典》(2013年第6版增补本)对戏剧的定义：

通过演员表演故事来反映社会生活中的各种冲突的艺术。是以表演艺术为中心的文学、音乐、舞蹈等艺术的综合。[3]

这个定义告诉我们，戏剧的表现形式是演员的表演，戏剧的内容是反映生活中的各种冲突；同时，戏剧又是综合艺术，它围绕表演将文学、音乐、舞蹈等艺术融汇在一起。在这里，戏剧区别于绘画、音乐、建筑等艺术的所特有的本质属性显现了出来，戏剧艺术独具的艺

[1] [英]马丁·艾思林.戏剧剖析[M].罗婉华，译.北京：中国戏剧出版社，1981：6.

[2] 李春熹.作为演出艺术的戏剧[M].北京：中国戏剧出版社，1989：9.

[3] 中国社科院语言研究所词典编辑室.现代汉语词典(第6版)[M].北京：商务印书馆，2013：1398.

术魅力也流淌其中。在此基础上，笔者将戏剧与美术、音乐、雕塑、舞蹈等艺术进行比较，进一步探究戏剧所具有的特性，相应地分析它对教育所具有的独特价值和意义。

一、从戏剧是演员表演艺术来看

绘画是由画家运用颜料、画笔和画布创作的，结果存在于画布上的绘画形象里；小说是作家运用文字创作的，结果存在于字里行间的文学形象里；而戏剧离不开演员的表演，演员既是创造者——通过扮演角色把剧本的情节表现出来，又是创造的材料——借助自己的声音、动作和表情进行表现，还是最终的戏剧作品——舞台上活生生的人物形象。演员的表演所依赖的“不是别人，而是他自己，他整个的人：他的身体、声音、内心的感情……这就是说拿他自己来创造艺术”[1]。在这种情形下，“三位一体”的演员进行着独特的艺术创造，可以尽情地挥洒着自己的身体和心灵。“拿自己”去创造，这种体验和这种创造使人的精神世界获得了无与伦比的、类似于探险的感受。另外，演员的表演是“创造另一个人”的艺术，他们站在“角色”的角度，生活在戏剧角色的世界里。演员在不同的剧目里体验、经历着多种角色，他们的精神世界因此而富饶和生动，这是其他艺术创造者无法感受到的。同时演员的表演将虚构和现实结合起来，创造出一个真的人、真的环境、真的事件，诉诸观众的眼睛和耳朵，使戏剧艺术的表现是现实的、生动的和具体的。正如英国著名戏

[1] 张庚. 戏剧艺术引论[M]. 北京：文化艺术出版社，1981：4.

剧理论家马丁·艾思林所说："戏剧的主要特征之一和它的主要魅力之一在于：一出上演的戏是一种纯粹的虚构……同演员、他们的服装、他们周围的家具、他们手持的东西如剑、扇子、刀叉等这些活生生的真实因素的结合。"[1]

当戏剧的演员表演艺术特性进入到儿童教育的视野中，儿童作为演员给教育带来了一系列深刻的影响和变化。

首先，作为演员的儿童可以用身体创作艺术，使身与心得到彻底的释放，将动静结合起来，改变了传统教育只重视头脑思考的静态学习。身体的"动"包括了多个方面，从表情、肢体到内心的动作，从动态动作到静态动作，从非控制动作到有控制动作，从无节奏动作到有节奏动作。儿童喜欢用、也乐于用身体动作来感受和表达对周围世界的探究，以身体语言体验和传递着丰富的感受。以小班"小木珠不见了"主题活动为例，儿童用手去触摸小木珠的肌理和形状，用眼睛去看小木珠滚动的样子，用耳朵去听小木珠滚动的声音，在这些探索和体验活动的基础上，儿童把自己的身体当作一个个不同形状、质地的小木珠，在地板上越滚越远，就像小木珠一样，有的滚到了桌子下，有的滚到了墙角，有的甚至滚到了门外边。我们看到，儿童尝试用身体表现圆木珠、方木珠、扁木珠滚动的力、节奏和距离等不同特点，尽管他们做得不是很完美，但还是传达了"动"的美感、快乐和可爱，提升了动作的戏剧性。同时，这种动态的教育巩固了儿童在静态学习中获得的有关木珠滚动的经验。

[1] [英]马丁·艾思林.戏剧剖析[M].罗婉华,译.北京:中国戏剧出版社,1981:83.

其次，作为演员的儿童是一个体验的学习者，他们在角色的世界里学习知识、认识社会、陶冶情操，与传统教育反应式的学习相比，这种体验式的学习使儿童获得具有生命质感的活生生的知识。在单纯反应式的学习中，儿童经验的获得特别强调教师的演示或者和儿童在接受新经验的过程中进行言语上的应答，通过回答的正确或错误来巩固新经验或排除错误概念，由此儿童面临着教师评价的压力，很可能因怕说错而不敢说。而在戏剧的教育情境中，儿童成为某个新经验中的特定角色，站在角色的立场和角度上体验、探究和思考，或扮演一条受伤的“小鱼”，寻找“小鱼”受伤的原因；或扮演一颗滚动的“木珠”，感受“木珠”滚动的过程和变化；或扮演做蛋糕忘记加葡萄干的“爸爸”，切身体悟“爸爸”做事丢三落四的后悔莫及，在这一角色化的体验过程中，儿童没有“对”与“错”的评价压力，只有越来越丰富、个性化、富有特质的经验和知识积累。

最后，作为演员的儿童创造了这一个虚构与现实紧密结合的舞台世界，兼顾了儿童感性和理性的平衡发展。这种虚构性最贴近儿童游戏的精神世界，激发了儿童的想象力和创造力，同时其现实性又将儿童拉回现实生活，促使儿童以理性的方式看待问题、解决问题。儿童生活在真实的世界中，必须学会适应生活、克服困难，同时儿童的精神世界又趋向于幻想、童话、游戏和神秘。在戏剧的世界中，扮演一定角色的儿童既可使其感性的一面得到满足，也可使其理性的一面得到增长。

二、从戏剧是综合的艺术来看

戏剧是一种综合艺术，通常正是指“它综合了诗（文学）、音乐、绘画、雕塑、建筑以及舞蹈等艺术成分。也就是说，在戏剧艺术中，包含着各种艺术样式的表现手段，把它们融合在一起，成为一种独立的艺术样式”[1]。戏剧包含前面说到的六种艺术样式，也被称为“第七艺术”。戏剧艺术的综合性体现为多个方面，每一个方面对教育的综合性建构都有显著的启示作用。

第一个方面，戏剧艺术的综合性主要体现为以表演为中心的各种艺术符号的综合。戏剧的“综合”不是将各种艺术样式简单地“合并”或“拼接”，而是服务于演员表演的艺术综合，使各种艺术样式发生质变：文学成了剧本，美术成了布景、道具、服装、化装和灯光等，音乐成了配乐和音响效果，舞蹈成了演员的动作。作为综合艺术的戏剧为实现儿童教育的综合性提供了最佳途径之一，最为明显的就是艺术教育的综合性。在戏剧的教育环境中，儿童创作自己的戏剧，他们需要借助文学、音乐、美术、建筑等各种艺术符号，需要将这些艺术符号加以整合。在这一过程中，各种艺术门类的教育既有独立存在的形式，比如说剧本创作活动属于文学活动，舞台美术的制作属于美术活动、建筑活动，音乐音响的制作属于音乐活动；也有以戏剧为中心的融合形式，比如说模拟剧场演出活动，它把各种艺术活动统整于其中。

第二个方面，戏剧艺术的综合性体现为对其他单质艺术的巧妙吸纳和整合。从艺术形象的存在和欣赏者对艺术形象感受方式的角度

[1] 谭霈生，等. 话剧艺术概论[M]. 北京：中国戏剧出版社，1986：6.

看，音乐形象只存在于一定的时间中，不占有具体的空间，文学形象也是如此；绘画、雕塑等造型形象只摄取物体运动过程中的某一个瞬间，形象是静止的，存在于一定的空间中。戏剧所塑造的舞台形象既存在于一定的空间中，也存在于一定的时间中，是动态的，因此我们可以将戏剧视为**时空综合艺术**。从欣赏艺术的感官来看，绘画、雕塑等艺术形象只作用于欣赏者的视觉，可将它们视为“视觉艺术”；音乐只作用于欣赏者的听觉，被称为“听觉艺术”；文学既不直接作用于欣赏者的听觉，也不直接作用于欣赏者的视觉，而是作用于欣赏者的想象，被称为“想象艺术”。戏剧不仅诉诸欣赏者的视觉，也诉诸欣赏者的听觉，同时作用于欣赏者的想象，因此我们可以将戏剧称为**视听想象综合艺术**。[1] 戏剧既是时空综合艺术，又是视听想象综合艺术，为儿童提供了更广阔的感觉空间，使他们在视觉、听觉、触觉、嗅觉、味觉等多种感觉不同程度的参与下，感受和创造可看、可听、可想象的生动形象，并超越了时空限制。这是多么富有吸引力！

第三个方面，戏剧艺术的综合性体现为表演手段的综合。戏剧艺术综合性的魅力在于言、叹、歌、舞之间可以相互弥补，或可同时传递，使人的思想和情感得到充分而准确的表现。在戏剧表演中，当演员觉得语言无法表达强烈的情感时，可以载歌载舞；当动作不能精确地表达内心世界时，演员可以用语言，这就是戏剧艺术表达方式的自如与酣畅。在这一点上，儿童的戏剧表现样式可以是多样的，并符合

[1] 谭霈生，等. 话剧艺术概论[M]. 北京：中国戏剧出版社，1986：4.

他们的年龄特点和戏剧能力，比如小班儿童动作能力强，喜欢富有节奏感的音乐和文学，而语言能力较弱，因此，无声音的动作性哑剧和歌舞成分兼具的音乐剧就可以作为小班儿童戏剧表演的主要样式；大班儿童的各方面能力都有显著提高，尤其语言能力需要进一步发展，那么，以对白为主的话剧为儿童提供了模仿、创造和学习语言的机会，偶戏的表演也依赖于儿童的语言表达，符合儿童乐于在摆弄和操作中说话的天性；中班作为过渡阶段，音乐剧、哑剧、偶戏都可以成为这一阶段儿童主要的戏剧表演样式，话剧对他们来说则仍有较大的难度。

三、从戏剧是集体的艺术来看

戏剧是集体的艺术，“在于这一群集合起来的人有一个共同的工作目标；一个共同的，要表现一个戏中间所包含的中心内容的努力”[1]。从戏剧的创作来看，戏剧是综合艺术，需要剧作家、演员、音乐家、舞台美术家以及舞蹈家等艺术家的集体合作，他们在集体劳作中分别担负着不同的任务。从戏剧欣赏来看，戏剧是在剧场（或其他类型的演出空间）中面对容纳的众多观众进行的，观众在集体欣赏中产生情感共鸣，找到情感宣泄的途径，从而使戏剧成为大众化、民间化、社会化的艺术活动。正如我国戏剧学者高鉴所说：“戏剧是一门集体性最强的创作艺术，戏剧演出还具有巨大的观众包容量。”[2] 戏剧的集体性使其成为一个集体的参与活动，使每个参与者为创造戏剧、欣赏戏剧

[1] 张庚.戏剧艺术引论[M].北京:文化艺术出版社,1981:38.

[2] 高鉴.戏剧的世界——戏剧功能新探[M].北京:知识出版社,1990:18.

艺术做出各自的贡献。

戏剧的集体性决定了戏剧的教育环境也是集体性的，这一集体环境有着明确分工，并讲究合作精神，从而形成一个分工与合作并重的学习环境——**每个儿童都有自己的位置**。“每个儿童都有自己的位置”意味着儿童可以选择他自己所喜欢或能够胜任的戏剧工作，能够处于一个有意义的教育事件正在发生的“地方”。笔者认为，当儿童脱离当下的教育活动，即使他身体处于教育活动的某一个位置，实际上他已经失去了自己的位置。这种情形在幼儿园教育中十分普遍，比如说“被忽视儿”就常常游离于教育活动之外，他们常常被同伴忽视，也更容易首先被教师忽视。在学前儿童戏剧教育中，学前儿童能够找到自己的位置，让自己投身于一项有意义的戏剧工作，或是导演，或是道具师，或是演员，即使只作为观众，那也是一种特定的位置。特别是在剧场活动中，没有一个孩子会被忽视，每个孩子都处于特定的位置。

同时，这种集体性的学习环境并不缺乏个性化特点，正是由于不同类型的戏剧工作为不同类型的儿童提供了适应各自气质特点的学习机会。例如，在剧场表演活动中，富有表现力的“演员”工作是善于展现自己的活泼型儿童的首选，静态细致的“道具师”工作被那些较为专心、活动水平不高的儿童所喜爱，需要组织才能的“导演”工作为那些具有指挥领导才能的儿童提供了展示才干的机会，需要一定交往能力的“售票员”等剧场管理工作可以为那些胆小的儿童提供与人交往的机会。可以这么说，分工与合作、共性与个性、集体与个人在这种戏剧工作式的学习环境中得到了和谐的统一。

四、从戏剧是冲突的艺术来看

德国美学家黑格尔极力主张戏剧是一种“冲突”的艺术。他说：“充满冲突的情境特别适宜于剧艺的对象，剧艺本是可以把美的最完满最深刻的发展表现出来的。”而建筑就不能把那些“分裂”和“和解”展现出来，甚至绘画也是有限的，只能展现一个动作的某个“瞬间”。戏剧以冲突为中心，冲突把动作紧密地联系起来，“所有一方面的进展都是奔赴冲突的爆发，另一方面是互相对立的心情、目的和活动的决裂和矛盾也急需达到一种和解，急需达到最后的结局”[1]。法国19世纪戏剧理论家布仑退尔主张戏剧是“意志的冲突”。他说“戏剧是一个自觉的意志行动，……是表现那些与限制和贬低我们的自然力量或神秘力量发生冲突的人的意志的；是我们中间的某一个被放到舞台上去生活，并且在那里进行斗争……”[2] 美国20世纪戏剧理论家劳逊则提出了戏剧的“社会性冲突”。他认为戏剧的基本特征是社会性冲突，包括人与人之间、个人与集体之间、集体与集体之间、个人或集体与社会或自然力量之间的冲突。戏剧是冲突的艺术，从内容上反映了戏剧的情节规定性，反映了剧作家、演员对生活中各种矛盾的认识和解决态度，对观众的心灵也产生了深刻的触动和感染。

戏剧具有冲突性，使每一个参与者学会面对“冲突”、体验“冲突”、解决“冲突”，这也是戏剧艺术的教育魅力所在。无论从儿童教育的内容还是从儿童教育的形式上，戏剧的冲突性都给儿童教育赋予了新的内涵。在教育内容上，“冲突”从来没有像通过戏剧的教育那样

[1] [德]黑格尔. 美学(第一卷)[M]. 朱光潜，译. 北京：商务印书馆，1996：261，254.

[2] 余秋雨. 戏剧理论史稿[M]. 上海：上海文艺出版社，1983：569.

十分重要而特殊，创造戏剧的主题来源于冲突，戏剧情节的发展是冲突形成与解决的过程，感染心灵和情感的核心内容也是冲突，由此，“冲突”成为教师和儿童乐于共同寻找、面对和战胜的难题，成为最有价值的教育内容。在教育形式上，“冲突”在传统教育中往往和“非正常”“干扰”“错误”等消极的教育形式等同起来，教师常常担心自己与儿童之间、儿童与儿童之间、儿童与家长之间的冲突。但是，在戏剧的教育中，这些看法和担心是杞人忧天，“冲突”才是最佳的教育形式，允许各种冲突的发生，就是尊重各种观点，让各种观点得以碰撞和交流；善于解决各种冲突，就是学会判断和选择，培养了人与人之间的协商与合作能力。所以，体验冲突的戏剧学习内容和方式对于儿童是更有价值的。

此外，英国著名戏剧教育家布瑞恩·维（Brian Way）专门论述了戏剧对人的发展的功能。关于个性从内圈向外圈的线性渐进式发展如图4–1，即周围事物的探索——个性的释放和对周围事物的把握——在对环境的探索中对他人敏感——在个人的内部和外部环境中丰富其他影响，逐步发展。每一层面都形成一个“圆圈”，每个“圆圈”由许多“点”组成，即个性的不同纬度。那么，戏剧提供了处于“圆圈”上这些“点”的发展的机会，包括以下七个方面：专注（concentration）、感知（sense）、想象（imagination）、身体自身（physical self）、言语（speech）、情绪（emotion）和智能（intellect）。[1]

[1] Brain Way. Development through Drama[M]. London: Longman, 1967: 12–13.

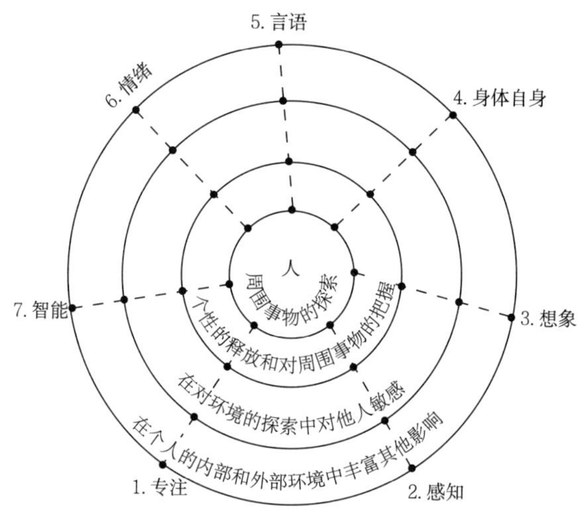

图4-1 戏剧与人的发展图式（Brian Way，1967）[1]

总之，我们在追寻戏剧独有的特性过程中，越来越感受到它所具有的深刻的、变革性的教育魅力，越来越期望这些魅力能带给教育乃至儿童最有意义的发展。

第二节 学前儿童戏剧教育是什么

说起学前儿童戏剧教育，疑惑甚至误读的声音不少：是让小孩子唱戏（一般特指中国戏曲）？是孩子们在舞台上表演儿童剧吗？是幼儿园教室里的故事表演吗？表演游戏算不算戏剧教育呢？

在笔者2003年完成博士论文《幼儿园戏剧综合活动研究》之前，中国大陆尚没有将“戏剧”这一概念引入学前儿童教育领域，仅有“木偶戏表演”“故事表演”“儿童剧演出”“表演游戏”“戏曲活动”等

[1] Brian Way. Development through Drama[M]. London: Longman, 1967: 13.

各种说法。在经历了十二三年的发展后，幼教界对“儿童戏剧教育”从陌生到逐渐熟悉，从忽略到越来越重视。当前，面对西方已有近90年的儿童戏剧教育的发展历史，以及儿童戏剧教育在中国台湾地区近60年的历史和在香港地区近40年的历史，我们很有必要厘清“学前儿童戏剧教育”的内涵，使学前儿童戏剧教育不同于专业的成人戏剧教育，也不同于中小学阶段的戏剧教育，让它具有丰富而独特的内涵。

一、学前儿童戏剧教育不是成人戏剧教育的翻版，而是教师对儿童戏剧经验建构规律的遵循

我们都知道，艺术发生的最初阶段经常与人类个体的童年艺术相一致，被喻为艺术发展史的童年。相应地，人类个体在童年阶段的艺术被视为一种艺术发展过程中发生阶段的“复演”。在本书第二章第二节“儿童的戏剧天性与前戏剧的演进”中已充分论述了这一点。

当戏剧教育在与“儿童”（或者更确切地说是和“学前儿童”）联系在一起的时候，我们往往关注了“戏剧”本身，容易以“拿来主义”的态度，借助于成人戏剧教育的套路。戏剧有“三要素”说（演员、剧本、观众），也有“四要素”说（演员、剧本、观众、剧场），还有“五要素”说（演员、剧本、导演、观众、剧场），等等。成人戏剧教育有专门的演员表演教育、剧本创作教育、导演教育、剧场设计教育等等。我们也尤其容易将“拿来”的演员表演教育，前面冠以“儿童”两个字，当成了儿童戏剧教育。这一观念和做法看起来简单、实用、像模像样，其实危害不小，最明显的是“教”戏剧、“教”表

演。“教”是把成人戏剧表演的那些套路一成不变地套给儿童，先根据剧本分配角色、背剧本，再添加服装、道具、舞台效果，在过程中反复排练，最后上演一出舞台儿童剧。这一切看起来都顺理成章，哪怕儿童在这过程中厌倦、烦乱和紧张，只要最后的舞台效果很好，赢得观众满意、领导好评就是教师追求的目标。

然而，儿童的戏剧是和成人不同的，其戏剧创作的过程或者路径也有所不同。笔者曾研究发现，儿童正是从粗糙的、简单的和游戏化的稚拙性表演向复杂的、综合的和艺术的表演层次发展和过渡。这种发展和过渡就是因为各种戏剧元素在学前儿童戏剧工作中不断被添加进来而形成的：角色塑造先行，其中角色的动作、表情和装扮为重点；情节创作渗透在即兴扮演中；剧场意识逐步从表演中分离出来。由此，我们应该改变成人戏剧教育的套路，遵循学前儿童的戏剧经验建构规律。这正是学前儿童戏剧教育的首要内涵。

（一）变“剧本先行”为“角色先行”

“剧本”或者“故事情节”并不是学前儿童戏剧创作的开端，它们还不能形成一个完整的故事情节，或者不能完整呈现被给予的情节。“剧本先行”是成熟的戏剧艺术创作路径，其实原始戏剧尚未有剧本、剧作家。[1] 因为最初的戏剧，本是祭神的仪式。而文字方面，不过是仪式中跳舞时用的歌词。在古希腊戏剧和中国古代的宋杂剧中，演员往往就是剧作家，剧作家也是演员，“希腊诗人有时也亲自上台表现，

[1] 参见张庚.戏剧艺术引论[M].北京:文化艺术出版社,1981:60.

梭福克勒斯和亚理斯陀芬就是如此”[1]。中国杂剧演员往往是“逢场作戏，随演随忘”，没有固定的剧本让演员参照。但是随着戏剧向剧场演出的发展，仓促而粗糙的即兴表演无法提高戏剧艺术水准，剧本就从表演中分化出来，使戏剧具有“一定的思想深度和足以夸耀的语言的形象性”。这提高了戏剧的文学价值。看来，剧本是从表演中分化出来的，它的出现也要晚于美术装扮、音乐音响等戏剧元素。从戏剧的发展史来看，在完整的、成熟的剧本出现前，戏剧情节是即兴的、灵活的和变化的。

对于学前儿童来说，他们的戏剧还没有真正意义上的观众意识，属于一种“前戏剧”。我们应该顺应儿童戏剧创作的思路和进程，不是像成人戏剧创作那样“剧本先行”，而是“角色先行”。“角色先行”即对角色塑造从外表到内在个性的逐步探索。

首先，角色塑造要探索的是“我是谁”。每个学前儿童最关心在这一个虚构的戏剧情境中“我会是谁”，即“我”将要进入一个“非我”的世界，“我”（self）成为一个“非我”的角色（role），年龄、长相、动作都和原来的“我”不一样了。这是一个多么神奇的变换。在大班戏剧主题活动“老鼠嫁女”里，儿童自己想象着老鼠一家的多个角色：老鼠爸爸、老鼠妈妈、老鼠姐姐、老鼠妹妹、老鼠哥哥、老鼠弟弟，甚至还有老鼠奶奶和老鼠爷爷。

其次，角色塑造要探索“我扮演的角色是怎样的”。具体来说，即长什么模样？动作怎么样？怎么说话的？如果有的学前儿童处于自我

[1] ［德］黑格尔. 美学（第三卷下册）［M］. 朱光潜，译. 北京：商务印书馆，1996：275.

与角色同一的状态，就会认为“我是怎样的”。教师通常使用“轮廓图”策略，用画图的方式记录学前儿童说出的角色长相、服饰、携带物品等；也可使用“角色圈”策略，由每组学前儿童定格表现角色的典型动作；还可使用“录音机”策略，由此传递角色的声音。

最后，角色塑造要探索“我扮演的角色喜欢（不喜欢）什么”。相对于前两个层面，这一层面是对角色深层个性的探索，通过对“喜欢（不喜欢）什么”这一开放型问题的探讨，学前儿童可以自由思考和表现对角色的理解，比如“喜欢（不喜欢）吃什么”“喜欢做什么事情”“喜欢和谁一起玩”等等。

在角色塑造的探索中，特别明显的是，“角色装扮”的出现可以促发学前儿童的角色认同。例如，在大班戏剧主题活动“三个和尚”中，儿童首先是对和尚的各种小道具十分感兴趣，认为自己只要有水桶、扁担和佛珠这些神奇的宝贝，就一定是一个可爱的小和尚了；其次是对和尚的服装有兴趣；最后才关注到“头顶有戒疤”这些化装的细节。原始戏剧也是如此，即原始人在赤裸的身体上用彩色绘上花纹，装扮成动物或神灵。面具则出现在古希腊戏剧中，为演员在大型圆形剧场演出增添了艺术效果，黑格尔因此称古希腊的戏剧是“语言艺术和雕刻”的结合。化装和服装则进一步增加了人物造型的性格特征。道具的运用是舞蹈的戏剧性向演员戏剧表演艺术的延伸，比如说中国戏剧中的一根马鞭，既是叙述故事的条件，又帮助演员增加了姿态。而布景的出现要晚于化装、服装和道具，它可以造出一个戏剧表演的场所，并烘托出一种情绪氛围。看来，儿童戏剧经验的建构和原始人类发现、探索戏剧艺术的过程具有一致性。

（二）情节创作由“言语式”变为“即兴扮演式”

成人化的儿童戏剧教育将情节创作视为表演的前奏，一般先口头讨论，然后将讨论内容表演出来。这对学前儿童来说，经常出现言语式讨论内容丰富，而表演因遗漏讨论内容而显得简单的情况。

剧本的创作过程不是单纯的语言讲述，教师应鼓励儿童用动作和表情表现出来，并对此详细地记录下来。可以说，剧本的讨论又是分幕排演的过程，儿童一边滔滔不绝地为角色设计语言，一边情不自禁地手舞足蹈，他们虽然没有走到舞台上，但比舞台上的表演更松弛、更富有想象力，语言也更加生动流畅。所以，对儿童来说，剧本不是成人剧作家趴在书桌上写出来的，更贴切地说，剧本是“说”出来的，也是“演”出来的。儿童创造的剧本也不仅仅是纯文字的表现形式，既可以让教师用文字记录，也可以用儿童的画笔画出来，也就是用美术符号表征。但是在实践中，教师不习惯或者不善于在即兴扮演中引导，因为这需要教师以角色的身份，能及时根据儿童的话语、动作和情绪反应加以互动。

儿童的剧本对儿童戏剧创作究竟有什么价值呢？这个问题值得细细研究。在关于学前儿童戏剧表演的语言丰富性以及流畅性上，我们看到过早固定化的剧本会限制儿童大胆的创造；而没有剧本，儿童的表演又会陷入混乱的局面。其实，儿童在表演时头脑中有一个“剧本”，那还是一种故事的形态，比如说从文学作品发展来的戏剧主题活动，故事文本就是儿童的“剧本”，那么这种具有场景、人物、出场、对话和动作等表演性要素的剧本对儿童来说重要吗？剧本有自身的价值不可否认，但是剧本直接关系到儿童表演的模仿与创造的问题，剧本的引入是应当慎重的。大班戏剧主题活动“小鱼哭了”中，提线木偶组的剧本创作活动将剧本创作和表演融合起来，在“说剧本”的同时关注了舞台场景、演员表演等戏剧元素，这种做法就比话剧组先有剧本、再根据剧本表演的效果好得多，应该提倡。

（三）儿童剧场变“封闭式剧场”为“开放式剧场”

在戏剧萌芽阶段或者说前戏剧阶段，群体的表演不分演员与观众，也没有严格意义上的剧场。剧场是伴随着演员与观众的分离而出现的，当演员需要明显的表演空间，当观众需要舒适的观看位置，剧场就出现了。剧场最早出现在公元前5世纪的古希腊，雅典人用石头建成的酒神剧场依山而筑，可容万人的观众席靠在接近于扇形的山坡上。演员与合唱队则在山脚下的圆形平地上表演，圆场后面围以木制屏障式帐篷，是演员更换面具及服装的场所，后来圆场又被改建为平台，专供演员表演之用，台后有高墙作为背景。中国的剧场历史可上溯至汉唐时代。汉代百戏上演有“看棚”，隋唐则有戏场、“乐棚”。敦煌石窟中绘有唐代露天舞台的形象。宋代城市中设瓦舍、勾栏，其建筑结构虽简陋，但已将舞台部分与观众席共同置于剧场建筑的室内，舞台后面有演员上下的门道，台口三面向观众敞开，后来成为宋、元、明、清各朝代中国戏曲剧场的基本格局。[1]

学前儿童剧场意识的出现同人类戏剧发展史中剧场出现的规律是一致的。当学前儿童不满足于只是同伴之间演着玩的时候，当他们有

[1] 李畅. 剧场条目. 中国大百科全书·戏剧卷(图文数据光盘)[CD]. 北京：中国大百科全书出版社，1999.

强烈的观众意识的时候，当他们对舞台提出一定的要求的时候，儿童的剧场就会应运而生，所以说儿童剧场正是从表演中分化出来的。儿童对剧场的理解虽然还是初步的，但是他们在一种游戏性的工作中逐步丰富扩展了剧场意识。

成人化的儿童戏剧教育将儿童剧场看作是封闭的：（1）空间的封闭。舞台和观众区被截然分开，二元对立。只有角色以及舞台所需要的装置在舞台空间是合法的，观众也只能固定在观众席。（2）身份的封闭。演员就是演员，观众就是观众，不能随时变换；角色是固定不变的，有时甚至一个孩子在一段时间只能扮演同一个角色；师幼关系也是儿童必须听从教师的指令；家长一般只能作为观众参与。（3）情节的封闭。只能按照固定的剧本表演，尽管剧本也是学前儿童自己讨论后集体确定的。

遵从儿童戏剧经验建构的儿童自己的剧场则完全不同，应该是一个开放的剧场：空间开放、身份开放和情节开放。有关内容将在关于“戏剧表演”部分深入描述。

二、学前儿童戏剧教育不是排戏式的结果性教育，而是体验的、探索的和个人的过程与结果的对话

戏剧性游戏、表演和演戏在英文中有不同的表达：dramatic play、perform和act。如果说戏剧性游戏是儿童完全没有观众意识的、“娱己”的假装游戏，那么表演多了一定的观众意识，开始有了“娱人”性，演戏则不仅具有观众意识，而且更多地体现了剧场规则，包括服装、道具、化装、音响、舞台场景、灯光等多种剧场元素的介入。学

前儿童戏剧教育不排斥表演乃至剧场元素的渗透，但对成人化的排戏方式以及追求完美的舞台效果是持否定意见的。

排戏之“排”，意味着重复、封闭和训练，即使所排戏的内容是由儿童自己讨论确定的。戏剧情节在一遍遍地重复，角色是固定的（有时排练历时两周，每个儿童扮演着同一个角色），教师是要给予儿童及时指导的，甚至儿童会因为表演不够到位而被教师批评。

《西游记》排练片段一[1]

（教师旁述故事，幼儿扮演唐僧、猪八戒、孙悟空和沙和尚，练习台词和排练动作）

教师念了一遍唐僧的台词：“悟空，你还要伤老人家做什么？”

幼儿（扮演唐僧）也跟着说了一句：“悟空，你还要伤他做什么？”

教师接着说唐僧的台词：“你已经杀了人家的姑娘和老夫人，难道你还想伤人吗？”（边读边指挥扮演悟空的幼儿走向前）

[1] 方芳. 学前儿童戏剧教育是什么——基于学前儿童戏剧教育存在问题的研究[D]. 南京：南京师范大学硕士学位论文，2012：27-28.

幼儿（扮演唐僧）又跟着说："你已经杀了人家的姑娘和老夫人，难道你想伤人不是吗?"

教师对着大家说了一句："这个唐僧也是的，没劲（'没什么力气'的意思）。"

幼儿（扮演唐僧）回头看了看教师，没说什么。

……

教师说了一句台词后，对着扮演悟空的幼儿说："你们说。"

扮演悟空的幼儿齐声说："师弟，我不在，你们可要保护好师父。"

（教师在旁提醒台词）

教师着急了说："还有呢?'多保重'，你们赶紧说。"

幼儿（扮演悟空）说了一句："多保重。"

……

如此的排戏情景对于很多幼儿教师来说并不陌生：台词由教师提示，即使儿童能够说出主要台词，教师仍然要求他们说出与剧本完全一致的台词；至于动作的表演也是由教师下发指令的；师幼关系是控制与被控制的关系，儿童在排戏时的状态是被动的，毫无生气的。据该案例研究者与这些儿童的非正式访谈，一开始最喜欢扮演孙悟空的儿童，因为戏份多，被教师命令的次数也多，最后悄悄地说不想参加表演了。那么教师为何如此排戏呢？内在原因是担心儿童没有能力表演；外在原因则是追求排戏的结果，要取得幼儿园领导和家长的好评。当儿童成为被教师控制的"木偶"时，儿童成了牺牲品。

学前儿童戏剧教育应当放弃仅仅对结果的追求，走出教师命令式排戏的误区，在教师和儿童共同“做戏剧”的过程中，鼓励儿童体验与探索，使得每个儿童都有各自的“位置”，创作出儿童自己的戏剧，实现过程与结果的对话。过程支持了结果，结果也来自于过程，正如历经一个月左右的“戏剧主题活动”，戏剧表达与戏剧创作的经验最终融入儿童的戏剧表演中。学前儿童戏剧教育的过程性体现为以下三个层面。

（一）体验的过程性教育

戏剧是将扮演者对自我和周围世界的体验和思考，在虚构的情境中以假想的角色，通过一个虚构的故事外化的过程。人们常以为戏剧就是外化的表演，就是重复地练习。其实没有内在的体验和思考，就无法外化。盖文·伯顿（Gavin Bolton，1998）则将此解释为“认同感”，并强调认同感是儿童表现虚构世界的先决条件。“一个孩子把他所见的某处境的‘真相’抽象化，好使他能表现出来。这孩子所表现的，是他对现实的理解，而不是对它的临摹。”[1] 儿童需要通过体验和思考，理解自我和周围世界，才能进行戏剧扮演。曾经有一位大班的教师打算做一个以“乘飞机”为题的戏剧工作坊，她的初步设计是用动作模仿办理登机手续、过安检以及乘坐在机舱里等各种细节。笔者在与这位教师交流时提出这么一个问题：你们班上的孩子有多少乘坐过飞机？她的回答是只有两三个。儿童没有乘坐飞机的相关经验，没

[1] [英]大卫·戴维斯. 盖文·伯顿教育戏剧精选文集[M]. 黄婉萍，舒志义，译. 台北：心理出版社，2014：23.

有过起飞、滑行、降落的亲身体验，何以用戏剧的方式表达？教师后来基于儿童有乘坐公交车的经验，将此工作坊改为“公交车上的故事”。此外，当学前儿童无法获得直接经验时，虚构式的体验也是一种很好的方式，比如中班儿童体验妈妈怀宝宝的感受，在衣服里藏个枕头，开始时孩子们觉得很好玩，后来在模仿大肚子怀孕妈妈坐下来、站起来、躺下去、爬起来等各种生活动作时，大家都感受到妈妈的辛苦：妈妈太累了，只能慢慢地站起来，和以前走路不一样了，等等。基于体验的扮演，来自于学前儿童对自己已有经验的调动，来自于自己主动的思考。

（二）探索的过程性教育

学前儿童戏剧教育是一个在虚构的情境中的探索活动。“当一名孩子进入假想时，他（她）是在透过对话的试验、情节的试验、动作的试验、去重塑他（她）所知的世界［就他（她）所见的，在这已知世界中的‘规则是什么’］中所反映的那些规则——并去观察在当中的自己。”（Gavin Bolton，1998）[1] 这里的“试验”正是一种探索。小班儿童在阅读《鼠小弟吃苹果》后引发的戏剧主题活动中，教师入戏扮演“鼠小弟”，因为够不到树上结的苹果而发愁，这时候家里的电话铃突然响起来了，教师设问：谁打来的电话呢？会说些什么呢？孩子们纷纷回答：猴子、长颈鹿、大象等等。这不正是一种对话的试验、角色的试验吗？教师事先没有限定戏剧的角色，更没有设定角色之间的

[1] ［英］大卫·戴维斯. 盖文·伯顿教育戏剧精选文集［M］. 黄婉萍，舒志义，译. 台北：心理出版社，2014：45.

对话，仅以“打电话”这一个戏剧策略，支持了学前儿童的探索：角色来自已有的阅读经验、生活经验和个人的想象；对话内容来自已有的生活经验和个人想象。这里没有教师“教”的过程，只有教师引导下的探索过程。此外，最能体现戏剧教育过程中“探索”的是对情节的探索，即学前儿童和教师在没有任何剧本、文本的情况下创作他们自己的戏剧情节，这一点将在第五章第二节“戏剧创作”中专门论述。

（三）个人的过程性教育

英国儿童戏剧教育创始人之一彼得·史雷（Peter Slade，1954）将儿童戏剧（child drama）的内涵解释为“每一个儿童都拥有戏剧表达的潜质，这种潜质是重要的，因为是个人的”[1]。后来另一位英国儿童戏剧教育创始人布瑞恩·维（Brian Way，1967）所奉行的“戏剧存在于儿童之中”的哲学观点更加隐喻了儿童运用戏剧方式自由表达的本质。的确，每个学前儿童在戏剧教育中都是独特的，都是他个人的表现。这一点戏剧与舞蹈艺术就有很大的不同，后者通常是以其整齐的手位、体位和舞步获得一种富有节奏的美感，而前者恰恰是每个表演者自己的个性的外化，尤其是群体角色中每个角色应该是独特的。比如中班戏剧主题活动“小鸭的故事”，鸭妈妈带着一群小鸭快乐地生活着：散步、游泳、觅食、洗澡、嬉戏，儿童扮演这一群小鸭子，每只小鸭子都有自己的名字，在教师的引导下有着各自不同的表现，有的动作是慢悠悠的，有的匆匆忙忙；有的喜欢不停地吃虫子，有的玩

[1] [英]大卫·戴维斯. 盖文·伯顿教育戏剧精选文集[M]. 黄婉萍，舒志义，译. 台北：心理出版社，2014：121.

水；有的独自待着，有的三三两两地聚在一起。当然那只迷路的小花鸭就是最小的、有些贪玩贪吃的小鸭子。每一只“小鸭子”其实也是每个孩子自身的写照。在学前儿童戏剧教育过程中，每个个体在其扮演的角色中都蕴含着个体的价值，比如不敢说话的孩子扮演了不用说话的菩萨、石头等，具有领导能力的孩子扮演爸爸、妈妈、村长或将军，爱美的女孩子扮演美羊羊，喜爱打仗的男孩子扮演将军与士兵，等等。

尽管西方多数学者不赞同学前儿童进行戏剧表演，我国学前儿童戏剧教育在借鉴西方儿童戏剧教育经验的过程中，还是综合考虑了我们本土的文化和经验，保留了戏剧表演这部分内容，但这是一种过程和结果的对话，在教师和儿童的共同体验、探索中，实现个人化的戏剧表演。

三、学前儿童戏剧教育不是培养戏剧表演能力的技能教育，而是以戏剧艺术素养启蒙为核心的审美教育

学前儿童戏剧教育作为审美教育，必然无法将戏剧表演能力的培养作为核心，否则就演变为一种艺术技能教育了。正如盖文·伯顿（Gavin Bolton，1981）“反对儿童表演的概念，并假定戏剧作品的水准是无法决定的，因为只有儿童才知道自己的水准”[1]，学前儿童戏剧经验建构的规律告诉我们，处于生命早期阶段的学前儿童，很难实现成熟的戏剧艺术作品，或者说成人的戏剧作品的价值。学前儿童在戏剧表演方面是未成熟的、幼稚的、笨拙的和粗线条的。如果教师一味地

[1] ［英］大卫·戴维斯. 盖文·伯顿教育戏剧精选文集［M］. 黄婉萍，舒志义，译. 台北：心理出版社，2014：122.

强调表演能力的培养，很容易因试图通过简单化的“教”——教师示范与儿童模仿，而很难实现预期的目标，结果是牺牲了儿童的兴趣和多种发展可能性。

那么学前儿童戏剧教育究竟以什么为核心呢？我们不培养儿童的表演能力，但是剧场艺术的元素仍然自然而然地渗透其中：张力、对比和象征。盖文·伯顿（Gavin Bolton，1979）认为：（1）张力，即挑战、有限的时间和空间、未知的情况和责任等激起的理智与情感的交战。（2）对比，即明与暗、声响与安静、动作与静止、逆转（不可期待的、不可预测的）。（3）象征，即以姿势、字眼和物品等产生一种集体性的意义，比如，“仰头”象征着国王地位高高在上；“我，我，我想……”如此吞吞吐吐反复出现的言语象征着胆小；“魔法棒”象征着魔力；等等。[1] 当然这些剧场元素不是由教师直接告诉学前儿童，而是在“做戏剧”的过程中让儿童点滴体悟。这些应该是学前儿童所获得的一些戏剧艺术素养启蒙。

关于“艺术素养”的界定，学界论述不多。我国儿童教育学者黄进（2012）认为“艺术素养”可以界定为人在艺术方面的素质和修养。素质偏重于指人的自然和生物性的层面，它的结构和特性既秉承于遗传，同时又不断随着后天文化的影响而形成着；而修养则偏重于指人的文化和社会性的层面，它在素质的基础上不断习得和获得。这二者不可以分开，它们处于相互作用、互生互补的关系之中。例如一个儿童，他在感官方面的生物性的特点决定了他的感知需要，去有选

---

[1] [加]诺拉·摩根，朱莉安娜·萨克斯顿. 戏剧教学：启动多彩的心[M]. 郑黛琼，译. 台北：心理出版社，1999：4–9.

择性地吸收周围的环境和教育为他提供的艺术文化信息；同时，周围的信息又不断在塑造着他的耳朵和眼睛的偏好和趣味，这样，就会形成一个人的艺术心理结构、艺术知识技能和艺术态度、趣味和精神。一个人的艺术素养，就包括了所有这些层面。[1] 概言之，通常在三个层面上考虑艺术素养：（1）情感与态度层面，即对艺术的喜爱程度、艺术参与的兴趣、艺术参与的持久性、对艺术的态度（对艺术价值的认识）等；（2）艺术感知与体验，即“对自然和艺术中的形式以及对这些形式体现的对称、均衡、节奏，有机统一的感知和体验形成的一种敏锐的审美感知能力”（滕守尧，2002）以及在亲历艺术活动过程中自我情感与艺术对象共鸣、共情的内心感受；（3）艺术表现与创造，前者是凭借艺术媒介将个人内心情感个性化地外化，后者则以更加符号化的艺术语言表现共同的、抽象的人类情感。

学前儿童戏剧教育是人类个体在童年阶段所开始的戏剧艺术素养启蒙的教育。关于“启蒙”，哲学家、教育家曾从不同角度加以论述，他们共同的认识是：“‘蒙’是指某种束缚或遮蔽，而所谓‘启’指为个体或社会摆脱这种束缚或遮蔽提供起点、切入点或引导；他们对启蒙的目的也有着大致相同的期望，即都强调启蒙是为了使人摆脱某种束缚而获得自由和发展。”[2] 启蒙是有更多可能性的开启，摆脱各种感官的、认识的束缚，进入一个自由体验、探索的世界。对于学前儿童来说，他们虽然具有戏剧天性，喜欢假装和扮演，但是如果没有戏剧

[1] 黄进. 国民艺术素养教育理论探讨[C]. 南京：教育部重大攻关项目国民艺术素养教育课题组研讨会发言稿，2010.

[2] 刘睿. 启蒙教育与人的全面发展[J]. 学前教育研究，2009(7)：37.

教育的启蒙，没有假装与扮演的机会，没有身体与心灵的自由对话，那么这些宝贵的戏剧天性终将泯灭。2013年曾有一则震惊全国的新闻报道：一名9岁男童因为模仿动画片《喜羊羊与灰太狼》中灰太狼烤羊的情节，将自己的两个男同伴（一个8岁，一个5岁）绑在树上点火烤伤。[1] 试想一下，假如这三个孩子拥有儿童戏剧教育的经历，他们有假装和扮演的经验，还会真实地模仿吗？在我们一致批评动画片制作方的同时，更要反思我们是否给予了儿童完整的教育，是否给予了儿童不能缺少的戏剧教育。

学前儿童戏剧教育在假装的世界中，鼓励儿童尽情用身体表现自己的所思所想，这就是一种启蒙吧。笔者曾在一次戏剧活动中，看到一个6岁男孩（幼儿园大班）肢体动作的幅度很小、很慢，脚步一点点移动，面部没有什么表情，与其说是戏剧活动参与者，还不如说是一个“旁观者”。教师对于这个男孩的表现十分惊讶，因为这个男孩平时在语言活动、数学活动时很活跃。于是教师的解读是，这个男孩擅长理性的思考和语言表达，而不善于用身体语言表现，即不喜欢戏剧活动。事实果真如此吗？在接下来的几次活动中，这个男孩渐渐地身体放松了，动作多了，面部表情有变化了，甚至在情节创作中，他的想法因更合理而得到同伴一致认可。从“旁观者”到“参与者”，再到“领导者”，这一系列微妙的变化只是由于戏剧教育给予了学前儿童不同于以往那种只是注重大脑内部思维活动以及言语的外化的体验，而是提供了另外一种可能：鼓励他们在思考中用身体表达，让他们“用

[1] 9岁男孩模仿灰太狼烤羊烧伤玩伴[OL]. http://www. s1979. com/tupian/xinwen/201305/0986952109_9. html.

身体去思考”。戏剧教育的启蒙意义恰恰在于此：“用身体去思考”的可能性。反之，如果没有戏剧教育的启蒙，这位孩子极有可能失去这一可能性。

总之，学前儿童戏剧教育作为一种审美教育，是关乎戏剧艺术素养的启蒙，可具体描述为：

喜爱用戏剧（符号）表达自我。

善于用戏剧（符号）思考和认识周围世界：张力、对比和象征。

在虚构的戏剧冲突中体验与创造“和谐”之美。

在戏剧表演中感受合作的意义。

第三节　学前儿童戏剧教育的理论基础

学前儿童戏剧教育的理论基础包括了哲学基础、戏剧理论基础、教育理论基础以及儿童艺术心理学理论基础等几个方面。

一、哲学基础：西方后现代主义哲学和东方“天人合一”的哲学智慧

关于哲学基础方面，本书第一章第一节谈到的身体哲学和身体美学都属于后现代哲学范畴，在此不做赘述。

西方后现代哲学的出现是现代性发展到一定阶段，人们对现代性存在的弊端不断反思、寻找解决方式的结果。后现代主义哲学并没有否认现代性带来的丰富的物质文明和精神文明，但是毫不留情地指出了“现代主义的一元论、绝对基础、唯一视角、纯粹理性、唯一正确

的方法”[1]所带来的负面影响。这对我们的教育来说，也是一种有力的变革方向和动力。后现代主义哲学的合理性，给我们照亮了思想的方向：不能以牺牲事物的丰富性为代价而获得所谓的唯一性，教育应该是丰富的、有生命力的；反对权威性话语，反对文化复制的标准化、统一化，教育应该是教师与儿童共同建构的、多元的；反对用先验的假设作为自己论证的手段，主张生命的、情感的、非完整性的叙事方式，即教育是教育主体的一种亲身经历、体验与探索。学前儿童戏剧教育正是教师与儿童共同运用戏剧符号去表达、创作和表演，外化儿童对自我和周围世界的丰富的、多元的、富有生命力的理解和思考，而不是那种机械复制的、单一的和无生命力的东西。

我国著名美学家、美育家滕守尧论述过原始人的“天人合一”，他说：“人类祖先耳闻目睹自然的巨大威力，把自然当作神灵崇拜，把自己看成自然的一个微不足道的部分。在他们眼里，天和地都是有生命、有灵魂和有法力的存在，是养育自己的母亲和看护自己的神灵。他们每干一件事，都要向天地请示，即使出于好心想把它们打扮一下，也要征得它们的同意。”[2]东方哲学“天人合一”的智慧触发了我们对儿童、儿童的戏剧、戏剧教育做进一步的深思。儿童不是“小大人”或“小祖宗”，他们是具有自己独立价值的生命体；儿童不是被动地接受戏剧知识和技能，他们把戏剧看作是自己生命的活动，他们把戏剧当作自己和自然、社会的对话和交流，他们喜欢用戏剧表达自己内心的声音；儿童不是戏剧教育要改造的对象，他们需要戏剧教育为

[1] 王治河.后现代主义与中国[J].外国哲学，2001(7)：10.

[2] 滕守尧.文化的边缘[M].北京：作家出版社，1997：12.

这种对话、交流和表达营造一个良好的环境，他们就是戏剧教育的主人；儿童和戏剧教育中的教师不是对立的关系，而表现为“主体之间”或“关系中的自我”的人我和谐关系。

总之，西方后现代哲学观和中国哲学的“天人合一”在关于人与自然、人与社会、人与人的关系的认识上是一致的，它们共同为人类走出现代化带来的异化、工具化、片面化、标准化、极端个人主义和人类中心主义诸种问题和弊端指出了一个可供实践的哲学理念，也为学前儿童戏剧教育提供了重新认识儿童、戏剧以及戏剧教育的视角，促使我们越发向往那种人与自然、人与社会、人与人的和谐、平等、尊重的对话关系，促使我们通过戏剧建构一种理想的、完美的、多元的和感性的儿童教育。

二、戏剧理论基础：戏剧符号论

戏剧符号学的提出，是基于戏剧是一种社会交流活动的认识，交流的中介就是戏剧符号。“戏剧是一个群体在一定的空间和时间的维度内，为了获得一致的审美经验，根据一定的规则而进行的社会交往活动。通常所说的戏剧演出的创造和欣赏，就是在戏剧群体内演出者集合与观众集合的信息交流的过程。”[1] 对于儿童而言，虽然他们的“戏剧”不完全是为别人（观众）而演出的，自娱自乐的游戏性仍然保留，但这并不影响他们把戏剧作为一种符号，或用特定的话语、语调和肢体动作与面部表情，或用一些装扮和道具，或者在音乐中载歌载

[1] 胡妙胜. 戏剧符号学导引[J]. 戏剧艺术，1986(1)：32.

舞，表达自己对自己以及周围世界的认识，与他人（文本中的角色、表演中的角色等）交流。比如一个3岁的儿童，看着有关“可爱的鼠小弟”的绘本时，突然一会儿趴在地上，一会儿偷偷摸摸地假装吃东西，一会儿跳起来、伸手够着什么……这一切动作和表情，就是用戏剧符号传递着这个儿童对鼠小弟的认识。

戏剧作为一种社会交流活动，演员与剧作家之间、演员与所扮演的角色之间、演员与观众之间的交流，必须依赖于一定的戏剧符号。可以说，戏剧作品（文本的和舞台演出的）所表现出来的一切都是戏剧符号，都是有特定的、丰富的意义的。“戏剧艺术作为艺术符号的独异性在于，它不仅是一种艺术符号，而且是一种复合的艺术符号，并且兼具语言艺术符号与非语言艺术符号的性质。”[1]

波兰戏剧符号学者T. 考弗臧（1975）认为：“不但在一切艺术领域里，而且恐怕在人类活动的所有领域里，戏剧艺术都是运用符号学最丰富、最多样、密度最大的。”[2] 他提出了戏剧五个方面的十三种戏剧符号。（1）说出来的文本：语言、语调。（2）身体表现：面部表情、动作、演员的舞台调度。（3）演员的外形：化妆、发型、服装。（4）舞台环境：小道具、装置、照明。（5）非语言的声音效果：音乐、音响效果。[3] 在学前儿童戏剧教育内容中，戏剧表达正是结合戏剧符号学的理论，从肢体与言语表达、延伸性表达（装扮、音乐、舞蹈）这两个层面来建构的。

[1] 丁和根. 戏剧艺术符号结构系统分析[J]. 戏剧(中央戏剧学院学报)，2000(4)：101.

[2] [波]T. 考弗臧. 戏剧的十三个符号系统[J]. 李春熹，译. 戏剧艺术，1986(1)：63.

[3] [波]T. 考弗臧. 戏剧的十三个符号系统[J]. 李春熹，译. 戏剧艺术，1986(1)：75.

三、教育理论基础：后现代教育观

后现代教育是相对于现代教育而言的，有时二者也被相应地称为“后现代性教育”和“现代性教育”。我们知道，现代性教育的经典原理即“泰勒原理”，目标、内容、方法和评价作为课程的四要素，是一个封闭的、确定的、权威的教育。而后现代教育是对现代教育的批判和超越，其目的观呈现出下列的特征：（1）重视人的不确定性，反对人的各种形式的假设；（2）消解中心与边缘的界限，主张两者之间的对话；（3）重个体差异多元而非本质权威一元；（4）重过程而非结果，重生成而非预成，一切将成不是一切既成；（5）反人类中心，建立大的宇宙观和可持续发展观。[1]

在美国后现代教育学者多尔看来，杜威的进步主义教育思想正是后现代教育思潮的开端之一。用英国戏剧教育家盖文·伯顿（Gavin Bolton，1984）的话来说，为什么戏剧受到进步主义者的欢迎，起因是戏剧能实现进步主义的教育理想。[2] 杜威“以儿童为中心”的思想在戏剧活动中可以体现为“每一个人都是自我表达的个体”。儿童和教师作为戏剧活动中某种角色，实现自己对戏剧的贡献，表达自己对世界的看法，他们的语言、动作、表情都是他们内心想法的外化，不受他人的干扰和限制。“自我表达”应该是儿童戏剧教育的一种重要内涵，如果它被教师忽视或忘却了，那么戏剧教育就极易沦为一种机械的、灌输的和训练式的教育活动。至于杜威的“做中学”（learning by

[1] 转引自赵小段.后现代教育思潮的超越与挑战——我国学者关于后现代教育研究综述[J].当代教育科学,2004(11):14.

[2] Gavin Bolton. Drama as Education: An Argument for Placing Drama at the Centre of the Curriculum[M]. Harlow: Longman, 1984:4.

doing）在当时美国戏剧教师的视野下被演绎成“做戏剧”（do drama）[1]，虽然当时戏剧已经出现在美国学校、幼儿园的课程中，但其做法是把故事、诗歌背诵下来，然后在重大节日中表演。对此，进步主义学者提出完全不同的看法，温妮弗瑞德·沃尔德（Winifred Ward）就认为“做戏剧”的过程比真实的表演更重要。[2] 所谓“做中学”的观点，就是建立在杜威“教育即改造”的经验主义教育观基础上的。杜威认为，比起机械的记忆来说，经验才是学习的关键，而教育也是“经验的改造或改组”。“这种改造或改组，既能增加经验的意义，又能提高指导后来经验进程的能力。”[3] 真正有意义的教育是能促使儿童把已有经验和当前的活动联系起来，并创造出新的经验来。有助于经验改造的教育活动很多，戏剧就是其中一种。正如我国台湾戏剧教育学者郑黛琼对20世纪初的西方儿童戏剧教育总结的那样：“戏剧在教育环境中的运用，正因其透过戏剧的角色扮演模仿生活环境、人的感情，激起创意，得以产生经验的特质，为20世纪初的教育学者瞩目。”[4]

此外，后现代课程观也给学前儿童戏剧教育在课程建构上提供了更为深入的理论基础。以美国学者多尔为代表的后现代课程观提倡者，针对现代主义课程简单性、封闭性和积累性等特征，强调开放性、复杂性和转变性。所谓开放性是指课程并不是一个封闭的由目标

[1] Gavin Bolton. Drama as Education: An Argument for Placing Drama at the Centre of the Curriculum[M]. Harlow: Longman, 1984:9.

[2] Rosenberg Helane. Creative Drama and Imagination: Transforming Ideas into Action[M]. New York: Holt Rinehart and Winston. 1987:19.

[3] [美]约翰·杜威. 民主主义与教育[M]. 王承绪,译. 北京:人民教育出版社,2001:87.

[4] 郑黛琼. 台湾戏剧教育发展初探[C]. 南京:今日之儿童艺术教育国际研讨会,2002:4.

到目标的体系，而是一个开放的系统，鼓励变化，接纳干扰，外界的干扰是内部转化的诱因。复杂性意味着课程是师生利用自组织与客观世界相互对话、不断创造的过程，是一个非线性、不确定、不可控、不可预设、生成的体系。转变性指系统从远离平衡状态到形成新的平衡状态的过程是突发的，随时间的纵向展开，课程发展存在许多不确定的因素。[1] 学前儿童戏剧教育在内容、实施策略、师幼互动以及评价上都体现着后现代课程观的核心理念。

我国著名美育学家滕守尧曾倡导的“生态式艺术教育”理念，主张在异质要素之间的对话中寻求人的可持续发展。[2] 其实这也与西方的后现代教育思想的理念有着异曲同工之妙。“生态式教育既是一种教育理念，也是一种教育实施策略，它是一种系统观、整体观、联系观、和谐观和均衡观下的教育，是一种充分体现和不断运用生态智慧的教育。”[3] 从这一“生态观”视角出发，学前儿童戏剧教育力图将儿童、戏剧和教育三者作为和谐对话的生态关系来考察，建构一种生态式的儿童戏剧教育。

四、儿童艺术心理学理论基础：儿童戏剧经验的研究

张金梅（2005）[4] 曾针对儿童戏剧经验发展和原始戏剧的相互关联的特性进行了研究。研究发现，儿童戏剧经验的建构过程就像人类发现、探索、发展戏剧艺术的过程一样，是从完全统整的表演过程中

[1] [美]小威廉姆. E. 多尔. 后现代课程观[M]. 王红宇，译. 北京：教育科学出版社，2000.

[2] 滕守尧. 艺术与创生——生态式艺术教育概论[M]. 西安：陕西师范大学出版社，2002：47.

[3] 边霞. 试论“生态式教育”的基本思想[J]. 早期教育，2002(9)：10.

[4] 张金梅. 幼儿园戏剧综合课程研究[M]. 南京：江苏教育出版社，2005：179-180，205-206，216-217.

逐步将戏剧元素分化、添加，丰富他们的戏剧经验的，他们不像成人的戏剧创作那样以“剧本先行”。原始的戏剧完全是演员、观众、剧作家“三位一体”的集体式的表演，著名戏剧学者尤利乌斯·巴普对此有最恰当的理论概括：“戏剧的本质机能，可从作为未开化民族共鸣巫术的原始戏剧中看到。这是一种想要凭借恍惚状态来克服生活不安的社会性的全体体验。也是在无意识的自我变化形态之中被发现的。在这种原始体验中，演员、作者和观众三要素浑然一体。”[1]同样，儿童自发的戏剧性游戏也是演员、观众、剧作家“三位一体”的戏剧创造，在这一点上和原始戏剧活动是相通的。另外，原始戏剧的集体性也启发了我们，在年龄越小的儿童集体中，这种集体式的表演，更适合儿童“全体体验”的需要以及儿童的表演水平。演员和观众的分离、演员和剧作家的分离，是戏剧从原始的低级阶段向高级阶段发展的必然结果，儿童的剧本意识、剧场意识也是逐步从表演的一步步提升中分化、发展和演进过来的。

同时，原始戏剧中所谓的舞台美术、音乐音响要素并不是在剧本要素之后才出现的，它们一开始就融于表演中，正如尧舜时期先民“百兽率舞”的原始戏剧中，各种兽型的服饰是装饰美术，拊石击石是音乐伴奏。儿童在创造戏剧过程中一开始最关心的是“角色塑造”，即如何把自己装扮成不同于自己的“角色”，于是要有道具、服装和化装；如何增添装扮的环境效果，于是要有布景，还要有音乐。这些戏剧要素在儿童那里比剧本更重要。儿童与成人创作戏剧的最大不同点

[1] [日]河竹登志夫. 戏剧概论[M]. 陈秋峰，等，译. 北京：中国戏剧出版社，1983：6.

就是，儿童的戏剧创作从演员的美术、音乐音响向剧本的、剧场的方向发展；而在成人的戏剧创作中，往往是剧本先行的，由剧本确定演员、舞台美术、音乐音响以及最后的剧场合成和演出。所以说，儿童的戏剧创作恰恰体现了戏剧的发展进程，而成人的戏剧创作则属于戏剧发展到成熟阶段的一种规范的、理性的，甚至是科学的操作，但不适合儿童或者说早期阶段儿童的戏剧创作实践。

从儿童作为演员的表演能力的发展来看，黑格尔对古代戏剧和近代戏剧的见解令人惊叹[1]，儿童表演经验发展轨迹的奥秘也在于此。黑格尔认为，虽然古希腊戏剧也有一些对话，但是仍然以合唱队的抒情的音乐方式表演为主。而近代人则要求表演的声音腔调能够表达出心情的“全部客观面貌”，以及人物性格特征在“极细微的浓淡差别和转变上”与在“尖锐的矛盾和对比”上都要尽力表现。所谓“雕刻”，黑格尔指的是演员的身体姿势和运动，他说：“希腊人完全不用面貌表情，因为希腊的演员都戴假面具。”所以希腊演员都是“屹立不动的雕像”，没有表现“特殊心情”，也不表现“人物性格”。而近代戏剧就不同了，“面具和音乐伴奏都不用了，代替它们的是面貌表情，多种多样的姿态和手势以及朗诵语调的复杂而微妙的变化”。不仅西方戏剧经历了这样一个演进过程，中国戏剧也是如此，中国戏曲程式化的“脸谱”和字正腔圆的唱功具有一种音乐剧的风采，中国的话剧也是直到20世纪初才出现和发展的。这种发展进程同样也出现在儿童的戏剧表演中，儿童最初的表演如同古希腊演员的风格一样，或者说年龄较小

[1] [德]黑格尔. 美学(第三卷下册)[M]. 朱光潜，译. 北京：商务印书馆，1996：276.

的儿童更喜欢在音乐的伴奏下载歌载舞式的表演，表情比较单一，但是随着年龄以及经验的增长，他们的表演从简单的朗诵式的语言逐渐向复杂的性格化方向发展。可以说，儿童是原始戏剧家，成人则是近代或现代戏剧家。如果我们要求儿童立刻能够以“复杂而微妙的变化”来表演，那只能是事倍功半的“一厢情愿”了。

总之，儿童戏剧经验的发展和人类戏剧艺术演进是一致的。这一发现证明了儿童戏剧经验建构的特点，为儿童成为戏剧创作的主人提供了依据和方向。

第五章
做与学的对话：
学前儿童戏剧教育的内容

本章回答了“在学前儿童戏剧教育中，儿童做什么，学什么”的问题，即戏剧表达、戏剧创作和戏剧表演成为学前儿童戏剧教育的三大内容的内涵，大大突破了传统戏剧教育仅以“戏剧表演”作为唯一内容的局限。学前儿童正是在实践这些戏剧内容的过程中，在与教师、同伴的沟通中建构性地学习的。

首先，阐述了戏剧表达的内涵、媒介和要素，奠定了学前儿童戏剧教育内容的最为基本的内容。

其次，分析了戏剧创作的内涵、要素和环节，凸显了在扮演中创作的理念。

最后，解释了戏剧表演的内涵、样式、学前儿童剧场经验，明确了学前儿童戏剧表演和成人剧场表演的不同。

学前儿童戏剧教育在杜威进步主义教育思想影响下秉持着“做戏剧”的理念，即戏剧不是教师教的，而是儿童做的；在后现代课程观的影响下，儿童在“做戏剧”的过程中，和教师共同学习与发展；在儿童教育“生态观”的视角下，“做”与“学”之间产生怎样的对话，即学前儿童戏剧教育的内容是什么呢？

当把戏剧作为“儿童表达自我、认识和思考世界的一种艺术符

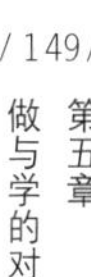

号”时，学前儿童戏剧教育的内容就不再仅仅局限于“戏剧表演”了。本书所述学前儿童戏剧教育的内容包括了戏剧表达、戏剧创作和戏剧表演三个部分，并在三者之间形成了相互依存、相互影响的对话关系，共同支撑起儿童的“戏剧素养启蒙”。由此突破了传统儿童戏剧教育仅以“戏剧表演”为内容的狭隘、封闭和成人化倾向，走向了丰富、开放和儿童本位。

第一节　戏剧表达

一、戏剧表达的内涵

当一遍遍重温意大利瑞吉欧教育机构创始人马拉古奇的这首小诗——《儿童的一百种语言》[1]，我们的心灵一次次被震撼。“不要用双手去想，不要用脑袋去做”的儿童教育，是束缚身心的教育，那“偷走的九十九种”里一定有戏剧语言。

学前儿童的戏剧天性告诉我们，他们可以用双手去想，用脑袋去做。在身体与心灵的对话中，学前儿童用身体（动作与表情、声音与言语）表达着自我以及对周围世界的思考和认识，即一种戏剧的语言（符号）。这一表达与歌唱、舞蹈、绘画不同，是一种戏剧表达。

戏剧表达作为整个学前儿童戏剧教育内容的基础层面，关注儿童以身体的视觉、听觉、触觉、嗅觉和味觉等各个感觉能力，在假想的

[1]　[意]洛利斯·马拉古奇，等. 孩子的一百种语言：意大利瑞吉欧方案教学报告书[M]. 张军红，等，译. 台湾新北：光佑文化事业股份有限公司，1998：9.

情境中，以非角色的或角色的身份，用身体（动作与表情、声音与言语）表达自己的内心感受和想法。第一，戏剧表达需要调动已有的各种感官经验，建立在视觉、听觉、触觉、嗅觉和味觉等已有的经验基础上，比如看过各种各样的树，听过马路上的各种声音，触摸过不同温度、质感的物品，闻过各种各样的味道，品尝过酸甜苦辣的食物，等等。第二，戏剧表达的情境是虚构的，即时间或空间是“假定性”的，比如假装夜晚来到老鼠洞。第三，戏剧表达的身份可以是非角色的，即仅仅做出假装的动作，就如个人假装游戏中假装打电话、开汽车；还可以是角色的身份，比如扮做妈妈照顾宝宝。第四，戏剧表达的媒介是身体，即动作与表情、声音与言语。第五，戏剧表达的内容即“做戏剧”的内容之一——对自我和周围世界的思考和认识，比如大树的树枝是什么造型，小鸟是怎样飞翔的，小鸭是怎么吃虫子的，等等。

二、戏剧表达的媒介

音乐表达的媒介是发声器官、乐器，美术表达的媒介是各种绘制工具、用品，而戏剧表达的媒介是身体。我国著名戏剧学者张庚（1981）认为演员的表演所依赖的“不是别人，而是他自己，他整个的人：他的身体、声音、内心的感情……这就是说拿他自己来创造艺术”[1]。身体的表达媒介有动作和表情、语言和声音，此外当身体不能够充分表达时，还需要借助音乐、美术等延伸性表达。

[1] 张庚. 戏剧艺术引论[M]. 北京：文化艺术出版社，1981：4.

（一）动作与表情表达

动作与表情表达是戏剧表达最基本的媒介，正如没有声音和言语的哑剧，一定要有动作和表情。“戏剧”一词在古希腊文中的意思就是“完成着的动作”。这里的动作更多是肢体动作（四肢和躯体），表情是五官动作。这些外化的、可见的动作正是学前儿童感知、体验和思考的结果。

打雪仗

（大班戏剧工作坊“图画的秘密”）[1]

教师带领孩子们欣赏一幅画：房间里有脚印，床上掀开的被子，椅子上挂着衣服、裤子，窗外下着雪。大家讨论后认为这是一位小男孩的家，并想象与表现小男孩起床、洗脸、刷牙的一系列动作，然后推开门，来到户外的雪地里。

教师问道：“如果你们是小男孩，你们会在雪地里做什么呢?”

孩子们异口同声地说：“打雪仗!”

[1] 杨娟. 大班幼儿戏剧工作坊的行动研究[D]. 南京：南京师范大学硕士学位论文，2012：38.

教师接着问："一个人能玩起来吗?"

"不能。"

教师建议道："找一个你的好朋友一起打雪仗吧!"

沉浸在追逐打雪仗的游戏气氛中时，教师使用"定格"策略："三，二，一，停!"将各自打雪仗的瞬间动作冻结住，有在半空举起手臂的，有刚刚扔出雪球的，有在躲避雪球的，有在地上揉雪球的，每个人的动作都不一样。

分析：在"定格"中，我们看到大班儿童形态各异的打雪仗动作，动作的高度（高、中、低）、方向（前、后、左、右）、手部动作（举、扔、揉）都不同，他们很自然地用肢体及其运动表现出对"打雪仗"的理解，尤其是同伴之间需要两两合作，一扔一躲，一前一后，这种互动的默契没有经过训练而自然表达了出来。在动作表达的这一过程中，儿童自然地调动已有经验，以假装的动作体验与再现，不断探索新的动作，并相互影响，何尝不是一种学习的过程呢?

猜猜我爱吃什么

（大班戏剧主题活动“餐厅的故事”）[1]

教师以厨师的身份邀请孩子们（扮作小客人）品尝苦瓜。孩子们的表情比较丰富，有的皱起了眉毛，有的直吐舌头，还有几个在撇嘴，但保持时间不长，可以说转瞬即逝。

教师接着说道：“看，我这里有一个相框，我们来给小脸照张相，当我的相框放在谁的面前时，谁就要保持自己的表情不能动，就像是被施了魔法一样，好吗?”

孩子们十分踊跃，每个人都在积极地回忆刚才品尝的味道，当教师用相框来“留影”时，大多数孩子都能将自己的表情定格。

教师引导孩子们观察相框中“留影”的眉眼、嘴角以及面部肌肉的变化，以便更准确、生动地进行模仿。随后，教师用相同的方法让孩子们分别品尝巧酸梅、辣锅巴、奶糖和臭豆腐乳。

分析：对味觉的戏剧表达恰恰需要通过表情这一媒介。大班儿童在假装吃苦瓜的情境中，调动已有品尝苦瓜的味觉记忆以及带动的面部肌肉运动的记忆，及时地以表情再现出来。当然，表情表达时也伴随着肢体动作，比如高耸着肩膀、左右摇摇头、用手捂着嘴巴等。

[1] 本课题组成员邵爱菊（原南京市于家巷幼儿园）整理。

（二）声音与言语表达

言语表达指用声音、语词以及相应的语气、语调、停顿等方式表达内心情感与想法，可以更为直接地反映情感的变化。当然，声音与言语表达也是对动作表达的补充，比如儿童用肢体动作表现一只小狗，即使动作不够形象，但是只要发出小狗“汪汪汪”的叫声，就能逼真地表达出自己扮演的角色。

狐狸的话

（中班戏剧主题活动“我的幸运一天”）[1]

教师入戏扮演小猪，全班孩子扮演狐狸。教师扮演的小猪没想到敲开了狐狸的门，大喊一声：“啊?!”

教师出戏问道：“狐狸怎么说的，音量怎么样?”

A略有些害羞，小声地说：“真是我的幸运一天。”

教师继续引导：“小猪我看到狐狸有些惊讶，也很害怕，狐狸心情怎么样？音量是大大的，还是小小的?”

B也来尝试：“哈哈——食物送上门来了，这真是我的幸运一天。”

[1] 本课题组成员赵倩（南京市第三幼儿园）整理。

儿童B的音量更响，音调上扬。

分析：教师以入戏的方式与中班儿童言语互动，扮演小猪用一句“啊?!”引发了儿童的丰富而生动的言语。这就是在即兴扮演中的言语表达，不需要过多的事先讨论，只要即兴的语言表达。

（三）延伸性表达

当身体的动作与表情、声音和言语不完全能表达时，需要借助其他艺术符号，比如用于装扮的美术符号，用于音效、歌唱的音乐符号，分别被称为美术延伸性表达、音乐延伸性表达。

美丽的圣诞树

（大班戏剧主题活动“圣诞之旅”）[1]

教师引领孩子们欣赏与讨论了许多圣诞树图片后，挥动魔法棒，说：“变变变，变成圣诞树。”大家仿佛真的接收到了魔法，

[1] 本课题组成员杨娟、魏丽萍（南京市雨花台区实验幼儿园）整理。

变成了各种各样的树：他们有的双手举起，张开双臂，变成高高的树；有的蹲下身体，变成小小的树……

教师提问："你们觉得这些"圣诞树"上少了些什么？怎么样看起来更像圣诞树呢？"

孩子们纷纷回答："要有彩灯、星星、彩条、贴上蝴蝶结的圣诞礼物……"

于是，这些圣诞饰物披挂在"圣诞树"（头顶、脸庞、肩膀、胳膊、腰、腿、脚等身体各个部位）上。

分析：动作可以表达树木的造型，但是仅仅用肢体造型表现圣诞树就显得很单一，由此教师引发大班儿童对美术延伸性表达的需要。

森林运动会

（大班戏剧主题活动"变大变小的狮子"）[1]

孩子们扮作各种动物参加森林运动会。当狮子特鲁鲁随着音乐《快乐的巴斯特人》和其他动物一起奔跑时，扮演小熊的孩子

[1] 本课题组成员王焰、肖雁（珠海市博爱幼儿园）整理。

被说成了小猫；扮演小乌龟的被说成了小狗……

教师提问："动物们走路、跑步时的速度和发出的声音一样吗?"

"当然不一样。"

这时，节奏十分鲜明的打击乐器受到了大家的青睐，教师说："在音乐中加上打击乐器的节奏，小动物们可以随着节奏跑。"

孩子们选择了不同的打击乐器，如铃鼓、小鼓、筒、三角铁等，根据打击乐器的音色，分别选择不同的乐器代表狮子、豹子、猫、小老鼠等。

分析：大班儿童在用动作表现不同动物奔跑时，遇到难以明确表现特定动物的动作的情况，就需要其他艺术符号的补充，正如不同打击乐器与不同动物匹配在一起，音乐延伸性表达与动作性表达相得益彰。

三、戏剧表达的要素

儿童的戏剧表达从模仿、造型、控制和情感四个维度展开，其中"情感"是贯穿于所有戏剧表达的喜怒哀乐等情绪感受。

（一）模仿

"模仿"是对人、动物、事物的各种特性及其细节的身体（或言语）动态性的再现、复制能力。小班儿童以模仿十分熟悉的人物或动物为主，比如模仿小兔子跳、小老鼠偷吃食物、妈妈对宝宝说话的温柔语气等；中班儿童以模仿常见的人物或动物为主，比如模仿小鸭和鸭妈妈散步、游泳、觅食的动作和神态，模仿所能观察到的绘本中狐狸要吃掉小猪时凶恶的表情和小猪害怕狐狸的表情，并能初步模仿常见的过生日、吃饭、洗澡等生活事件的过程；大班儿童的模仿需要进一步感知新的经验，比如皇帝上朝、餐厅礼仪。在模仿中，需调动以往的经验，并借助当前视听等感知，用表情、肢体动作、声音和言语表达出来。每个儿童的模仿可以不完全相同，带有他们自己对所模仿对象的理解，是他们自己特有的表达。

吃美食

（大班戏剧主题活动“餐厅的故事”）[1]

教师一边假装做“切牛排”“吃牛排”的动作，一边感慨道：“美食真是太多太好吃了，这不，我肚子都饿了，你们看我在吃什么？”

孩子们回答：“吃牛排！”

“你们怎么知道的？”

[1] 本课题组成员朱勤（南京市于家巷幼儿园）整理。

“因为你用刀切，用叉子送进嘴里的。”

就这样一问一答，活动自然地引到了不同的吃法的讨论上来。

教师又拿出了一些美食图片（面条、包子、汤、汉堡、披萨、鸡腿等），请孩子们任选一种美食表现吃的动作。

孩子们自由表现了一番后，教师请了个别孩子在集体面前表现，让同伴来猜测他在吃什么。有的动作夸张，一下子就猜测出来了；有的动作太快、太随意了些，于是教师提示孩子们用夸张的动作再次表现。每拿出一种美食大家就表现其吃法，谁的动作夸张，后面的表演活动就有可能当演员哦。

在教师的鼓励下，孩子们个个都夸张地动起来，有的还发出声音，如吸面条的、喝汤的声音。切披萨和切牛排的动作也有所不同，切披萨的会有拉丝的动作。

“刚才，这么多美食的吃法是不一样的，根据吃法的不同我们将其分成两类。”教师的话音未落，有的孩子就说了出来：“一个叫中餐，一个叫西餐。”

“那哪些是中餐，哪些是西餐呢？”又有孩子接话了：“牛排、披萨、汉堡是西餐，面条、各种菜是中餐。”

“西餐是用刀和叉子的，中餐是用筷子夹的。”孩子们相互聊起了自己对中西餐的喜好。

分析：大班儿童对于吃不同食物的动作经验已经较为丰富了，在模仿中需要调动已有记忆表象，然后将吃的动作过程一一再现出来。教师有意识地提供不同吃法（不同动作、不同餐具、东西方不同的饮食文化）的食物，儿童正是在假装做的过程中，进一步探讨了中餐、西餐的不同吃法。

（二）造型

“造型”对于身体而言，是用身体塑造静止形态的能力。如果说模仿是动态的、过程性的，造型则是静态的、瞬间的。造型是对身体运动的一种静止化，凸显在一个瞬间表情、动作的特质和个性。小班儿童的造型有熟悉的水果、小动物等；中班儿童造型的范围和丰富程度都有所扩展，有大树和小鸟、顽皮的猴子、着急的老汉、富有爱心的爸爸和儿子等等；大班儿童的造型则更注重细节，比如海底世界里水草从不同的形态、将军和士兵不同的表情、花木兰女儿装和男儿装不同的气质等等。

我们是苹果树

（小班戏剧主题活动“水果宝宝”）[1]

教师请孩子们用身体做出苹果树的样子。孩子们有的双手上举，有的两手侧平举，有的双手交叉在头顶，他们一会儿就变成了一棵棵高矮不同的苹果树。

教师观察儿童表现苹果树的造型后，再次用语言提示：“苹果树上挂了许多苹果，苹果太重就会把树压弯了，所以一个人做苹果树不够大，我们还可以怎么表现高大茂盛的苹果树呢？”

孩子们说：“可以和小朋友合作变大树。”于是，大家两两合作，有的一个挨着一个，变成一棵大树；有的两两拉手，旁边的手伸出去，或高或低地表现伸展的枝桠。

教师又说：“苹果树上有许多高高低低长长短短的枝桠，这样挂的苹果才会多，你们想想可以怎么表现出不同的树枝呢？”教师鼓励孩子们再次寻找更多的同伴一起合作造型。

这时有的三个伙伴变成的苹果树是两个人头碰着头，另一个人头靠着伙伴的肩膀，大家一起举着手；有的高个的孩子双手上举，做向上伸展的枝桠，矮个的则一左一右在旁边拉着他的臂

[1] 本课题组成员凌斌（南京市于家巷幼儿园）整理。

弯，做下面的枝桠，两边的手弯曲变成外面的枝桠；还有的合作伙伴因为人多站成一排。此时，教师扮演“雕塑家”，来帮助这些孩子通过头部向前后左右的倾斜，手臂高低错落的伸展和腿部抬起或斜踢，呈现出不同风格的苹果树造型。

分析：小班儿童在教师细致的引导下，表现出如此丰富而细腻的造型。单人造型初步表现苹果树的基本造型，两两合作造型表现大苹果树，多人合作表现不同风格的苹果树。

（三）控制

“控制”是对身体运动（或言语）的快慢、动静、轻重、高低、大小、远近等相对性的把握。戏剧表达不仅仅是张扬的，也是有一定约束力的。这种约束力被一定情境所规定，并彰显了戏剧张力。小班儿童在教师的提示下用动作表现快慢、轻重、高低、大小、长短，以及用声音表现音量的大小，比如小班儿童扮演的小老鼠发现大花猫出现时，或躲进桌子下，或把身体缩成一团，有的甚至“装死”躺在地板上一动不动，从刚才的“动”的状态进入了“静”的状态。中班儿童扮演狐狸给小猪按摩，动作的轻重、按摩方位的上下和里外都要有所控制。大班儿童增加了对“远近距离”的控制，比如当小丑鱼远远地看见爸爸时，用什么音量，当小丑鱼回到爸爸身边时又是怎样的。

狐狸给小猪按摩

（中班戏剧主题活动“我的幸运一天”）[1]

教师和中班儿童一起回忆绘本《我的幸运一天》，说道：“为了吃到更加柔软的猪肉，狐狸才帮小猪按摩的。那狐狸在为小猪按摩时的心情怎么样呢？”

孩子们说：“很高兴、很开心、美滋滋的、很急很急想按摩好就吃。”

教师引发讨论：“那狐狸按摩时速度如何？快还是慢？”

有的说：“很快。”

教师追问：“为什么？”

有的说：“狐狸想很快吃到猪。”

教师启发思考其他想法。

有的说：“我觉得有的快，有的慢。”

教师追问：“他前面（动作）很快，他高兴哎，一会儿敲这儿，一会儿敲那儿。最后累昏了，不能快了，就——就……”

有孩子补充：“累了，没有力气了，动作越来越慢。”

接着教师播放背景音乐《特巴雷科舞曲》，儿童集体模仿狐

[1] 本课题组成员赵倩（南京市第三幼儿园）整理。

狸为小猪按摩的场景。有的捏、敲、捶，有的按、拉、揉，有的速度快表现得很兴奋，有的动作慢，边做边看他人的表现。

分析：中班儿童扮演狐狸，给小猪按摩的动作不是随意的，而是有所控制的，包括高度的控制（身体上、中、下不同部位）、速度的控制与心理状态匹配（着急时快、累的时候慢）、不同按摩动作（捏、敲、捶、按、拉、揉等）。

（四）情感

“情感”指的是角色情感共鸣与表现要基于情感的体验与理解，在模仿、造型、控制过程中，伴随即时的情感体验、理解和共鸣，并以一定的情感表现出来。相比较而言，从小班到大班阶段，儿童的情感表现是从简单到较为复杂，从外显到逐步内隐。

第二节　戏剧创作

一、戏剧创作的内涵

“戏剧创作”体现了想法与行动的对话。儿童作为戏剧创作的主体，在教师的引导下，不断产生新的想法，在虚构的情境中将自己内心的想法转变为可视、可闻的行动，以寻找解决问题的各种方案。儿童既是角色化的问题提出者，也是角色化的问题解决者。这一戏剧教育内容借鉴了西方的“创造性戏剧”（creative drama）。创造性戏剧的有关研究（Rosenberg Helane，1987[1]；Nellie McCaslin，1996[2]）解释了戏剧创作的心理过程和机制，即强调想象与戏剧性行动的联结，并以戏剧式学习为核心，使每个参与者自然运用内在机制，发展他们的行为，将想法转变为行动。内在的想象能力以感觉扫描、视像回顾、简要叙述等练习为焦点，同时外部的戏剧性行为强调了动作、对话、情节和性格化。

二、戏剧创作的要素

戏剧创作所包含的戏剧要素不仅有角色，与戏剧表达相比还增加了情节和场景两个要素。

（一）角色

“角色”是一个不同于自己的“他人”，以“他人”的身份思考、行动和说话。学前儿童在戏剧创作中的角色数量较少，小班阶段为一个角色对多个同一角色；中班阶段为两个角色对多个同一角色，或不超过四个不同角色；大班阶段不超过六个角色。比如在小班戏剧主题活动“可爱的鼠小弟”中，一个鼠小弟角色与多位儿童扮演的大象、猴子、长颈鹿等角色互动；大班戏剧主题活动“老鼠嫁女”中，儿童创作了老鼠一家六个角色，有老鼠女儿、老鼠爸爸、老鼠妈妈、老鼠儿子，甚至还有老鼠爷爷和老鼠奶奶。

[1] Rosenberg Helane. Creative Drama and Imagination: Transforming Ideas into Action[M]. New York: Holt Rinehart and Winston, 1987: 99, 102-103.

[2] Nellie McCaslin. Creative Drama in the Classroom and Beyond[M]. New York: Longman Publishers, 1996: 21-39.

此外，在角色塑造的内涵上从角色的外貌逐步过渡到行为特征、心理活动。比如小班儿童扮演小兔、小熊、小老鼠，体现出这些小动物的体态、动作姿态即可，而到了大班儿童扮演小丑鱼，则需要在体验中表现出小丑鱼离开家之后各种复杂的情绪变化：开心——紧张——害怕——孤单——想念，等等。

餐厅的客人

（大班戏剧主题活动“餐厅的故事”）[1]

教师在场地中间摆放了两张桌子和一些椅子，设置了一个简单的餐厅场景，请孩子们将自己想到的客人形象表演出来让大家猜。

A背着书包蹦蹦跳跳地从大门进来了，并拿出作业在写，大家猜出了是学生。

B弯着腰摸着胡子从大门走来，还没坐下，大家就猜出了是老爷爷。

C甩着胳膊不急不慢地从大门走进来，找了椅子坐下来就玩手机，大家猜他是叔叔。表演者摇摇头，大家又猜是妈妈，表演

[1] 本课题组成员朱勤（南京市于家巷幼儿园）整理。

者还是摇头，猜了几次都不对，表演者急了，告诉大家她是阿姨。

“为什么这个表演大家猜不出来呢?”教师的问题一提出，大家七嘴八舌地说：“她表演得太快。”“她动作太简单。”“她动作不夸张。”

于是，教师给儿童播放哑剧视频：“请你们看看他们表演了哪些角色?”

孩子们看着看着就模仿起视频中的动作来：有的在学大口大口地吃香蕉，然后随地扔香蕉皮；有的学拎包扭胯走进来，又是擦椅子又是化妆的；有的在学盲人，捣着棍子，走路撞来撞去的。

教师引发孩子们讨论：“他们的表演和你们的表演有什么不一样？你们喜欢谁的表演?”

有的说他们表演有道具，有的说他们表演的动作比较多，有的说他们表演的动作很夸张。

分析：餐厅场景的创设和“猜一猜谁来了”的游戏激发了大班儿童角色塑造的兴趣，他们扮演各种各样的顾客，用哑剧的方式表现角色的身份特性。但是，对于大家猜不出来的角色，教师及时提供哑剧视频欣赏，鼓励儿童主动发现、善于模仿，并逐步能自主创作。这就是一种“做”的过程中的“学”。

（二）情节

情节由一系列事件组成，具有开端、发展、高潮到结局几个发展阶段，体现了从背景、问题出现、冲突形成到最终问题解决的逻辑顺序。在戏剧情节的创作方面，随着儿童年龄的增长，创作的情节由简单到复杂，由重复到多样。

情节的创作要紧紧围绕戏剧冲突展开。教师组织儿童以角色的身份创作戏剧冲突的起因、发展、高潮和结局。对戏剧冲突的不同观点和建议，需要集体协商，形成相对一致的做法。教师既可入戏（teacher-in-role），扮演其中的主要角色或次要角色，以高支配的方式引导儿童创作；也可出戏（teacher-out-role），不扮演任何角色，以低支配的方式帮助儿童创作。前者更适合年龄小的儿童，或者有难度的戏剧创作，后者反之。在中班戏剧主题活动“大树和小鸟”的情节创作环节，以砍树人来砍树、破坏大树和小鸟的家园为冲突点，引发了大树和小鸟失去森林家园、小鸟寻找各种解决办法的历险，以及砍树人变成种树人，最后大家重建了美好的森林家园等一系列情节。教师为儿童设计了情节冲突所在，至于情节的发展应该交予儿童来创作，因此教材所提供的情节创作的方案或者剧本，对于教师来说仅仅是一种参考，万不可依葫芦画瓢。

送北极熊回家

（大班戏剧工作坊“图画的秘密”）[1]

当孩子们正在一起打雪仗、堆雪人、滑冰的时候，教师扮演成北极熊，向大家问好。

孩子们很好奇，上前摸一摸，问一问，有的看出来了，大声说：“北极熊来了。”

北极熊告诉孩子们：“我的家在北极，可是那里越来越暖和了。我的家是冰做的，都融化了。我的家没有了，所以我来到了这里。你们能帮助我们吗？”

孩子们纷纷想办法：“我们可以做一个冰的山洞；可以找块很大的冰，用它搭个大房子；北极熊越来越大，可是我们的力气也没这么大，我们怎么搭呢？”

北极熊回应道：“你们搭的冰房子，天一热就化掉了，还是不行啊。怎么办？”

孩子们继续讨论，决定造一个冰飞机，把北极熊送回家。后来他们合作摆出了冰飞机的造型，里面还有冰箱等冷冻装置，北极熊坐在“冰飞机”里舒服极了。

[1] 参见杨娟. 大班幼儿戏剧工作坊行动研究[D]. 南京：南京师范大学硕士学位论文，2012：39-40.

分析：教师入戏扮演北极熊，这一外来角色的出现引发了戏剧情节的创作。教师采用了“坐针毡”策略，以北极熊的角色身份不断质疑儿童的想法，最终采纳乘坐冰飞机的方案。

（三）场景

“场景”是事件发生的地方、空间，交代角色所处的环境。在戏剧创作的场景方面，小班阶段比较单一，最多出现两个空间的转换；中、大班阶段出现两个以上空间的转换。

场景的创作融入角色塑造和情节创作中，即角色都是在一定场景中的，情节的发展也会有不同的场景变化。“场景”对于成熟的戏剧舞台而言就是需要一定的布景或装置来表现；但是对于在教室内进行的幼儿园戏剧教育而言，为了鼓励儿童空物想象，为了教学方便易行，场景有可能完全是空的，凭借着教师和儿童共同的协商，将一个活动空间想象成一个房间、一片草地、一片树林、一块田地等等；有可能用一些简单的标志将一个空间划分为不同场景，画两条线，中间表示河流，河流两岸的场景自然形成；或者画一条线表示大门，门里门外的场景就形成了。

三只小兔的家

（小班戏剧主题活动“小兔乖乖”）[1]

教师出示用大纸箱制作的立体房子，这显然给孩子们带来一种新鲜的刺激，每一个孩子都想到房子里去玩一玩，感受小兔子家的趣味，有的孩子还把纸箱大门给关起来，感受躲在房子里的乐趣。

当教师问：“小兔子家在什么地方，周围会有什么？”

孩子们一下子活跃起来，纷纷回答：“森林中，周围还会有小草和小花，还有高高的大树，周围应该还会有土地，里面有萝卜、蘑菇等等。”

教师鼓励孩子们用肢体表现房子周围的场景，有的孩子很快表现出小花状，有的还两人配合做一高一矮的小花；几个孩子在教师的指导下一起手拉手，变成小兔子家周围的一个小花园；还有的身体蜷缩，假装成大石头；有的孩子看到旁边同伴假装成大树，也将手高高举起做大树；又有几个孩子站立成一排就成了树林。

关于小兔家里的场景，教师提问：“房子里会有什么摆设？

[1] 本课题组成员徐萍(南京市于家巷幼儿园)整理。

可以用什么替代?”

有的孩子说可以直接把小椅子和纸盒当作小兔子家中的桌子和板凳等等。

分析：场景的创作采用实物、肢体合作造型、替代物等多种方式的结合。纸箱实物的多功能性，使得小兔家具有实体形象；肢体合作造型所创设的小兔家周围场景，和小兔日常生活紧密联系；小兔家里摆设使用替代物，符合小班儿童在假装游戏中“以物代物”象征的能力和需要。

三、戏剧创作的环节

学前儿童戏剧经验建构与成人戏剧有不同的特点与规律，成人戏剧倡导“剧本创作先行”的理念，而学前儿童戏剧恰恰是以“角色创作”（或角色塑造）为先，在角色造型、性格不断丰富和完善的基础上，基于角色由学前儿童在教师的引导下创作情节和场景。戏剧创作一般有以下几个环节。

（一）第一个环节——开端

开端，即戏剧创作来源的探讨。儿童戏剧创作的欲望来自于儿童自己的生活，一件物品、一次经历、一首歌曲、一幅画、一段故事、一种想法或心愿，都有可能引发儿童的戏剧创作。一般来说，年龄越小的儿童越喜欢远离生活的幻想性题材，年龄越大的儿童选择的题材愈加广泛和丰富。戏剧创作的来源有的是儿童自己发现的，有的需要教师与儿童通过探讨进一步明确。前者出现于儿童自己的戏剧性游戏中，后者则是由有计划的戏剧教育活动来展开。在开端环节，教师要善于发现儿童的戏剧创作的想法，鼓励儿童用肢体表达，确定戏剧创作的主题。

（二）第二个环节——角色塑造

角色塑造，即戏剧创作的基点。以讨论和肢体表达的方式，教师组织儿童一边扮演一边商量："这里有谁？他们是什么模样？喜欢做什么事情？最想得到（或需要）什么？"角色的形象、态度和动机得到描画，并以肢体律动的方式表现这些角色。

（三）第三个环节——冲突架构

冲突架构，即戏剧创作的关键。教师组织儿童以角色的身份在扮演角色中，创作戏剧冲突的起因、发展、高潮和结局。对戏剧冲突的不同观点和建议，需要集体协商，形成相对一致的做法。教师既可入戏（teacher-in-role），扮演其中的主要角色或次要角色，以高支配的方式引导儿童创作；也可出戏（teacher-out-role），不扮演任何角色，以低支配的方式帮助儿童创作。前者更适合年龄小的儿童，或者有难度的戏剧创作，后者反之。

（四）第四个环节——对话丰富

对话丰富，即戏剧创作的深化。在角色描画、冲突架构环节，角色的对话可能已经初步出现。以此为基础，在多次的扮演过程中，教师不断发现、丰富和归纳精彩、简洁、生动的角色语言，鼓励儿童之间相互模仿、学习，形成相对稳定的角色对话，丰富儿童戏剧创作的表现力。这一环节一般只能在年龄较大的儿童中展开。通过这些环节，儿童的戏剧创作一步步地丰满、生动起来，汇聚了儿童自己的智慧。在思考中行动，在行动中思考。戏剧创作的魅力正在于此。

冲突架构和对话丰富这两个环节主要体现了情节的创作，并伴随着场景创作。

第三节　戏剧表演

一、戏剧表演的内涵

“戏剧表演”一般是指“由演员扮演角色通过舞台行动过程创造人物形象的艺术”[1]。这里凸显了三个戏剧要素：演员、角色和舞台，其中隐含了观众要素。而在本研究中，考虑到学前儿童戏剧表演能力的特点和儿童戏剧教育的重点，儿童的“戏剧表演”发生在教室中，不是剧场；是由教师指导的，不完全是由导演组织的；同在一个班级中的演员与观众相互流动，不是陌生或相互分离的。因此，本研究的儿童“戏剧表演”可称为“前表演”或“准表演”。

戏剧表演在学前儿童戏剧教育中有特殊的内涵，即儿童自己的“戏剧表演”：儿童将自己创作的戏剧作品在幼儿园多样化的“表演”

[1] 胡导，等. 戏剧表演艺术条目. 中国大百科全书·戏剧卷(图文数据光盘)[CD]. 北京：中国大百科全书出版社，1999.

空间里“演”给同伴、教师以及家长等观众看。戏剧作品是儿童在教师指导下自己创作的；发生在幼儿园各种“表演”空间，比如教室、中庭广场、图书馆、户外场地等等，而不是正式的剧场；在儿童相对熟悉一个角色之后，角色之间是可以经常流动的，而不是像成人演员一样扮演相对固定的角色；同在一个班级中的演员与观众相互流动，不是陌生或相互分离的；每次表演在剧情细节的处理上可以由儿童自由改变，不是一成不变的。这和成人演出的“儿童剧”有很大的不同，它是一种开放式的表演。

戏剧表演看起来是戏剧成果的展示，其实其过程的意义和价值也是教师十分关注的：在表演中，儿童如何扮演好自己的角色、如何与其他角色交流、如何恰当地处理舞台空间（上下场、站位和走位等）、如何与观众互动。教师不能拔苗助长，不能有急于求成的心态，要基于儿童戏剧经验的不断建构，将儿童的舞台表演经验予以叠加式的积累。

二、戏剧表演的样式

在学前儿童戏剧教育中，戏剧表演的样式（体裁）以偶戏、音乐剧、哑剧和话剧为主。在不同年龄阶段，戏剧表演的样式不同。小班以音乐剧为主，话剧初步开展；中班继续发展音乐剧，丰富偶戏、话剧的表现；大班继续丰富音乐剧、偶戏、话剧的表现，开始进行哑剧表演。这是对儿童戏剧能力和戏剧表演样式特性两个方面综合考虑的结果。学前儿童的戏剧表达多以肢体动作表达为主，言语表达难度较大，且年龄越小的儿童越需要借助音乐、歌曲、舞蹈以及戏偶来表达。

（一）偶戏

偶戏在三个年龄阶段都出现了，并随着儿童年龄增长逐步加以丰富。偶戏是“由幕后演员操纵、用木偶表演的戏剧形式”[1]。演员不用自己的身体表演，而是借助偶的动作，代替偶说话。这一表演方式较为适合整个学前阶段的儿童，一方面，它既没有对儿童肢体表演的要求，又满足他们摆弄玩偶的兴趣；另一方面，可发展儿童在表演中独白和对话的能力，因此可从低龄开始，逐步丰富多样。

（二）音乐剧

音乐剧是“歌、舞、剧三种成分并用”的戏剧样式。[2] 它是一种高度综合的戏剧艺术，在整体上综合了话剧、歌剧和舞剧这三种综合性戏剧样式的表现优势而成为一个更高层次的综合艺术。[3] “载歌载舞，边唱边演是音乐剧表演艺术区别于歌剧、话剧、舞剧等其他舞台剧的根本之处。”[4] 音乐剧首先要有一个好故事，如话剧一般；还要有歌曲和音乐，如歌剧一般；还要有流动的舞蹈，如舞剧一般。在本研究中，音乐剧样式的采用只体现其神韵，以“载歌载舞”为形式，而不是严格意义上的音乐剧，其中的最根本的原因是儿童最初的音乐剧是一种有简单的故事、音乐、歌曲和舞蹈的戏剧样式，每一种元素都不一定是完善的。

音乐剧载歌载舞的表演方式既有趣味，又富有动感，容易为年龄

[1] 沈继生. 偶戏条目. 中国大百科全书·戏剧卷(图文数据光盘)[CD]. 北京:中国大百科全书出版社,1999.

[2] 居其宏. 音乐剧,我为你疯狂:从百老汇到全世界[M]. 上海:上海教育出版社,2001:7.

[3] 居其宏. 音乐剧,我为你疯狂:从百老汇到全世界[M]. 上海:上海教育出版社,2001:332-333.

[4] 居其宏. 音乐剧,我为你疯狂:从百老汇到全世界[M]. 上海:上海教育出版社,2001:326.

较小的儿童所喜爱。小班儿童的动作表现优于语言表达，特别适合“载歌载舞”的音乐剧。音乐剧为他们创造了令人遐想的音乐空间，自然激发动作想象与表现，或有节奏，或无节奏。随后歌声起来，这一问：“小木珠，小木珠，你在哪里?”这一答：“我在这里，我在这里，你快来找。”多么富有歌曲的韵味。

小班阶段重在歌舞部分的表演，多为集体表演，情节相对简单；中、大班阶段突出不同角色不同的歌舞特色，并增强情节的复杂性。

（三）哑剧

哑剧，也称为“默剧”，是“一种不用台词而以动作和表情表达剧情的戏剧”[1]。它要求演员进行内心的创作，并使这种创作通过形体得到表现。形体动作是哑剧舞台上的语言，它所具有的准确性和节奏性能表现出诗的意蕴。我们知道，早期儿童戏剧以动作符号表征为主，但是动作的准确性和节奏性尚有待教育的完善。学前儿童在小班阶段通过音乐剧样式的表演，初步具有听音乐表演的能力，到了中班阶段则需进一步提高动作的细节表现力度，这恰好可以通过哑剧达成。哑剧完全以动作来表现，中班儿童可将所有注意力集中到自己的形体动作上，将动作与情节内容、音乐情感与节奏结合起来，增强动作的控制性，有动有静，有强有弱，有重有轻，有快有慢，有曲有直。如果说小班儿童音乐剧中的动作富有自由性的话，中班儿童哑剧创造中的动作则因节奏而富有诗意。诗意的动作难度大了，既具有挑战意味，

---

［1］ 张先. 哑剧条目. 中国大百科全书·戏剧卷(图文数据光盘)［CD］. 北京：中国大百科全书出版社，1999.

又具有发展意味。哑剧动作的节奏感和逼真性对小班、中班儿童来说较难，比较适合大班儿童表现。

（四）话剧

“以演员动作与对话为主干的戏剧，……在中国叫‘话剧’。”[1] 话剧虽然也有音乐、舞蹈等艺术形式的烘托，但以人体动作和说话（对白、独白、旁白）来塑造人物形象，动作与语言不是独立、割裂的，而是相辅相成的，动作中有语言，语言伴随动作。话剧“综合文学、表演、导演、美术、音乐、舞蹈等多种文艺成分，以说话（对白、独白、旁白）为主要表现手段”[2]。相比较于偶戏、音乐剧和哑剧等戏剧样式，话剧其实是最为复杂的，其对角色语言的要求高，比如对白的接话连贯，独白和旁白流畅，语言表达饱含情感，性格刻画要细腻，等等，对大班儿童来说仍是有难度的。但是，儿童从他们的假装游戏到戏剧性游戏，都自然地出现了语言伴随动作，各个年龄班的儿童均可以尝试话剧的表演，只不过难易程度有所不同，例如小班儿童可以只是片段表演。

话剧适宜大班儿童语言发展需要。尽管大班儿童在话剧表演中的语言表达仍然不太连贯，但是他们需要话剧这一戏剧艺术样式，在有意义的戏剧情境中，提供伴随动作的语言表达机会。话剧的情节是一则故事，有开端、发展、高潮和结局，为儿童营造了有话可说的意义情境，扮演特定的角色，说角色该说、想说、要说的话，并且能让别

[1] 董健，马俊山. 戏剧艺术十五讲[M]. 北京：北京大学出版社，2004：44.

[2] 李钦. 话剧条目. 中国大百科全书·戏剧卷（图文数据光盘）[CD]. 北京：中国大百科全书出版社，1999.

的角色以及观众听清楚，可以使他们的语言能力从句子水平、简单语段水平向较复杂的语段水平发展。

话剧又是文学性最强的一种戏剧样式，丰富了大班儿童语言的文学性。话剧的文学性一方面体现在其剧本是可以供读者阅读欣赏的，充满细腻而丰富的人物动作和语言描写；另一方面当然也体现在话剧表演上，话剧的语言来源于生活，又高于生活，要使观众听清楚、听明白、感人、性格化。但是，大班儿童在话剧情境中语言表达水平普遍仍不完善，声音音量、词汇丰富程度、角色对话频率等方面都欠佳，话剧表演的总体水平要低于音乐剧和哑剧。

三、学前儿童的剧场经验

（一）剧场演出对儿童来说是一种完整的戏剧经验

美国戏剧教育学者罗森伯格（Rosenberg）就一改创造性戏剧只重表演过程、不讲表演结果的立场，坚决强调剧场对儿童戏剧经验的意义，并认为“剧场知识是十分重要的”。他说：“剧场的模式有助于你理解你所期望的儿童戏剧行为和戏剧教育的结果。如果缺乏剧场知识，你将无法真正理解戏剧性想象所带来的各种结果。”[1] 换一个角度说，即使教育者不鼓励儿童剧场演出，儿童戏剧创作也会向剧场的方向发展，剧场是儿童戏剧创作的舞台，也是儿童戏剧创作的成果。我们不能忽视它，而要尊重它、保重它、发展它。在罗森伯格（Rosenberg）看来，剧场经验包括两个方面，即剧场演出规则和剧场生产

[1] Rosenberg Helane. Creative Drama and Imagination：Transforming Ideas into Action[M]. New York：Holt Rinehart and Winston，1987：70.

（制作）规则，前者是对于演员而言的，后者是对于剧场中的导演、道具师、化装师等剧场艺术家而言的。从戏剧的本质上讲，笔者认为，剧场对于儿童意味着体验戏剧艺术家在剧场的创作：作为演员，他们体验舞台表演的新奇，感受导演、道具师、化装师为自己演出提供的服务；作为导演，他们指挥着一支优秀的艺术家队伍，在台前幕后为完成一部活的艺术作品而忙碌着；作为道具师、化装师、音响师，他们为演出贡献着自己的智慧和创造；作为剧场管理人员，他们用自己的勤劳保证了演出的顺利进行。每个儿童体验不同的剧场工作，他们所获得的不正是一种完整的戏剧经验吗？

（二）剧场演出的过程还是戏剧经验建构的过程

这是建立在建构主义知识观下的产物。发端于皮亚杰的建构主义知识观认为儿童关于外部世界的知识，是在与周围环境相互作用的过程中，以同化和顺应的方式逐步建构起来的，从而使自身的认知结构得到发展。到了剧场演出阶段，儿童为了生产出他们自己的戏剧，为了实现剧场演出的效果，他们将已有的片段式的戏剧经验加以整合，又不断调整自己的已有戏剧经验以适应剧场演出的需要，用同化和顺应的方式建构完整的戏剧经验，他们成了真正的戏剧艺术家。此外，戏剧经验的建构是儿童在社会交往中的主动建构，儿童在一个相互合作的戏剧工作集体中贡献自己的想法，交流个人的经验，甚至提出或接受批评意见，在这种协商、讨论的氛围中剧场的一切元素都存在于儿童戏剧创作中。同时，我们还承认儿童作为知识的主体，即戏剧经验的主体，可以保持自己个人化的戏剧经验体系，就像有些儿童只愿意做演员，那他可以不去承担其他工作，而有些儿童只愿意做观众，也不会为难他们，只有当他们愿意有新的尝试的时候，教师才提供机会。这样做的理由就是儿童的知识尤其是艺术性的戏剧知识具有鲜明的个性色彩，我们不能随意地破坏它。

（三）从儿童戏剧经验的主动建构的角度来看，剧场演出还是一种活的戏剧再创作过程

每一次剧场演出都不是前一次的重复，既是不同儿童参与的结果，又是通过剧场评论活动使儿童反思戏剧经验的结果，也是儿童自身不断积累和丰富戏剧经验的结果。正如在《三个和尚》的哑剧演出中，在试演后的讨论中，有儿童建议瘦和尚身上应该戴着一朵鲜花，一只蝴蝶一直跟着瘦和尚，瘦和尚怎么赶也赶不走那只蝴蝶，于是在首演的时候，我们就看到道具师举着“蝴蝶”（一种玩具，蝴蝶系在有柔韧性的钢棍顶端）跟着瘦和尚跑。原来动画片《三个和尚》中的细节启发了儿童，于是他们纷纷回忆还有哪些细节没有演到。虽然儿童的戏剧创造是模仿现有的影视艺术，但不可否认那是儿童自己的发现，那是儿童自己的再创造。以“蝴蝶”用什么方式表现为例，儿童讨论了各种方案，直到有个小朋友从家里拿来了这个“蝴蝶”玩具，才得到大家的一致认可。学前儿童戏剧教育的模拟剧场演出过程已经不能等同于传统的剧场演出的固定化过程，传统的戏剧演出前的反反复复的排练，是“向一个完成的演出发展，一直到每一件事都是为首演而定下来为止。首演后的演出尽可能地少改动”。“所有的排练排斥观众，所有的演出包括观众。”[1]我们的剧场演出完全是另一种建构式的可变化的过程：一两次排练（面向本班观众开放式的）——试演/开放式排练——首演（面向家长或其他班级）/听取意见——再结构——演出期（新作品）——结束。首演后的演出更加完善和丰富，演出一直进行到儿童不愿意再演为止，那时也是观众最多、兴趣最高涨的时候。正如“大五班剧场”的儿童在学期末就向全园各班轮流表演《三个和尚》哑剧、话剧，他们的剧场从教室搬到了楼道中庭，舞台在下，观众席在楼梯上，让笔者想起古希腊人就地取材的圆形剧场，那里的剧场就建在山坡上。

四、学前儿童剧场演出类型分析

在剧场的演出和在教室中集体表演具有不同的“场”。前者是在规定的舞台上把自己的一言一行都暴露给观众，这对儿童来说有一定的挑战性，不是所有儿童都愿意主动参与的；后者是个人融于集体的扮演，儿童能够轻松地胜任，一般都很主动。试想一下我们成人，当我们站在空荡荡的舞台上，面对眼前黑压压一片的观众席，第一反应一定是手足无措。那么，儿童何以能从容站在舞台上面对那么多观众呢？儿童走上舞台的兴趣或者说勇气是从哪里来的呢？用心理学的专业术语说，儿童参与剧场演出的动机是什么呢？“动机”一词来源于拉丁文“movere”，意思是移动或引向行动。虽然众多心理学家对动机的界定不同，但具有一致的观点：动机是“激起个体行为的内部过程或

[1] [美]理查德·谢克纳. 环境戏剧[M]. 曹路生，译. 北京：中国戏剧出版社，2001：33.

动态方面，能为个体提供方向和能量”[1]。

（一）剧场参与类型分析

每个儿童参与剧场演出会经历不同的过程，在每种演出类型中，儿童在选择角色和进行角色表演时所持有的动机有所不同。所以，儿童剧场演出动机的分析要和参与演出的儿童类型联系起来。通过多次剧场演出活动观察以及相关问卷分析，笔者发现参与剧场演出的儿童有以下几种类型。

1. 完全主动型

这一类型的儿童几乎每次演出都主动要求做演员。有的儿童是对某个特定角色感兴趣，例如在大班戏剧主题活动“三个和尚”中，像笑笑只要求扮演胖和尚；有的儿童则是对扮演行为感兴趣，像子杰从小和尚、小老鼠到瘦和尚什么角色都演过一遍，只因为他太瘦小才没有演成胖和尚。完全主动型的儿童演出动机很直接，基本上是内在好奇心的推动，愿意尝试每一种新事物，他们觉得上台表演好玩，在问卷中都说自己“喜欢当演员”，而他们只有在不能做演员的情况下才会选择做观众。

2. 积极过渡型

这一类型的儿童是从其他剧场工作过渡到演员的。他们一开始没有主动选择做演员，但他们积极地投入到其他剧场工作中，比如道具师、化装师、音响师、剧场管理员等，在多次欣赏别的小朋友的演出

[1] 孙煜明. 动机心理学[M]. 南京：南京大学出版社，1993：2–3.

后，他们才会提出做演员的请求。积极过渡型的儿童以成就为主要动机，当他们感到自己能胜任演员一职并能取得观众的认可，才可能驱使自己承担这一具有挑战性的任务，他们在问卷中回答为什么选择做演员时，有的说："看到别的小朋友在台上演得那么好，我也想演了。"有的说："爸爸妈妈看到我演戏，都夸我演得好，还拍手鼓掌呢。"

3. 极端变化型

这一类型的儿童一开始对演出没有兴趣，拒绝参加演出，但是随着剧场活动的进行，突然表示出强烈的兴趣，并主动扮演各种角色。我们在做戏剧主题活动"白雪公主"时，就遇到这种类型的儿童。这是一个漂亮的男孩小竟，在导演的热情邀请下，他还是把身体紧紧地侧贴着椅背，把头向后扭过去，满脸的害羞，吞吞吐吐地说着："不，我不想演！"后来在戏剧主题活动"勇敢的玛拉"中，这个曾经拒绝扮演任何角色的小竟，既扮演了玛拉的弟弟，还扮演过勇敢的姐姐玛拉，完全成了另外一个人。笔者专门问他："我还记得你说过不喜欢演戏的，现在怎么喜欢了？"他回答说："演戏蛮好玩的。"一般来说这种类型的儿童比较少，他们具有演员的潜质，并且比同龄的伙伴心理成熟度要高一些，正如英国戏剧教育家盖文·伯顿所分析的那样，有的儿童之所以拒绝参与，他们一般会认为"表演戏剧有点傻，是一种孩子似的游戏，参与表演很丢面子"[1]。这一类型的儿童能上台表演，则是巨大的社会性动机驱使着，有成就动机的因素，也有在集体中获得亲近、友谊、支持、合作等心理需要的亲合动机。极端变化型儿童一旦

[1] Gavin Bolton. Drama as Education: An Argument for Placing Drama at the Centre of the Curriculum[M]. Harlow: Longman House, 1984: 113.

成为演员，很容易成为舞台上的主角，甚至表现出支配、领导、帮助其他演员表演的倾向。

4. 缓慢成长型

这一类型的儿童最初对演出没有兴趣，但是对他人的邀请不拒绝。慧慧就是这种类型的儿童，在她第一次被邀请演“菩萨”后，笔者问她：“你喜欢演菩萨吗?”她面无表情地说：“不知道。”到了剧场演出后期，慧慧也开始主动要求表演了，导演挑选演员的时候，她每次都小心翼翼把手举起来，虽然有一点紧张，但很自信。只有当他们对自己的行为结果抱有积极的预期，也就是具有良好的认知动机时，缓慢成长型的儿童才会主动走上舞台。这一类型的儿童一般来说比较缺乏主动性，担心自己无法胜任会招致嘲笑。教师应主动邀请他们参与表演次要角色，让他们在尝试中获得成就感，让他们在实践中培养兴趣，还要耐心等待他们，总有一天奇迹会发生。

（二）剧场演出的情绪强度变化分析

按照苏联心理学家的观点，情绪是人对客观事物的态度的体验。它与认识活动不同，具有独特的主观体验形式（如喜、怒、悲、惧的感受色彩）、外部表现形式（如面部表情等）以及独特的生理基础（如皮层下等部位的特定活动）。[1] 儿童从最初的剧场首演到最后的终演，他们的情绪强度呈现从强到弱的变化趋势，具体经过以下几个阶段。

第一阶段：过度的兴奋，即亢奋。在最初的剧场演出中，尤其是

[1] ［美]K. T. 斯托曼. 情绪心理学[M]. 张燕云，译. 沈阳：辽宁人民出版社，1986：396.

首演，儿童演员第一次穿上正式的舞台服装，第一次化装成戏剧中角色的形象，第一次面对那么多观众，第一次站在装饰一新的舞台上，那种兴奋溢于言表。他们似乎无法控制自己兴奋的情绪，在舞台上开心地笑着，小鱼看到大鲨鱼忘记了害怕，小和尚挑水一点儿也不累，整个舞台被游戏性的哄闹充斥着。在苏联心理学家巴甫洛夫看来，兴奋是由刺激所引起的大脑皮层的活跃状态，它和抑制同为大脑皮层神经活动的两个基本活动，当兴奋和抑制不平衡并且兴奋快、抑制慢的时候，就是一种“不可抑制型”。

第二阶段：适当的兴奋，即进入角色情感。在有了一两次舞台演出经验后，刺激引起了兴奋，同时也引起了抑制，和表演无关的情绪得到抑制，兴奋和抑制实现了平衡。儿童能够在适当的兴奋中进行戏剧表演了，他们积极地投入到戏剧的虚构世界中，扮演他们喜欢的角色。正如康康小朋友在问卷中回答怎样才能表演好角色时说的：“不能在台上发疯。”他演瘦和尚时也是很认真的。

第三阶段：兴奋的消失，即演出活动结束的信号。儿童剧场演出不是一次性的，在听取观众现场评论后，同一组儿童会主动要求再演一遍，还会选择自己没有表演过的角色再次表演，多次的演出不是同样的重复，每次的演出都是前一次演出的发展和进步。经常有教师问笔者，什么时候结束剧场演出啊？笔者的回答只有一条：当儿童不再兴奋的时候，立刻停止这个剧目的演出。因为随着演出的重复，大多数儿童已经尝试了各种角色，这时兴奋度已有所下降。

第六章 学习与发展的对话：学前儿童戏剧教育的目标

本章论述了学前儿童戏剧教育的完整目标体系的建构。这一目标体系的建构除了考虑学前儿童发展特点、社会需要以及相关戏剧领域的知识之外，最重要的是需结合前文所论述的学前儿童戏剧教育的取向、内涵和内容。

学前儿童戏剧教育目标包括了总目标、目标体系和年龄阶段目标。其中，目标体系以“知识、能力和情感态度”作为第一层级目标维度，明确了有关能力的第二层次目标维度，即思考能力、表达能力、表演能力和合作能力。

学前儿童戏剧教育的目标体系的建构，基于学前儿童在戏剧教育中的学习与发展的对话，即通过主动学习将可以发展到什么程度。

学前儿童戏剧教育目标体系的建构除了考虑学前儿童发展特点、社会需要以及相关戏剧领域的知识之外，最重要的是需结合前文所论述的学前儿童戏剧教育的取向、内涵和内容。

在取向上，学前儿童戏剧教育将儿童、戏剧和教育三者的灵性与人性作为一种和谐对话的生态关系来考察，最终追求儿童灵性与人性的和谐对话。其目的绝不是、也不应该是培养专业演员、导演、舞美师等戏剧艺术家的专门的戏剧教育，而应以人文精神的追求为依归，让灵性与人性在儿童身上得以完美地体现，具体表现为自由精神、娱乐精神（游戏精神）、创生精神和审美精神等。学前儿童戏剧教育的取向规定了其目标需以“人文精神追求”为导向。

在内涵上，从与成人戏剧教育区别的视角来看，学前儿童戏剧教育应该具有丰富而独特的内涵：不是成人戏剧教育的翻版，而是教师对儿童戏剧经验建构规律的遵循；不是排戏式的结果性教育，而是体验的、探索的和个人的过程与结果的对话；不是培养戏剧表演能力的技能教育，而是以戏剧艺术素养启蒙为核心的审美教育。学前儿童戏剧教育内涵规定了其目标需根据儿童戏剧经验的建构，以“戏剧艺术素养启蒙”为内核。

在内容上，学前儿童戏剧教育大大突破了传统戏剧教育仅以“戏剧表演”作为唯一内容的局限，包含了戏剧表达、戏剧创作和戏剧表演三大内容，并在三者之间建立了相互依存、相互影响的生态体系。学前儿童戏剧教育的内容规定了其目标内容范围，从思考、表达、创作逐步延伸到“表演”。

第一节　学前儿童戏剧教育目标的内容

教育目标通常被分为认知、技能（能力）和情感态度三大领域。在认知领域中，学前儿童戏剧教育的目标包括对各种有关知识的掌握以及理解戏剧话题相关的知识两个方面；在技能（能力）领域中，学前儿童戏剧教育的目标包括思考能力、表达能力、表演能力和合作能力四个方面；在情感态度领域中，学前儿童戏剧教育的目标包括参与活动和角色情感两个方面。具体如下：

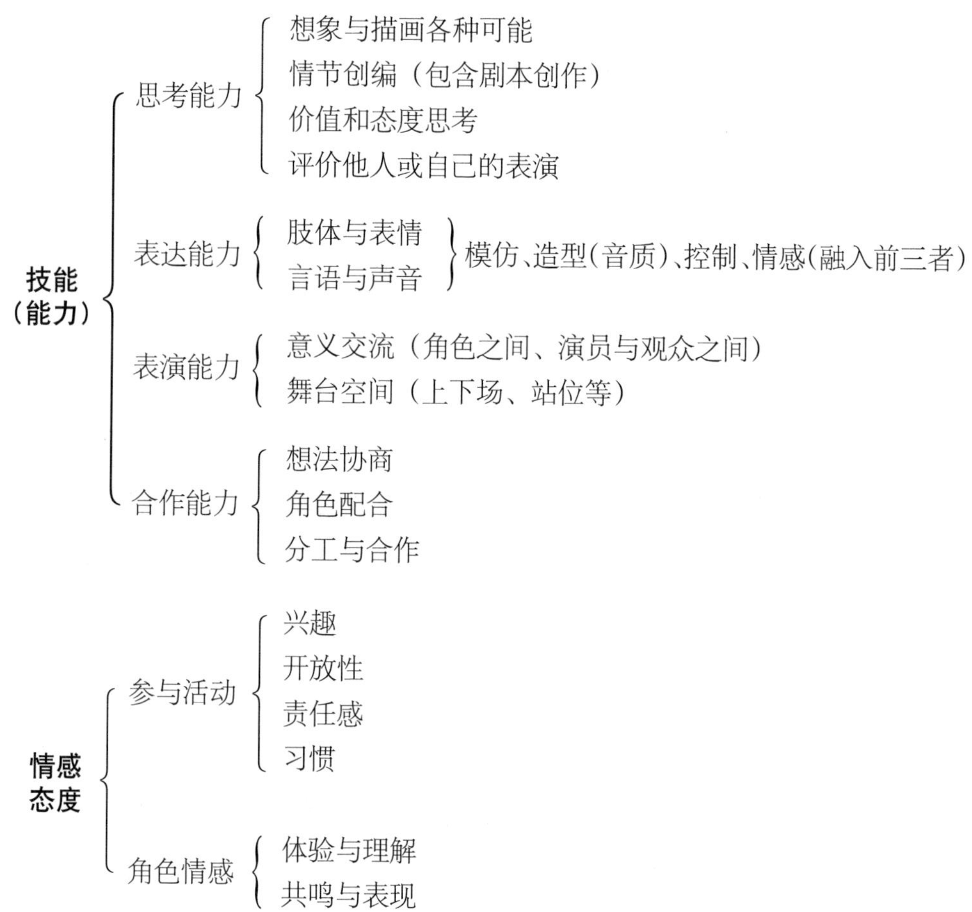

一、认知

认知目标包含了两个层面：一是关于戏剧艺术的形式层面，即这一学科本身的有关知识；一是关于戏剧艺术的内容层面，即所包含的话题（topics）。戏剧艺术与音乐、美术、舞蹈等艺术样式相比较而言，后者多以外在形式呈现；而戏剧则凸显了其内容层面，即“戏剧冲突”所蕴含的深刻的内容。正如“质朴戏剧”没有华丽的舞台形式，仅仅用身体讲述了一个故事，这个故事背后的历史、人伦、哲学就是戏剧的内容层面。

戏剧知识，即角色、情节、对话、场景（布景）、装扮、剧本、剧场、戏剧样式。虽然我们并不主张将这些戏剧艺术的知识灌输给学前儿童，但是这些学科知识作为戏剧艺术的要素不可避免地与学前儿童发生互动，比如，“扮演的角色”“想出的情节”“怎么对话的”“场景有什么”“怎么装扮”“剧本里的情节有哪些”“我们的剧场”；戏剧样式中偶戏、哑剧一般会出现在教师与学前儿童的交流中，而音乐剧、话剧是更为隐含的存在，不需要告知其具体名称。

戏剧话题，即为了解决“戏剧冲突”所蕴含的人与人之间（包含人与自我）、人与自然之间、人与社会之间的排斥、割裂、阻碍和矛盾，而生发对“戏剧冲突”背后各种知识的探索。每一个戏剧作品都有自己的话题，比如，小班戏剧主题活动“小兔乖乖”是关于动物天敌之间的矛盾，即天真、勇敢和智慧的小兔与陌生、可怕、危险的大灰狼之间的冲突，最终小兔以智慧与合作战胜了大灰狼；中班的戏剧主题活动“小鸭的故事”是关于小鸭与自我之间的矛盾，小鸭因为自己各种原因的疏忽没有跟上鸭群而迷路，通过不同动物不同的帮助，终于回到了家，其中渗透了关于家人的爱和朋友的爱；大班戏剧主题活动“花木兰”是关于木兰女儿身与替父从军的冲突，由此中国古代女子的形象、身份以及古代战争的文化和知识自然地融入学前儿童的知识探索中。

二、能力

学前儿童戏剧教育基于身体与心灵的对话，培养的能力是全面而综合的，从内在的思考能力、身体的表达能力逐步延伸到面对观众的表演能力。

（一）思考能力是基础能力

提起戏剧，那种以为戏剧就是装扮成一个角色，做做动作，说说话，表演一段故事而已的认识是肤浅的。戏剧是将想法转变为行动，一定是基于内在的思考的。

1. 身体想象与描画各种可能

“我可以变为一只虫子，到处飞来飞去。”“我是一棵小树苗，越长越大。”“我是兔妈妈，带着我的兔宝宝一起拔萝卜。”这些想象和描画在戏剧表达中，更多以肢体动作和表情外显出来，或伴随着声音和言语。但是这里的被外化的“想象和描画”实质是一种内在的思考，学前儿童动用头脑中已有的表象、相应的感觉记忆，并加以重新组合、加减、变换等，建构出新的经验。

2. 情节创编（包含剧本创作）

每一段情节的创作都是积极的思考过程。

3. 价值和态度思考

“戏剧冲突”的解决方案常会带来教师和学前儿童对此价值的思考、对人或者事物所持态度的思考，比如，“毒药毒死砍树人，适合吗?”“在生日会上，羊儿们有了与大灰狼的约定，对大灰狼的态度应该是什么?”

4. 评价他人或自己的表演

戏剧是集体的艺术，每位儿童都在集体的互动中进行着戏剧的表达、创作与表演。对他人的评价以及对自己的反思正是一种思考式的学习方式，从他人和自己身上学习好的经验，发现存在的问题，在思考中成长。

（二）表达能力是核心

戏剧表达能力作为戏剧艺术素养的核心，是由戏剧表达的媒介与要素两个维度相互交叉而成，见表6–1。其具体含义在本书第五章已有论述。

表6–1 戏剧表达能力目标维度分析

要素 媒介	模仿	造型	控制	情感
肢体与表情	人物 动物	人物 动物 静物	速度(快慢) 重量(轻重) 空间(高低、上下、里外) 体积(大小) 长度(长短)	速度(快慢) 重量(轻重) 空间(高低、上下、里外)
声音与言语	人物 动物	人物 动物	音色(粗细、大小) 音质(快慢、远近、语气、语调)	音质(语气、语调、速度)
延伸性表达	音乐 舞蹈 装扮	装扮	音乐 舞蹈	音乐 舞蹈 装扮

（三）表演能力是扩展

表演能力对于学前儿童不是必须的，但是在戏剧表达和戏剧创作等内容的铺垫基础上，在教师戏剧策略的支持下有一定程度的扩展。具体来说，表演能力从意义交流的关系上看，包括了角色之间、演员和观众之间的交流；从舞台空间上看，包括站位（即在舞台或场景的位置）、上场和下场的路径。

（四）合作能力是衍生

戏剧是集体的艺术。学前儿童在戏剧活动中处于相互合作的关系：各种想法需要协商；不同角色之间需要配合；不同的戏剧工作之间需要分工与合作。由此很自然地促进了在团体中的合作能力。

三、情感态度

戏剧教育的情感态度目标有一定特殊性，不仅包括参与活动层面，还包括角色的情感层面。因为学前儿童不仅参与戏剧活动，而且常以一定的角色身份参与。

参与活动层面的目标包括参与活动的兴趣（愿意、乐于、投入等），参与活动的开放性（在集体面前表现大方、敢于表达等）和责任感（坚持扮演角色、坚持戏剧工作）。

角色情感层面的目标，既有对角色情感的体验与理解，还有对角色情感的共鸣与表现。

第二节 学前儿童戏剧教育目标的纵向结构

学前儿童戏剧教育目标可以分解为四个纵向层次。

一、总目标

学前儿童戏剧教育的总目标为培养学前儿童乐于并善于运用戏剧

符号表达自我、思考和认识周围世界，从而成为开放、合作和有创造力的人。详见表6–2。

表6–2　学前儿童戏剧教育的总目标

<table>
<tr><th>认知</th><th>技能(能力)</th><th>情感态度</th></tr>
<tr><td>1. 角色——能够理解角色的典型特征。
2. 情节——知道戏剧是有情节的，理解情节是有开端、发展、高潮和结局的。
3. 场景——知道戏剧是在一定的场景中发生的。
4. 装扮——知道运用小道具、服装等进行装扮。
5. 剧本——知道表演需要剧本，剧本由若干幕组成。
6. 剧场——知道剧场有观众区、表演区和后台，知道舞台有不同的位置。
7. 戏剧样式——知道戏剧有话剧、音乐剧、偶戏、皮影戏等戏剧样式。
8. 戏剧话题——了解与戏剧话题相关的知识。</td><td>思考能力
1. 想象与描画——想象与描画角色的外貌、行为特征、心理活动等各种可能。
2. 情节创编——大胆创编戏剧情节，合理解决戏剧冲突，在教师的帮助下创编剧本。
3. 价值判断——尝试对戏剧主题做出自己的价值判断和思考。
表达能力
4. 媒介——能够运用肢体与表情、言语和声音进行戏剧表达。
5. 要素——尝试运用模仿、造型、控制的方式进行戏剧表达，并以恰当的情感融入其中。
6. 延伸性——能够运用美术、音乐等材料分别进行装扮、音效等方面的延伸性表达。
表演能力
7. 意义交流——动作鲜明，声音清楚，能够让其他角色或观众理解。
8. 舞台行动——能根据情节发展，明确角色上下场的顺序，在教师帮助下知道自己所扮演角色的站位。
合作能力
9. 想法协商——能够与其他角色协商各种表现想法。
10. 角色配合——能够两人或多人进行合作性表达或表演。
11. 分工与合作——在剧场活动中能够根据自己的任务与同伴进行分工合作。</td><td>1. 兴趣——对戏剧活动感兴趣。
2. 开放性——在活动中大胆表现自己。
3. 责任感——有一定的角色意识，能专注于戏剧活动。
4. 习惯——养成遵守剧场规则的良好习惯。
5. 角色情感——体验与表现角色特有的情感。</td></tr>
</table>

二、年龄阶段目标

年龄阶段的目标即小、中、大三个年龄班儿童一年的阶段发展目标。这三个一年性的目标之间衔接起来，分阶段保证学前儿童戏剧教育总目标的实现。详见表6–3。

三、主题目标

主题目标是指每一个戏剧主题活动的目标，一般结合该主题的内容和该年龄阶段目标而制定。例如，戏剧主题活动“老鼠嫁女”的目标如下。

- 理解“老鼠嫁女”这一中国传统剪纸作品的含义，知道中式婚礼的一般礼仪和基本程序。（知识层面——戏剧话题）
- 明确自己所表达、创作或表演的角色，并坚持做好自己的戏剧工作。（情感——责任感）
- 大胆创编“老鼠嫁女”的情节、人物对话以及结婚的场景，鼓励儿童从自己的视角表达对于“老鼠嫁女”含义的思考。（思考能力——情节、场景、价值与态度）
- 模仿剪纸作品中各角色的肢体动作和表情，并想象角色在婚礼前后不同情境中的动作。（表达能力——肢体与表情）
- 探索不同角色的不同音质，能清晰地感受到角色的特有情感。（表达能力——言语和声音）
- 剧场表演声音较为清楚、便于观众理解。（表演能力——意义交流）
- 能够主动与同伴协商不同的想法，积极与其他角色配合，在教师的引导下进行戏剧分工与合作。（合作能力）

表6-3　学前儿童戏剧教育的年龄阶段目标

	小班	中班	大班
认知	1. 角色——知道戏剧是有角色的。 2. 情节——知道戏剧是有故事情节的。 3. 场景——知道戏剧是在一定的场景发生的。 4. 装扮——知道能用多种材料进行装扮。 5. 戏剧样式——初步认识音乐剧这一戏剧样式。 6. 戏剧话题——初步了解自己较为熟悉的戏剧话题的相关知识。	1. 角色——知道戏剧中的角色可以有多个。 2. 情节——知道戏剧的情节有开端、发展和结局。 3. 场景——知道不同场景的空间位置。 4. 装扮——知道可以用服装、道具等进行简单装扮。 5. 剧本——知道戏剧表演需要剧本。 6. 剧场——知道剧场是有表演区和观众区的，知道剧场有一定的规则和礼仪，初步了解上下场的位置。 7. 戏剧样式——初步认识偶戏这一戏剧样式。 8. 戏剧话题——初步了解戏剧话题的相关知识。	1. 角色——知道多种角色及其关联。 2. 情节——知道戏剧的情节有开端、发展、高潮和结局，高潮是围绕戏剧冲突展开的。 3. 场景——理解故事发生的多个场景，知道不同场景的空间位置以及内容。 4. 装扮——知道使用服装、道具可以使角色的形象更生动，并选择合适的材料进行创造性的装扮。 5. 剧本——知道戏剧表演需要剧本，剧本由若干幕组成。 6. 剧场——知道剧场有表演区、后台和观众区，知道剧场规则和礼仪制定的缘由，了解舞台的不同位置。 7. 戏剧样式——进一步认识戏剧的不同样式，包括音乐剧、偶戏、哑剧和话剧等。 8. 戏剧话题——较为深入地了解戏剧话题的相关知识。
技能（能力）	**思考能力** 1. 角色的想象——在教师的提示下，能够简单想象与描画角色的外貌和行为特征。 2. 情节的创编——在教师的提示下，能够尝试创编简单的情节。 3. 价值的判断——在教师的引导下，能够对戏剧主题做出初步的价值判断。 **表达能力** 4. 模仿——尝试用肢体和声音模仿熟悉的人和动物的典型形态或行为。 5. 造型——能用简单的肢体动作做出简单的造型。	**思考能力** 1. 角色的想象——在教师的提示下，想象与描画角色的典型外貌和行为特征。 2. 情节的创编——能够想象情节的发生与发展，理解戏剧冲突，并尝试思考解决戏剧冲突的办法，创编情节的高潮和结局，能在教师的帮助下创编部分剧本。 3. 价值的判断——能够对戏剧主题做出自己的判断，并有初步的解释。 **表达能力** 4. 模仿——尝试用肢体和表情、语言和声音模仿常见的人和动物的形态或行为。 5. 造型——能用较为丰富的肢体动作，单人或两两合作做出造型。	**思考能力** 1. 角色的想象——大胆想象与描画角色的外貌、行为特征、心理活动等各种可能。 2. 情节的创编——能够想象情节的发生、发展、高潮与结局，创编完整的情节，积极参与戏剧冲突的讨论，寻求戏剧冲突的解决办法，能在教师的帮助下创编完整剧本。 3. 价值的判断——能够对戏剧主题做出合理的判断，并有一定的解释。 **表达能力** 4. 模仿——能够用肢体和表情、语言和声音模仿事物的动态过程，较为细腻地把握动作、表情的细节。 5. 造型——能用肢体、表情及辅助材料进行多人合作造型。

续表

	小班	中班	大班
技能(能力)	**表达能力** 6. 控制——能在教师的提示下，用动作来表现速度(快、慢)，重量(轻、重)，空间(高、低)，大小，长短，以及用声音表现音量(大、小)。 7. 延伸性表达——能根据教师提供的材料积极参与角色装扮或场景布置，或在适合的音乐中跟随教师律动。 **合作能力** 8. 角色配合——能在教师的提示下进行两个角色之间的呼应。	**表达能力** 6. 控制： (1) 动作——在教师的提示下，能用动作表现速度(快、慢)，重量(轻、重)，空间(高、低，上、下，里、外)，大小，长短。 (2) 声音——在教师的提示下，能表现声音的大小、粗细。 7. 延伸性表达——能在教师的带领下选用合适的材料(服装、道具、布景等)进行角色装扮或场景布置，或在适合的音乐中跟随教师创作简单的舞蹈动作。 **表演能力** 8. 动作较为鲜明，声音较清楚，能够让其他角色理解。 9. 在教师的帮助下，能按合理顺序上下场。 **合作能力** 10. 想法协商——大胆表达自己的想法，能够在教师的指导下与同伴协商想法。 11. 角色配合——在教师提示下，能够进行多个角色的呼应。 12. 分工与合作——能按自己的意愿选择剧场工作，并努力与同伴合作完成剧场活动。	**表达能力** 6. 控制： (1) 动作——在教师的提示下，能用动作表现速度(快、慢)，重量(轻、重)，空间(高、低，上、下，里、外)，大小，长短，距离。 (2) 声音——在教师的提示下，能表现声音的大小、粗细、快慢、远近。 7. 延伸性表达——根据自己的想法，选用合适的材料(服装、道具、布景、音乐等)进行角色装扮或场景布置，或在适合的音乐中创作简单的舞蹈动作。 **表演能力** 8. 动作鲜明，声音清楚，能够让其他角色或观众理解。 9. 能按合理顺序上下场，在教师的提示下合理站位。 **合作能力** 10. 想法协商——耐心倾听同伴的想法，积极参与讨论，友好地与同伴协商各种想法。 11. 能够较为自主地进行多个角色的呼应。 12. 分工与合作——能根据活动的需要分工、合作完成剧场活动。
情感态度	1. 兴趣——初步体会扮演的快乐。 2. 开放性——愿意表达自己。 3. 责任感——能在教师的指导下明确自己的角色。 4. 角色情感——能够体验并初步表现角色的情感，比如高兴、生气、伤心。	1. 兴趣——乐于参与戏剧活动。 2. 开放性——敢于在集体面前表现自己。 3. 责任感——在教师的指导下，明确并初步坚持自己的角色。 4. 习惯——能够初步遵守简单的剧场规则。 5. 角色情感——能够较为深入地体验和表现角色较复杂的情感。	1. 兴趣——喜欢参与戏剧活动，产生主动创作戏剧的愿望。 2. 开放性——能在活动中大胆表达自己的想法，大方而自信。 3. 责任感——能明确自己和同伴的角色，并坚持做好自己的戏剧工作。 4. 习惯——初步养成遵守剧场规则的良好习惯。 5. 角色情感——能够较为深入地体验和表现角色复杂的情感及其变化。

四、具体戏剧活动目标

戏剧活动目标即每个戏剧活动期望达到的效果。它比较具体、微观，比如幼儿园戏剧主题活动“老鼠嫁女”中的“各种各样的喜字”，其主要目标为“用肢体动作表现各种各样的‘喜’字”。

第七章 独立与整合的对话：学前儿童戏剧教育的形态

戏剧教育既是一种综合性很鲜明的教育，可以和各个领域、各个艺术学科加以融合；又作为一个专门的“演员演故事”的艺术学科，具有自己的独特性。由此，学前儿童戏剧教育在组织形态上，不应当是那种专业化的戏剧教育，而应更多体现独立与整合的对话。本章呈现了戏剧游戏、戏剧工作坊、戏剧主题活动三种形态及三者的关系，具体阐述了三者的内涵、要素、价值和实施等。

第一节　戏剧游戏

一、戏剧游戏的含义

借鉴西方儿童戏剧教育经验，“游戏”形态是我国学前儿童戏剧教育最为基本的一种形态。在教师尚未有充分的戏剧教育经验的条件下，可以从最初的戏剧游戏入手，开展戏剧教育。

从广义上讲，戏剧游戏包括了学前儿童自发的戏剧性游戏（dramatic play）（类似于表演游戏、表演区游戏、扮演区游戏），以及教师指导的具有一定目的性的戏剧游戏（drama game）。从英文释义上看，前者是“play”，后者是“game”；从游戏生成者来看，前者是儿童自发，后者是教师设计。本书重点讨论了狭义上的戏剧游戏，即教师设计的有计划、有目的的戏剧游戏。

戏剧游戏是教师引导儿童运用肢体与表情、声音与语言，进行感知、想象和表达的戏剧教学游戏活动。教师作为游戏的引导者，带领儿童进入一种真实的或虚构的戏剧情境中，鼓励儿童充分运用各种感官感受周围世界，并在这些已有经验基础上加以想象、创造，以模仿、造型和控制等方式表达对周围世界的认识和思考。儿童在戏剧游戏中是快乐的，也是有规则的、自由的；是充满探索的，也是放松和专注的；是有动又有静的。戏剧游戏可以提高儿童的戏剧表达能力，在模仿、造型、控制和想象等层面上发展戏剧表达能力。

戏剧游戏是一种创造性的肢体活动（creative dramatization），以“身体、心灵、感官、声音、经验、记忆和想象力”为“创造的原始工具”，运用“动作、形状、感觉、知觉、沟通和角色”这些要素，用肢体充分地表达。[1]

戏剧游戏也是对西方创造性戏剧的一种借鉴与发展。创造性戏剧是“透过肢体律动、默剧及即兴的对话等戏剧形式，由一位领导者带领参与者运用假装的游戏本能，去想象、反省、观察及体验人类生活与生存空间，进而了解自己是自由创作个体、问题解决者、经验统整者及团体参与者”[2]。《创作性戏剧入门》一书中的“戏剧游戏”聚焦于创造性戏剧中“律动动作”“默剧活动”“感官认知”等肢体与声音的表达部分，作为学前儿童戏剧教育入门的教学形态，既使儿童感兴趣，简单易行，又便于教师理解，操作方便。

[1] ［英］卡特里娜·万·塔塞尔，米莉·格瑞曼. 创造性肢体活动［M］. 江惠莲，译. 台北：信谊基金出版社，1982：121.

[2] ［美］芭芭拉·T. 莎里斯贝莉. 创作性戏剧入门［M］. 林玫君，编译. 台北：心理出版社，1994：译者序。

二、戏剧游戏的类型

根据功能的不同，戏剧游戏可以分为以下七种类型。

（一）放松游戏

放松游戏即身体与情绪进入松弛、平稳的状态，给儿童一种“仪式”的感觉，使儿童的心理状态进入或走出虚构的戏剧情境。放松游戏可作为戏剧活动的暖身游戏，也可作为结束游戏。

例如，小班戏剧游戏“海洋球”，既有身体的放松，也有心理或者情绪的放松。在中班戏剧游戏“我是一个小雪人”中，儿童从头、腰、腿到全身逐步放松。大班戏剧游戏“白云飘飘”让儿童全身处于放松状态，并在教师语言提示下做动作，既可进入到用肢体表达的戏剧状态中，也可从紧张、亢奋的状态恢复到平静的状态。

（二）感知游戏

感知游戏即在真实或虚构的情境里，调动视觉、听觉、嗅觉、味觉、触觉等多种感官的感受，表现出对周围世界的感知，可增强儿童的感官意识。

例如，小班戏剧游戏“水果糖”关注了味觉；戏剧游戏“鼻子嗅一嗅”与嗅觉有关；戏剧游戏“谁不见了”中，儿童必须调动视觉经验。中班戏剧游戏“听一听”是听自然界和生活中的一些声音，做相应的动作；戏剧游戏“尝一尝”是蒙眼品尝食物的味道，并做“吃”这一食物的动作；戏剧游戏“魔幻口袋”是通过闻、触摸来猜测所拿到的是什么东西，并用肢体动作表现自己所拿到的物品。大班戏剧游戏“灵敏大王”综合了各种感官感知，有观察动物、物品的视觉感知，有听自然界和生活中的各种声音的听觉感知，有闻各种气味的嗅觉感知，有品尝或闻一闻各种味道的味觉感知，也有感受物体的温度、质地的触觉感知等，并让儿童以相应的动作或表情表现出所感知的世界。

（三）模仿游戏

模仿游戏即对人或物的特性、运动过程及其细节的身体或声音的再现、复制，需要以细致的观察作为基础。它不仅可以提高儿童的观察能力，更是儿童戏剧表达能力提高的第一步。

例如，小班戏剧游戏“我学动物叫一叫”是对声音的模仿，戏剧游戏“我爱洗澡”和“照镜子”是对一系列动作的模仿，戏剧游戏“我们一家人”则是对典型动作的模仿。中班戏剧游戏“全家福”是对熟悉的家人动作和说话的模仿，戏剧游戏“音效大师”是让儿童模仿自然界、日常生活中的声音；还有些戏剧游戏是对动物的模仿，比如戏剧游戏“爬来爬去”“蜗牛搬家”“小蝌蚪变青蛙”等。大班戏剧游戏“照镜子”和“动作传真机”是对眼前人物动作的模仿；戏剧游戏“我来说新闻”“洗车师傅”和“长大我想当×××”等需调动已有经验，对较为熟悉的人物进行模仿。

（四）想象游戏

想象游戏即调动已有经验，联系新经验，进行加减、重组、转换，创造出新的情境、角色与故事情节。想象本身是一个内在的心理活动，想象游戏强调了儿童内心世界的直觉、品味、幻想与思考，为富有生命力的表达孕育着丰厚的营养。当然，想象游戏可以通过外显的表达，体现出儿童内在的想象。

例如，小班戏剧游戏“下雨天”和“神奇的魔毯”是对情境的想象，戏剧游戏“我是一片羽毛”是对角色的想象，戏剧游戏“小小蛋儿把门儿开”则是对角色、情境和事件的想象。中班戏剧游戏“给小狗洗澡”关注了对给小狗洗澡动作的想象，戏剧游戏“遨游太空”是对“太空”失重情境的想象，戏剧游戏“种子的梦想”是对种子生长变化过程的想象。大班戏剧游戏“登月计划”侧重于对情境的想象，戏剧游戏“穿新鞋”侧重于对所使用的物品的想象，戏剧游戏“萝卜青菜各有所爱”是对不同心理感受的想象。

（五）造型游戏

造型游戏即用肢体塑造人或物的静止形态，可以单人表现 ，也可以多人合作。

例如，小班戏剧游戏“照相馆”是直接用身体造型表现出人物的典型特点，戏剧游戏“椅子上的游戏”更多是造型的变化，戏剧游戏“水果拼盘”是用动作做出水果的造型。中班戏剧游戏“我是一棵树”是摆出各种“树”的造型，戏剧游戏“切水果，吃水果”是单人或多人合作摆出“切开的水果”或者“咬过一口的水果”的造型，戏剧游戏“捏面团”是儿童相互给对方“捏出”任意造型，更富有创意。大班戏剧游戏“星星、月亮、太阳”是由单人到多人合作摆出静物的造型，戏剧游戏“小小雕塑家”和“装扮圣诞树”是儿童同伴之间相互摆出静物或人物的造型。

（六）控制游戏

控制游戏即在虚构的情境中，对身体运动的大小、轻重、速度、空间（高低、上下、内外等）的把握，可增强儿童对身体相对性的控制。

例如，小班戏剧游戏“大象和蚂蚁”和“踩脚印”是有关轻与重的控制，戏剧游戏“跷跷板”是有关高与低的控制，戏剧游戏“情绪波浪”则是关于情绪的控制。中班戏剧游戏“声音波浪”是对声音的控制；戏剧游戏“大球和小球”是对身体大小的控制；戏剧游戏“我是泡泡”是对空间的控制，“泡泡”之间不能相互碰到；戏剧游戏“慢镜头”是对身体运动速度的控制。大班戏剧游戏“复读机快没电了”是对声音由大到小的控制，戏剧游戏“水草绕绕乐”是对空间高低、内外的控制，戏剧游戏“忙碌的早晨”是对动作快慢的控制。

（七）专注游戏

专注游戏即让身体感官与情绪状态、语言与思维聚焦于某一专门任务，以便于人、物做出及时、灵敏的反应，有助于提高儿童注意力。

例如，小班戏剧游戏“网中鱼”需要儿童对渔网的视觉关注，戏剧游戏“水果蹲”则是对指令的听觉关注。中班戏剧游戏“传球接龙”“姓名游戏”和“复读机”是对同伴话语的注意倾听；戏剧游戏“大风吹”既有对教师指令的关注，也要注意观察指令所指人物的特征。大班戏剧游戏“西瓜苹果梨”是对指令的关注；戏剧游戏“接龙”不仅要专注，还要有理解与创造；戏剧游戏“做相反”是对动作和表情的关注；戏剧游戏“对不对”是对人物与故事情节的关注。

三、戏剧游戏的价值

游戏对学前儿童来说是非常重要的活动。在游戏中，学前儿童生活在一个与现实世界不同的世界里，可以做一些他们现实生活中不敢做的事情，并且表现出和真实世界中不同的行为。戏剧游戏的价值除了有游戏的一般价值外，还因为它给学前儿童提供用戏剧的符号（肢体的与声音的）表达自己的机会，给儿童提供发挥直觉、想象力、创造力的空间，以戏剧表达为主要内容，让身体与心灵对话，培养学前儿童初步的戏剧艺术素养。

（一）身体的认识与运用

戏剧游戏可以让儿童充分认识自己的身体，调动身体的各种感官，运用相应的肌肉记忆，进行动态过程的模仿或者做出静态的造型。对于整个身体来说，视觉、听觉、味觉、嗅觉、触觉以及动觉等感官知觉是最重要的。学前儿童通过戏剧游戏，可以充分在假想情境中，回忆已有的肌肉记忆，以假装的方式表达出来。美国儿童戏剧教育学者芭芭拉. T. 莎里斯贝莉（Barbara T. Salisbury，1986）认为“感官认知的活动能促进我们感官接受的敏锐度，且能帮助我们了解‘感官’对我们能够认识及享受这个世界的贡献。感官回唤（sensory recall）的活动能够帮助孩子记得对一件事的感觉，及外观、声音、味道及触感。即使那只是非具体存在于想象中，它仍能让孩子们重新创造体会那些感觉”[1]。

[1] 芭芭拉·T. 莎里斯贝莉. 创作性戏剧入门[M]. 林玫君，编译. 台北：心理出版社，1994：8.

（二）情绪的认识与表达

身体的感觉也是富有情感的，情感蕴含在肢体与声音之中。“感情或情绪是一个人生活的核心，也是戏剧的重心。……孩子们需要去认识且慢慢了解他们的情绪反应，进而知道这些情感的表征是‘人之所以为人’的一部分。”（Barbara Salisbury，1986）[1] 此外，参与戏剧活动的情绪状态也是重要前提。如果儿童不能以放松、舒适的状态参与戏剧活动，那么就不能以充分的想象和思考投入到活动中。戏剧游戏能让儿童感受到放松，感受到舒适，感受到愉悦。例如，通过戏剧活动开始前的放松游戏，儿童可以很快进入戏剧的氛围中，以角色的身份与引导者对话，积极投入到戏剧活动中；戏剧活动结束环节的放松游戏，可以使儿童情绪稳定，以舒适、愉悦、放松的状态结束活动，并且让儿童有一种仪式的感觉。

（三）想象与探索的实现

戏剧游戏中，儿童可以以特别的方式探索这个世界。儿童可以想象着自己扮演的角色、身处的情境，或者与同伴思考、创作故事情节，这些都需要加减、重组、转换已有经验，创作出新的戏剧作品。

（四）个体满足与团体合作

戏剧游戏鼓励每位儿童的参与。儿童作为独自的个体参与戏剧游戏，可以是“一棵树”“一个茶壶”“一头大象”“一位老奶奶”；也可

[1] [美]芭芭拉. T. 莎里斯贝莉. 创作性戏剧入门[M]. 林玫君，编译. 台北：心理出版社，1994：8.

以与同伴两两合作，比如一个用手臂做苹果把儿，另一个用整个身体做苹果果实；还可以让所有儿童作为一个整体参与，一棵大榕树由全班儿童共同完成，有的是树干，有的是树枝，有的是地上的树根，由儿童的身体造型表现出独木成林的“大榕树”。

四、戏剧游戏的实施

教师可以根据本班的实际情况自主选择各种类型的戏剧游戏，采用小组或团体方式进行。对于戏剧游戏中的指导语，教师也可以灵活调整，以适合本班儿童能力、特点以及教学的需要。戏剧游戏的实施要考虑以下三个方面。

（一）时间

1. 用于日常生活的过渡环节

教师可以选择幼儿园一日活动中的过渡环节（晨间锻炼、集体活动前后、进餐前后、午休前后等）或者某一个时间段，选择一个戏剧游戏单独进行。

2. 作为戏剧活动的热身、放松环节

作为戏剧活动放松环节的放松游戏（可根据戏剧主题进行适当改编）可以应用在戏剧活动的开始部分，以带领儿童很快进入戏剧的氛围中。此时的戏剧游戏相当于教学活动中的导入环节。

3. 渗透于其他领域

对于涉及多个领域的戏剧游戏，教师可以根据教学需要，在语言、艺术、科学、健康、社会等领域活动中尝试渗透应用。

4. 应用于亲子活动

有些游戏有了家长的参与会变得更有趣、更富有挑战性。所以，教师也不妨尝试在亲子活动中选择合适的游戏，不仅可以增加游戏的趣味性，而且也给予了家长与孩子共同体验“假装”的机会。

（二）空间

戏剧游戏的空间是十分灵活的，可以结合使用的时间加以调整。

1. 儿童座位

在幼儿园一日活动过渡环节中进行的戏剧游戏，最好选择那些可以让儿童坐在座位上玩起来的游戏。当然儿童座位可以在桌子旁，也可以是围成的圆形，不需要专门做空间调整。

2. 一般教室内儿童集体面前的适当空间

一般在集体教学活动时，儿童可分组在这一空间进行戏剧游戏。

3. 多功能厅等空的教室

这类空间大，但是需要划定可用空间范围，否则儿童会随时到处乱跑，游离于游戏之外。

对于户外空间，一般不赞成使用，户外的干扰因素太多，不便于儿童投入到戏剧假想状态中。

（三）机会与引导

在儿童不愿意参与的情况下，教师一般不强制，只是耐心等待、观察和给予适度的支持，在适当的时机鼓励儿童参与，让儿童感受到在戏剧游戏中的自由和满足。此外，对于儿童不太“到位”的身体表达，教师不做出“好”或“不好”的评价，更为重要的是引导儿童相互之间的观察、模仿与评价，即建立同伴之间的学习。因为这是儿童的戏剧，不是成人的戏剧。

戏剧游戏在实施中还要特别注意专注，只有教师和儿童都处于专注的状态，想象自然而来，情绪自然饱满，表达自然丰富。专注的状态需要一定的气氛营造，尤其是音乐符号的运用。

第二节　戏剧工作坊

一、戏剧工作坊的含义

戏剧工作坊作为一种小组学习形态，是指在专门的戏剧空间（教室）中，教师带领儿童（8—10 名左右）以小组的形式围绕特定主题，经由肢体、声音、语言等身体资源共同创作戏剧的角色、情节和情境，并在创作过程中反映自身独特经历，发展想象力、创造力以及解决问题能力的一种儿童戏剧教育的组织形式。

戏剧工作坊是教师依据一定的教育目标，有计划、有组织地设计与实施的。在活动前，教师需要对戏剧工作坊的创作主题、故事线索、情节冲突等进行构思，并做好相应的环境与经验准备；在活动过程中，教师通过使用一定的戏剧技巧与策略，引导儿童对故事的角色关系、情节发展、场景等进行想象与即兴创作，并在协商讨论中共同解决戏剧冲突，从而不断丰富与发展预设的主题框架。在戏剧工作坊中，教师与儿童共同成为戏剧创作的主体。

如果说戏剧游戏在戏剧教育内容上是以戏剧表达为主，那么戏剧工作坊就是在戏剧表达的基础上，以戏剧创作为主，是教师和儿童共同创作他们自己的戏剧作品——没有观众观看的“娱己”的艺术创作活动。

二、戏剧工作坊的流程

在遵循儿童创作戏剧“角色为先，情节在后”的一般规律基础上，戏剧工作坊依次按照暖身活动、角色塑造、情节创作、分享与交流四个流程进行。这里以大班戏剧工作坊“盒子里的猫”为例加以说明。

（一）暖身活动

暖身活动，也就是引起动机，包含肢体的放松和激发扮演的兴趣。[1] 引导者依据戏剧工作坊的主题，准备相关的戏剧游戏（具体见本书中的“戏剧游戏”部分），进行热身；或通过观看视频、图像等，以问答的方式调动学前儿童已有的经验，刺激儿童对戏剧主题的思考与表现。

[1] 郑黛琼. 艺术教育教师手册——幼儿戏剧篇[M]. 台北:台湾艺术教育馆,1989:73.

大班戏剧工作坊“盒子里的猫”[1]

暖身活动：我们都是猫

（1）欣赏音乐剧《猫》的片段。

教师和孩子们围坐在屏幕前。

T：“现在我们来看一段视频，看看视频中有谁，它们在做什么？它们是怎么做动作的？”

C：“孙悟空、妖怪、狮子、人、狼、猫……”（一边投入地观看，一边模仿视频中各种猫的动作）

（2）我们都是猫。

孩子们围成半圆站立。

T：“现在你们都是小白猫，想一想小白猫的动作是什么样子的呢？”

C（“喵喵”地叫着，在地上爬）

T：“除了爬，还有什么动作呢？小白猫还会做些什么事呢？”

B1（跪在地上，用一只手使劲地在地上刨）

B2（张开五指，洗脸）

G1（跪在地上，歪着脖子，用两只手交替挠下巴）

T：“噢，可以挠挠脸，挠挠身上。大家一起做。”

[1] 参见杨娟.大班幼儿戏剧工作坊的行动研究[D].南京：南京师范大学硕士学位论文，2012：42-46.格式、词语有所调整，该文中戏剧工作坊的名称是“丑丑猫”，其中T为教师，C为全体儿童，G为女孩，B为男孩。

T：“小白猫还会做什么啊？”

G2（摇摇尾巴）

T：“噢，我们一起来摇摇尾巴。”

B3：“捉老鼠。”

C（所有的孩子都跪在地上往前爬）

T：“小白猫，你们的声音太响了，会把老鼠吓跑的，我们要轻轻地走。”

（二）角色塑造

角色塑造，主要指通过身体造型、装扮及道具使用等扮演特定情境中各种虚拟的角色。通过“假想”对角色静态的身份、外形，以及动态的行动、语言或声音等进行塑造，在认同所扮角色的同时，观照角色的内心，为创作情节做好准备。

大班戏剧工作坊“盒子里的猫”

角色塑造：丑丑猫

（1）教师入戏扮演“丑丑猫”。

孩子们一字坐下。

T：“小白猫们快来！一会儿有一只和你们不一样的猫咪要来，你们注意看它是谁。你们在家看，不要乱跑噢。”

教师扮演丑丑猫，戴上头饰，披上脏脏的布，从一个脏兮兮的盒子里钻出来。

丑丑猫：“我是丑丑猫，天气凉了，我觉得特别的冷，我都感冒了，阿嚏，阿嚏。”（丑丑猫随地擤鼻涕，对着幼儿打喷嚏，并依次往幼儿身上擦）

C（专注地听教师自述，并笑着躲开丑丑猫）

（2）讨论丑丑猫。

幼儿围成半圆，坐在教师周围。

T：“刚才是谁？”

C：“丑丑猫。”

T：“你们喜欢它吗？”

C：“不喜欢。”

T：“为什么呢？”

G1：“它把鼻涕往我身上擦。”

G2：“因为它的衣服太脏了。”

G3：“因为它身上不干净，又天天不洗澡，很臭。”

B2：“我不喜欢，它把喷嚏打到我身上了。”

B3：“我不喜欢，我送给它餐巾纸，它把我家里的餐巾纸全都用光了，我打喷嚏就用不了纸了。”

T：“那你们知不知道丑丑猫为什么要到我们家里来，我们来猜一猜。”

B1：“因为它怕冷。”

G4：“因为我们家暖和。”

B3：“因为它没有纸，老打喷嚏。”

G3：“因为它身上脏兮兮的，要到我们家来洗澡。”

（三）情节创作

情节创作包括场景的创作、冲突的产生与解决。依据一定的故事线索，运用多种艺术表现媒介对戏剧中的场景、故事情节以及角色关系进行想象与创作，并对戏剧冲突做出批判性的思考。

大班戏剧工作坊“盒子里的猫”

情节创作：猫儿舞会

（1）教师出戏叙述情节发展：“猫王要开聚会，丑丑猫是因为想参加聚会才来到小白猫的家里的。”

T：“如果猫大王开舞会，小白猫们，你们在舞会上会做什么事情呢?”

G1:“会喵喵叫。”

G2:“会跳舞。”

B1:“会翻跟头。”

G3:“会穿得漂漂亮亮的。”

B2:“我还会练跆拳道。”

G4:“我还会倒立。”

B3:“会吃东西。”

B4:“玩毛线球。”

(2)舞会上。

教师请一个能力强的孩子当猫王,其他人当小白猫,小白猫进入舞会要表演节目给猫王看。教师与孩子一起面对猫王,拉成半圆。

猫王:“舞会开始了!”

音乐响起,教师先与孩子们一起自由舞蹈,待大家投入舞会情境时,教师出戏扮演丑丑猫。

丑丑猫横冲直撞,闯入舞会,引起冲突。

丑丑猫:“你们走开!我跳得最好,都给我让开!我要一个人跳给猫王看,阿嚏!”

小白猫为避免丑丑猫对自己做出不礼貌的行为,纷纷跑开,躲到教室的一边去了。

猫王看到丑丑猫大闹舞会并对小白猫做出粗鲁行为后,表现出非常生气的样子。

猫王（口气严肃）：“这里不欢迎你，丑丑猫！”

丑丑猫：“为什么呀？”

猫王：“丑丑猫就是不能参加。”

丑丑猫：“它们都能参加，为什么我就不能参加呢？”

猫王：“我们这里不欢迎你这只不讲卫生，不懂礼貌的丑丑猫。”

丑丑猫听完后，很伤心地躲回自己的盒子里。

教师摘下头饰出戏。

（3）帮助丑丑猫。

T：“你们都不喜欢丑丑猫，不愿意和丑丑猫玩，它都伤心地躲进盒子里了。你们想不想帮助丑丑猫啊？谁有好办法？”

G1：“给它化装，洗澡。”

B2：“跟它讲道理。”

B3：“吓唬它一下。”

G4：“让它吃一个解除坏毛病的药水。”

T：“这样吧，你们第一个办法是洗澡对吧？那你们想一想小白猫是怎么样洗澡的啊？”

T：“小白猫平时都是怎么样洗澡的呢？你们来洗洗看！”

猫王带着小白猫到盒子旁，和全体小白猫分工合作，共同帮助丑丑猫洗澡。

小白猫分工合作，有的帮丑丑猫洗背，有的洗爪子，有的洗尾巴，有的洗肚子，有的帮忙打香皂，有的帮忙往浴缸里加水，有的用手做取暖器，给丑丑猫取暖，最后拿毛巾把丑丑猫身上的水擦干。

丑丑猫："你们帮我洗得很干净，谢谢你们小白猫！不过你们身上好像也沾了一点脏的东西，你们也互相帮忙洗洗吧。"

小白猫相互洗澡。

（4）采用坐针毡策略，继续讨论丑丑猫如何改掉坏毛病。

丑丑猫："现在我身上洗干净了，我还有什么缺点需要改进的吗？"

G1："不能对人打喷嚏。"

G2："不能随地吐痰。"

丑丑猫："我以后一定不对着人打喷嚏了，不乱吐痰了。"

B1："还不能把鼻涕纸往别人身上扔。"

丑丑猫："我以后用过的鼻涕纸一定往垃圾桶里扔。"

B2（指着丑丑猫）："不许推人家，不许打人家。"

G3："还不能讲'走开走开'。"

丑丑猫："嗯，我知道了！我现在身上这么干净，只要我以后不乱扔垃圾，不乱擤鼻涕，而且遵守规定不打人，你们就愿意和我做朋友了吗？"

C："是的。"

丑丑猫："我要做一个讲卫生，懂礼貌的小白猫，加入你们的家族，好不好？谢谢你们！"

（四）分享与交流

分享与交流，即活动之后的展示、反思与评价。戏剧冲突解决之后，教师引导儿童出戏，以自我的真实身份回顾并反思活动过程，分享自己的感受与体验。其中反思的内容包括对主题的反思、对创作（扮演）的反思、对角色（自己与他人）的反思等。

大班戏剧工作坊“盒子里的猫”

分享与交流

T：“今天你们扮演了谁？”“做了些什么，让丑丑猫改正坏习惯了呢？”“我们小朋友相处的时候也要做一个懂礼貌，讲卫生的孩子，大家才愿意和你做朋友！”

三、戏剧工作坊的价值

戏剧工作坊的主要特色在于其小组学习的形式，改变了我国幼儿园普遍存在的班级儿童人数过多、教师无暇顾及每位儿童的局限，其价值体现为如下几个方面。

（一）戏剧创作时间充足

学前儿童戏剧教育所倡导的是没有固定脚本的戏剧创作，即在教师提供的框架线索内，儿童可以自由想象，自愿参与，自主选择角色，大胆创编故事发展的情境和情节，并通过富有个性的身体语言表现出来。然而，一般的集体戏剧主题活动中，全班儿童的各种想法难以全部实现，那么小组形态的戏剧工作坊则弥补了这一遗憾。在戏剧工作坊这个“做戏剧”的30—40分钟时间段里，每个儿童都有较充足的时间表达自己的想法，真正实现了导演、剧作家和演员的统一。奇思妙想、独树一帜在这里是被允许、被鼓励的。

（二）戏剧创作空间富有变化

在戏剧工作坊这一“空”的空间里，教师和儿童的活动空间不必像在班级教室那样受到各种限制。“空”看似“无”，其实意味着无穷无尽，丰富多样。在这一“空”的空间里，教师和儿童可坐，可站，可躺，可卧，可爬，可跑；教师和儿童之间、儿童与儿童之间的空间距离可以很近，也可以较远；还可组成各种队形。有了如此变化多样的空间，学前儿童的肢体表现就能不受空间的限制了。此外，“空”的空间可以赋予各种想象，蓝色的布营造大海、高高的梯子营造高楼、两条绳子代表河流等等。

需要注意的是，对于初入戏剧工作坊的儿童来说，“空”的空间更容易使他们表现出为较高的亢奋度，到处跑动，不能安静倾听，但是有过一次相关经验后，儿童就能投入了。

（三）教师关注每位学前儿童

基于前文所述，戏剧工作坊时间和空间充足，教师也放慢了与每个儿童互动的速度。在传统戏剧表演活动中，由于参与人数较多，只有能力强的儿童才会得到教师的偏爱，才会获得当众展示的机会，而那些能力中等偏下的儿童往往被忽略。戏剧工作坊的参与人数不到十人，儿童与主题相关的每一句话、每一个动作，甚至每一个表情都会尽纳教师眼底。每位儿童都可以更多地享受到教师停留在自己身上的目光，得到教师更多的关注与表扬。戏剧工作坊中的儿童没有能力的强弱之分，每个人都有自由表达思想的权利与机会。

四、戏剧工作坊的实施

戏剧工作坊是儿童戏剧活动的一种小组形式，参与儿童一般为8—10人。因而可以在一日区域游戏时间，由一名教师带领班级中的部分儿童尝试进行。活动频率建议为一周一次，一次一个小组，以便维持教师和儿童对戏剧工作坊活动的新鲜感；活动地点建议设在一个空间适宜、相对安静的封闭区域，如某一间空教室、多功能教室等，尽量保持活动空间的简单化，避免过多无关刺激分散儿童活动时的注意力；活动室内可适当放置一些大型的设施或道具，为儿童的想象与创作提供必要的物质支架。

（一）空间安排

从队形来看，教师和儿童的队形包括散点、半圆、聚拢、列队、两排等，其功用各有特色（具体见表7-1）。

表7-1 戏剧工作坊空间安排

空间形式	功 能	举 例
散 点	自由塑造角色	如“蒲公英旅行记”中，幼儿自由表现蒲公英种子在空中飘舞的姿态。
半 圆	交流与展示	如“小螃蟹找朋友”中，幼儿围成半圆坐，教师与一名幼儿在前面合作扮演小鱼与螃蟹。
聚 拢	讨论协商，群策群力	如“森林家园”中，教师与幼儿聚拢围坐，讨论伐木工人的轮廓和小动物的心情。
列 队	维持一定的秩序	如“我们一起来骑车”的热身活动中，教师请幼儿排成一字纵队，走不同的路线。
两 排	“良心巷”策略的使用	如“外婆的礼物”中，幼儿排成两个纵队，面对面站成一个通道，教师从通道中通过，幼儿对教师说想对外婆说的话。

（二）活动形式

戏剧工作坊虽然只有8—10名儿童，但是教师在带领活动时也要结合内容，采取不同人数的组合形式：全体、大组（2—3个大组，每组3—6人）、小组（4—5个小组，每组2人）、个别（逐一展示、唯一展示），具体功用见表7-2。

表7-2 戏剧工作坊组织形式

组织形式	人 数	适用范围	举 例
全 体	8人	全体扮演，即要求全体幼儿共同扮演同一角色。一般用于对主要角色的体验，自由探索角色的各种形象和动作。	如“我们一起来骑车”中，教师扮演魔法师，给每个幼儿一辆“自行车”。全体幼儿集体想象并表现骑车时的情形。
大 组	3—6人	以角色的类型来分配，一般3—6人为一组，共两大组。不同角色类型的分组有利于彼此之间的相互借鉴与学习。	如“外婆的礼物”中，全体幼儿分成两组模仿家庭成员，每一组幼儿分别扮演爸爸、妈妈、宝宝或其他角色。

续表

<table>
<tr><th colspan="2">组织形式</th><th>人数</th><th>适用范围</th><th>举例</th></tr>
<tr><td colspan="2">小组</td><td>2人</td><td>两两合作。幼儿两两合作的经验较为丰富，在戏剧活动中经常被使用，主要用于幼儿结伴表现与探索。幼儿可以选择自己喜欢的搭档，有利于情感的交流与创造的合作。</td><td>如“蝴蝶找花”中，幼儿两人一组，分别扮演小花和蝴蝶。</td></tr>
<tr><td rowspan="2">个别</td><td>逐一</td><td>1人</td><td>主要用于表达想法与观点。戏剧工作坊关注每个幼儿的表达与表现，鼓励教师采用轮流的方式让每个幼儿有机会在集体面前说话和做事。</td><td>活动结束后，教师会让幼儿逐一交流扮演的角色，分享活动过程中的感受等。</td></tr>
<tr><td>唯一</td><td>1人</td><td>教师根据角色需要，选择个别幼儿担任特殊角色，为幼儿提供锻炼的机会。</td><td>如“小螃蟹找朋友”中，请一名幼儿扮演小螃蟹，与教师扮演的小鱼进行简单对话。再如“羊羊运动会”中，请能力较强的幼儿扮演灰太狼。</td></tr>
</table>

第三节　戏剧主题活动

一、戏剧主题活动的含义

戏剧主题活动是围绕某一主题，依从儿童戏剧经验整合与提升的进程，师幼共同建构的一系列戏剧活动，即从戏剧表达（角色的体验与表达）出发，到戏剧创作（戏剧冲突的创作和问题的解决），最终形成完整的戏剧表演（演员面对观众表演他们的戏剧作品，但是小班阶段一般尚不能达到这一层次）。

如果说，戏剧工作坊是一种小组的戏剧创作活动，那么戏剧主题活动是教师带领儿童集体进行的戏剧表达、戏剧创作到戏剧表演的完整活动。

二、戏剧主题的来源

英国戏剧教育学者布瑞恩·威（Brian Way）提倡以“参与者已有的经验”[1]作为戏剧创作的基础，比如音乐、历史事件、日常生活事件等都可以成为刺激戏剧创作的主要来源，个人经验的回顾与解决问题的方法的想象可以成为戏剧活动的主要方式。由此将戏剧主题的来源概括为三个方面：（1）艺术作品（文学、影视动画、音乐、美术、中国戏曲等）；（2）自然现象；（3）社会现象。（具体可见表7-3）戏剧主题的来源是戏剧表达、戏剧创作和戏剧表演的源头、缘由和基础，为教师和儿童提供了基本的素材。其中，艺术作品是戏剧主题的主要来源，文学作品（故事、诗歌）、影视作品是人们都十分熟悉的来源，音乐、美术、中国戏曲则是本课程的拓展。从自然现象、社会现象引发的戏剧主题活动，意在鼓励儿童以戏剧的方式表达对周围世界的认识，从儿童的周围生活中寻找适合的戏剧表达、戏剧创作、戏剧表演源头，使儿童成为真正意义上的戏剧创作者。如此广泛的主题来源，正是本课程所追求的以教师和儿童共同建构戏剧作品的理念的体现。

当然，由于不同年龄阶段儿童的相关生活经验和戏剧经验的丰富程度不同，小班多以文学作品作为主题来源，可以多参照文学作品内容；中、大班则开拓其他艺术形式以及自然现象和社会现象作为来源，这样才会有更多的艺术创作的空间。

[1] Brian Way. Development through Drama[M]. London：Longman，1967：183-234.

表7–3　戏剧主题活动一览表

年龄班		小班		中班				大班			
		上学期	下学期	上学期		下学期		上学期		下学期	
表演样式		音乐剧	话剧	音乐剧（偶戏）	话剧	音乐剧（偶戏）	话剧	音乐剧（偶戏）	话剧	话剧	哑剧
艺术	文学	小兔乖乖	小熊过桥				我的幸运一天		滥竽充数		
			可爱的鼠小弟								
	影视动画		小蝌蚪找妈妈		猴山上的故事					海底总动员	
	美术						父与子	老鼠嫁女			
	音乐	果宝乐园		小鸭的故事							
	戏曲									花木兰	
自然		下雨了				大树与小鸟					
社会				快乐的生日会					圣诞之旅		餐厅的故事
合计		6		6				6			

三、戏剧主题活动的层次

一个戏剧主题通常由10—15个左右的系列戏剧活动组成。这些活动依次形成四个层次：导入、戏剧表达、戏剧创作和戏剧表演。

（一）导入

导入是整个戏剧主题活动的开端，即围绕戏剧主题的来源展开相关经验的铺垫。以艺术作品为来源的戏剧主题活动，其导入活动通常是艺术作品的欣赏。比如欣赏故事《小兔乖乖》、诗歌《小熊过桥》、绘本《我的幸运一天》等文学作品，歌曲《摘苹果》《小小蛋儿把门开》等音乐作品，漫画《父与子》、剪纸《老鼠嫁女》等美术作品以及动画片《过猴山》、戏曲《花木兰》等影视作品，引出了不同的戏剧主题活动。以自然现象或社会现象导入的戏剧主题活动，导入活动通常是相关经验的再次体验或回忆，比如小班戏剧主题活动“下雨了”从“下雨的时候”这一自然现象导入，既可以在下雨的真实情景中进行，也可通过欣赏“下雨”的视频或图片，运用简单的动作模仿下雨情境中各角色的肢体动作和行为；中班戏剧主题活动“快乐生日会”从儿童生日的由来和对自己已有“过生日”经验的回忆、再现来引出主题的开展；大班戏剧主题活动“餐厅的故事”从“一次愉快的餐厅用餐”导入，通过展示餐厅图片、美食图片，鼓励儿童用肢体动作或表情表现在餐厅里遇到的印象最深的人、物、事。

（二）戏剧表达

戏剧表达以塑造角色为主，让儿童对角色的典型的动作、语言、声音进行充分的探索与表达。比如，小班戏剧主题活动“可爱的鼠小弟”的戏剧表达活动从鼠小弟偷食吃、犯错误，到鼠小弟伤心等几个方面，让儿童通过肢体动作、语言、声音和表情对鼠小弟这一角色进行塑造；中班戏剧主题活动“小鸭的故事”通过观察模仿小鸭游泳、捉鱼、散步的典型动作以及表现其相应的静态造型，体验与表达对鸭妈妈和小鸭这两个主要角色的认识；大班戏剧主题活动“海底总动员”的戏剧表达环节中，教师预设场景及背景音乐，儿童在背景音乐中用肢体动作和表情等戏剧语言（符号）大胆表现自己想象的角色以及小丑鱼“尼蒙”、海底水草、贝壳、章鱼等角色的典型特征和各异的造型；大班戏剧主题活动“花木兰”的戏剧表达围绕木兰、木兰老父亲、木兰战友、可汗等角色展开，让儿童运用肢体、声音表现角色的动作、姿态和神情，还可辅以简单的装扮以及相关背景音乐来烘托气氛。

戏剧表达符合学前儿童戏剧经验建构的需要，为下一步“戏剧创作”做好了细致的准备。不是急于让儿童创作戏剧内容，而是先表达、再创作。

（三）戏剧创作

戏剧创作是在戏剧表达的基础上，教师通过新增角色、设计戏剧冲突来引导儿童创作戏剧情节。戏剧创作活动十分强调儿童的创造性，特别是对原有艺术作品在一定程度上的改编。例如，小班戏剧主题活动“小熊过桥”的戏剧创作部分包括从小熊准备过桥、害怕过桥，到成功过桥以及过桥之后发生的事情，在原有诗歌的基础上，可增加帮助小熊的角色，也可以增加小熊过桥的情节；中班戏剧主题活动“我的幸运一天”的戏剧创作部分在原作主要情节的基础上，鼓励儿童大胆想象“如果狐狸拒绝小猪的建议”以及“小猪回家以后”的相关情节；大班戏剧主题活动“滥竽充数”引导儿童从新的角度想象、创作南郭先生的遭遇，为故事创编新的情节，如引导儿童结合日常生活中的才艺秀来创编选拔乐师的情景，创编南郭先生拜师学艺的情景，还可让儿童创编南郭先生学艺成功后受到皇帝奖赏的情景，将戏剧活动推向高潮。由此，教师和儿童一起创作的剧本因为儿童的想法不同，而有不同的版本。

（四）戏剧表演

戏剧表演是在戏剧表达和戏剧创作的基础上，在观众面前分角色把一定的故事情节表演出来。戏剧表演工作一般包括角色的选择与装扮、剧场布置、（片段、完整）排演和正式表演。对于小班来说，只要能进行片段排演即可。因为记忆完整的情节不是表演的重点，关键在于小班儿童开始喜欢在观众面前表演他们所喜欢的情节片段。

其中，戏剧表达和戏剧创作由4—5个系列活动组成，戏剧表演则以表格形式呈现了“我要扮演×××”“我们的剧场”“片段排演”“完整排演”和“正式演出”等工作内容。

关于戏剧表演的样式，小班通常是以音乐剧和话剧为主，鼓励儿童以歌舞的方式、对话的方式表演；中班在小班基础上增加了偶戏，对言语表达有了更多的要求；大班则在中班基础上增加了哑剧，增加了肢体动作与表情表现的夸张性和节奏感。

四、戏剧主题活动的价值

戏剧作为一种不可或缺的艺术审美教育，在我国仍然还未普及。如何使戏剧教育与当前的幼儿园课程有效地、和谐地整合起来，如何使儿童通过戏剧教育真正成为戏剧艺术的创造者，这是我们一直思考和寻觅的。综合考虑当前幼儿园主题课程的普遍性以及儿童戏剧经验建构的特性，本书探索了戏剧主题活动这一戏剧教育形态。

戏剧主题活动可以作为幼儿园主题课程的一个组成部分。一方面，戏剧主题活动是由一个主题统整的，这个主题来自艺术作品、儿童所关注的自然现象和社会现象，这些都和幼儿园主题课程中的主题具有同质性。另一方面，在时间安排上，一个戏剧主题活动通常需要3—4周的时间，具有相当的独立性和完整性，可作为独立主题来深入实施。但是，戏剧主题活动不是一种综合课程的统整，它只是紧紧围绕着儿童戏剧经验的建构，进行了一系列的戏剧活动，而没有整合其他领域的活动。如果涉及其他领域的活动，可作为经验准备或延伸活动。

戏剧主题活动能真正实现儿童戏剧经验的完整建构。从导入、戏剧表达、戏剧创作到戏剧表演是一个完整的戏剧经验建构的体系，不是一个单独的戏剧活动就能完成的，需要相关经验的支撑，才能一步步地从角色的塑造，到情节的创作，最后形成一个戏剧表演作品。即这一系列戏剧活动不是割裂的、独立的，而是因主题而相互联系的，使得儿童的戏剧经验彼此联系，在戏剧表达、戏剧创作与戏剧表演之间建立相互支持的通道。

例如大班戏剧主题活动“老鼠嫁女”，首先从欣赏剪纸作品《老鼠嫁女》出发，引发儿童对其中各种角色进行动作模仿、造型的兴趣。其次，戏剧表达围绕老鼠新娘、老鼠新郎、老鼠轿夫、敲锣打鼓者等角色展开。儿童用肢体和声音表现角色的动作、姿态和神情，同时可辅以简单的装扮以及相关背景音乐烘托气氛。再次，在戏剧创作环节，从角色的创作开始，教师预设一些角色。儿童还可以在此基础上进一步增添新角色，形成情节的开端部分；随后在欣赏儿歌《老鼠嫁女》（片段）的基础上，儿童给情境和对话配以合适的动作，并将新郎这一角色的动作和言语表现出来，此为情节的发展部分；接着，争当新郎成为情节的高潮部分，儿童要讨论如何才能当新郎。在这一过程中，儿童扮演各种角色，体验与表达他们对于婚礼的理解和认识。在最后的戏剧表演部分，因这一剪纸作品的动作性很强，富有音韵感，所以最终呈现的戏剧作品可具有音乐剧或偶戏的特质，并可邀请家长共同创作亲子音乐剧。从导入、戏剧表达、戏剧创作到戏剧表演都是围绕“老鼠嫁女”的故事展开的，在经验上紧密联系，儿童很自然地将前面获得的经验叠加式地迁移到后面的活动中，不断建构出新经验。这是单独地进行某个戏剧表达活动、戏剧创作活动和戏剧表演活动无法达到的。

综上所述，戏剧主题活动通过主题建构了一系列的戏剧活动，从与主题相关的儿童经验导入，并由导入、戏剧表达逐步向戏剧创作、戏剧表演发展，可以使原有的课程得到丰富，让儿童感受到自由和创造的乐趣。

五、戏剧主题活动的实施

（一）时间安排

戏剧主题活动在幼儿园课程中的安排方面要做到少而精，即每个学期各个年龄班可以安排1—2个戏剧主题活动，每个主题实施一个月时间。每个主题活动包括了导入活动和若干戏剧表达和戏剧创作活动，其中小班一般有9—10个系列戏剧活动，中班有10—12个，大班有12—15个，集中在2周内完成；随后为2周的戏剧表演活动。

（二）组织实施

1. 环境布置不可或缺

与幼儿园主题课程在环境布置方面的要求一致，戏剧主题活动也需要展示区和各类区域的设置，既为儿童营造戏剧艺术的氛围，提供展示的平台，也为儿童创设继续进行戏剧艺术探索与创造的时间、空间和材料等。其中，“展示区”包括了主题墙和剧场表演活动记录：（1）主题墙呈现了主题的来源，以及按照戏剧表达、戏剧创作和戏剧表演的主题发展思路展示出主题网络图，既可包括教材中的主要活动，也可呈现本班生成的其他活动。各个活动还可以配上相关的照片或文字，以及教师和儿童创作的各类剧本。（2）“剧场表演记录”包括了角色选择、剧场创设、排演、正式演出和海报等照片或文字记录。区域设置一般包括了语言区、美工区和表演区。表演区可提供儿童表演用的道具、剧本以及其他表演样式的材料，比如偶戏用的各类“偶”。

2. 戏剧游戏作为活动的引入和结束

戏剧主题活动作为一种戏剧教育的组织形态，虽然围绕儿童的一定经验展开，但是还需要体现一定戏剧艺术性，并给儿童营造戏剧艺术创造的氛围。正是出于这一考虑，戏剧游戏出现在具体的戏剧主题活动的引入和结束环节，使得戏剧主题活动具有一种“仪式感”。引入环节的戏剧游戏可以将儿童带入到与戏剧活动内容相关的情景、氛围、经验中，有助于儿童从真实的生活情境进入到虚构的戏剧艺术情境中；结束环节的戏剧游戏则是让儿童从虚构的、紧张或兴奋的戏剧情境中回到真实的生活情境，通常以放松游戏为主，通过外在肢体的和内在情绪的彻底放松，儿童很快就能以戏剧虚构情境的特有情绪中走出来，及时安静地开始其他生活活动或区域活动。

3. 集体式的戏剧主题活动离不开“戏剧契约”的运用

戏剧主题活动通常以集体教学形式展开，这也体现出戏剧教育活动的中国本土化特点。因为我国幼儿园师幼比例普遍较高，一两位教师在面对扮演角色的三四十名儿童时，局面难免有些“混乱”，甚至在教师看来有些“失控”。为了解决实施中遇到的阻力和困难，我们在借鉴国外以及中国台湾地区的相关成果（Jonothan Neelands，1984[1]；林玫君，2005[2]）的基础上，进一步明确了“戏剧契约”在戏剧主题活动中应用的必要性，并初步探索了“戏剧契约”的实施方式，鼓励教师与儿童共同约定戏剧活动须遵守的规则。“戏剧契约”的建立和维护可以通过以下途径：比如以游戏的形式建立契约，以活动中的一些事件为契机来建立契约，教师入戏以权威身份维护规则，赋予儿童角色任务以维护规则。[3]

综上所述，戏剧游戏、戏剧主题活动和戏剧工作坊形成了游戏日常渗透、主题集体教学、小组深度互动的多层次戏剧教育课程，

[1] [英]乔纳森·尼兰兹.透视戏剧——戏剧教学实作指南[M].陈仁富，等，译.台北：心理出版社，2010：48.
[2] 林玫君.创造性戏剧理论与实务——教室中的行动研究[M].台北：心理出版社，2005：138.
[3] 张克明.遭遇戏剧教育——幼儿园新手戏剧教师叙事研究[D].南京：南京师范大学硕士学位论文，2013：108.

以独立和整合对话的形式，与幼儿园课程紧密地结合起来。以幼儿园秋季课程为例，戏剧游戏贯穿整个学期一日活动；戏剧主题活动可以安排在12月，戏剧工作坊对于每个小组来说一个月有一次活动。（见图7-1）

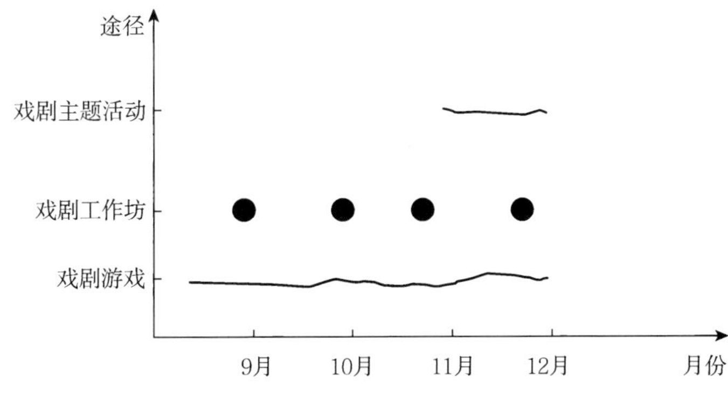

图7-1　学前儿童戏剧教育形态的时间分布（以秋季学期为例）

从学前儿童自主性与教师指导性的关系来看，首先，广义的戏剧游戏中的自发戏剧性游戏完全由儿童自主。其次，教师带领的戏剧游戏由儿童决定游戏程度；戏剧工作坊由教师给予戏剧创作的支架，但是其内容完全由儿童自创。最后，戏剧主题活动是教师和儿童共同建构的，但是在现有师资的条件下以教师预设的活动为主，教师主导性略比戏剧工作坊高一些。

第八章 教师与儿童的对话：学前儿童戏剧教育的实施

本章结合当下学前儿童戏剧教学实施的困难，从教师与儿童对话的视角，揭示了学前儿童戏剧教育中教师的角色，并关注戏剧教学策略的有效选择与应用，以及戏剧教学契约的合理建构与动态运行。

首先，关于戏剧教师角色。一方面，从教师角色和戏剧角色之间的关系来看，戏剧教师是“双面人”；另一方面，从戏剧创作中教师和儿童的关系来看，戏剧教师是“合作者”。

其次，关于戏剧教学策略。结合儿童戏剧经验建构的需要、教师组织儿童戏剧活动的需要，通过实践验证，筛选出角色塑造、情节创作和场景创作这三个方面的常用戏剧教学策略。

最后，关于戏剧教学契约。由于戏剧教学教师角色、师幼关系以及教学时空变化多等因素，以及由此戏剧教师面临着“难以控制”的实施困难，作为教师与儿童之间通过协商而建构的戏剧教学契约在学前儿童戏剧教育实施中显得十分必要。这里专门论述了戏剧教学契约的含义、内容与形式和运行机制。

当下，学前儿童戏剧教育的实施面临着诸多困难：幼儿园教师缺乏戏剧教育职前培训，对戏剧教育了解不多；我国幼儿园教师与儿童在数量上比例过大，不便于以动作为主的戏剧教育活动的展开；更为严重的是，部分教师的戏剧教育观念陈旧，教学中往往按照以“戏剧表演”为主的成人戏剧教育套路实施戏剧教育。基于此种情况，本章从教师与儿童的关系出发，揭示了学前儿童戏剧教育中教师的角色并关注戏剧教学策略的有效选择与应用，以及戏剧教学契约的合理建构。

第一节　戏剧教师的角色

曾经，教师作为知识的掌握者，面对儿童这一“无知者”，通过教育行为把知识传递给儿童。现在，儿童教育界一致呼吁教师应成为儿童学习的“观察者”“协助者”“推动者”和“引导者”等等，教师和儿童之间应该建立平等的、合作的、共同成长的关系。除此之外，学前儿童戏剧教育中教师的角色及教师与儿童之间的关系又有何特殊之处呢?

有关研究从不同角度阐述了教师在学前儿童戏剧教育中的角色定位或者含义。

笔者曾从教师对于戏剧教育态度、工作状态以及教师与儿童的关系视角，将戏剧教师看作是“无知者、戏剧工作中的一员、研究者”[1]。有学者则通过大班儿童戏剧工作坊的行动研究，认为戏剧教师应该

[1]　张金梅. 幼儿园戏剧教育综合课程[M]. 南京:江苏教育出版社,2005:256-274.

是：与儿童情投意合的“游戏者”、儿童戏剧活动中的“洞察者”、戏剧创作征途中的“探险者”和对戏剧专业知识的“钻研者”。[1] 在此基础上，有研究从后现代课程观视角下分析戏剧教师的角色为：拓荒的“玩家”、变换的“角色丛”和冲突的“抛锚者”。[2]

香港戏剧教育学者大都将戏剧教师称为“戏剧导师”。黄婉萍（2004）指出一个近乎完美的戏剧导师是集教师、社工、戏剧艺术工作者的所有角色于一身——他要在顾及艺术性和个人身心发展之余，进行活动时又具备良好的小组带领和课室管理的技巧。关于戏剧导师的角色，她认为最重要的是负责营造及保持一个良好的创作环境。[3]

英国剧场专业人士杰夫·吉勒姆（Geoff Gillham，1984）提出，对于戏剧教师的不同角色，儿童有不同的回应：（1）领导者——国王等权威的角色，对于没有经验的儿童，可以坚定戏剧的走向，但是限制了其他儿童分享的机会；（2）反对者——不公不义的国王、怪物等权威的角色，儿童会联手反对教师所扮演的角色；（3）中性的角色——警察、邮递员等，连接高地位和低地位角色的枢纽，会直接向儿童传递信息；（4）求助者／牺牲者的角色——小丑、被害的村民等，教师会向儿童求助，相应地，儿童的地位会提高；（5）卑微的角色——仆人、村民等，教师需要和扮演地位高的儿童协商，儿童会对这种角色扮演着迷。[4]

---

[1] 杨娟. 大班幼儿戏剧工作坊的行动研究[D]. 南京：南京师范大学硕士学位论文，2012：77–79.

[2] 杨静. 后现代课程观视野下儿童戏剧教育的教师角色研究[D]. 南京：南京师范大学硕士学位论文，2014：16–27.

[3] 黄婉萍. 有关“戏剧教育”的四个问号[OL]. http://www.edb.org.hk/schact/drama/handbook/ch31.pdf.

[4] 参见乔纳森·尼兰兹. 透视戏剧——戏剧教学实作指南[M]. 陈仁富，等，译. 台北：心理出版社，2010：78–80.

加拿大戏剧教育学者诺拉·摩根等（Norah Morgan & Juliana Saxton，1987）从教师与儿童的地位关系上，分析了戏剧教师的多种角色。（1）操纵者：教师处于高地位的权威性角色，意味着责任和高风险。（2）辅助者："鼓励或帮助活动向前推进"，中层地位的角色意味着把一些权利交给儿童，如果儿童不能承担相应的责任，教师将权利收回。（3）能力给予者："一位可使别人有做事能力的人"，低姿态的地位可以提供非常好的时机，在不干预儿童创作下，注入戏剧张力。在此基础上，结合教师所扮演的角色，可将戏剧教师角色分为九种：权威、当居次位的领导者、团体中的一员、无助者、扮演对抗群体的当局、魔鬼代言人、缺席人、戏剧行动外的权威势力和边缘人。[1]

由此，结合戏剧以演员表演为中心、综合性、集体性、冲突性等特性，以及学前儿童戏剧教育的内涵，戏剧教师的角色可以从两个层面阐述：第一个是戏剧教师在教师角色和戏剧角色之间的关系；第二个是在戏剧创作上教师和儿童的关系。

一、教师是"双面人"——教师身份与角色身份的相互转换

戏剧教师与其他领域教师最大的不同在于，既要以教师身份与儿童互动，还要入戏扮演各种角色。教师既有真实的一面，也有虚构的一面，如此"双面人"的身份转换是戏剧教育师幼互动的特性所在。

（一）教师身份与角色身份的类型

戏剧教师在一次戏剧教育活动过程中，所扮演的角色也不是单一

[1] ［加］诺拉·摩根，朱莉安娜·萨克斯顿. 戏剧教学：启动多彩的心［M］. 郑黛琼，译. 台北：心理出版社，1999：61–73.

的，常在多个角色之间跳跃、转换、流动，由此可以界定为一种“角色丛”[1]，即教师的角色身份为“角色丛”。

结合戏剧主题活动案例，按照教师所扮演“角色丛”的高、中、低角色地位，以及教师自身操纵者、引导者、辅助者、观察者和给予能力者等教学身份，对教师身份与角色身份的类型可做以下划分（见表8-1）。

表8-1　教师身份与角色身份的类型[2]

角色身份 \ 角色地位		高	中	低	非常低
主题		权威	次要地位的领导人	团体中的一员	无助者
戏剧主题活动	小熊过桥（小班）	熊妈妈／鲤鱼	乌鸦／流水	乌鸦们／流水们	小熊
	可爱的鼠小弟（小班）	老猫／鼠妈妈	鼠妈妈(与老猫同时在场)	小老鼠们	被老猫抓住的小老鼠
	我的幸运一天（中班）	狐狸	／	一群小猪们	被狐狸抓住的小猪
	快乐生日会（中班）	美羊羊	灰太狼／红太狼	羊儿们／参加生日会的小动物们	小灰灰
	花木兰（大班）	皇帝／将军	花木兰父亲／木兰将军	士兵们／木兰家人	花木兰
	圣诞之旅（大班）	圣诞老人／破坏书的孩子	破坏书的孩子（与圣诞老人同时在场）	图书馆的孩子们	书
教师身份		操纵者	引导者 辅助者	辅助者 观察者	给予能力者
角色作用		控制戏剧的速度与张力，挑战儿童	提高参与和专注程度	倾听、发问、提高解决问题的意识与能力	情感共鸣、提高解决问题的意识与能力

[1]　杨静.后现代课程观视野下儿童戏剧教育的教师角色研究[D].南京：南京师范大学硕士学位论文，2014：20.

[2]　参见杨静.后现代课程观视野下儿童戏剧教育的教师角色研究[D].南京：南京师范大学硕士学位论文，2014：22.格式、内容有所调整。

从表8-1来看，教师扮演的不同地位的角色在教学中起到不同的引领作用。

（1）权威角色——操纵者。权威角色不仅是正面的权威，还有反面的，比如老猫、狐狸、敌军的将军，教师对此的扮演可以完全操纵戏剧的发展方向，比如教师扮演的“鼠妈妈”，可以决定何时去偷吃食物，何时回家，等等，尤其可以帮助缺乏相关经验的儿童。

（2）次要地位的领导人——引导者、辅助者。这一角色有时是相对的，当两个权威角色同时在场时，其中一个就是次要领导人，比如“圣诞老人”比“破坏书的孩子”地位高，将决定是否给他礼物。教师扮演此类角色，把更重要的角色让给儿童，一方面鼓励儿童站在权威角色的角度看待问题，引导儿童自己决定戏剧的发展，另一方面仍然起到辅助作用，给予儿童扮演相关角色的支持。

（3）团体中的一员——辅助者、观察者。在学前儿童戏剧教育中，儿童经常集体扮演同一角色，比如全班扮演偷吃的老鼠们、被狐狸抓住的小猪们、士兵们。教师也扮演“团体中的一员”时，角色地位大大降低，把重要的和次要的角色交给了儿童，这是对儿童的信任与解放，同时可以辅助团体的扮演，积极与其他角色互动，并随时观察表演中出现的问题，及时出戏予以指导。

（4）无助者——给予能力者。教师扮演无助者，即地位最低的角色，比如害怕过桥的小熊、被老猫抓住的小老鼠、被儿童扔来扔去的“书”，一改以往教师高于儿童的权威形象，激发了儿童同情弱者、友好帮助的情感，并给予儿童戏剧创作最大的空间。

诺拉·摩根等（1987）曾分析教师“入戏”的几个优点：教师可以控制戏剧进行的步调和张力，因为教师一直身处戏剧的节奏之中；教师可以支持鼓励儿童，保持沟通管道的畅通；让儿童在角色扮演中感到安全，并且能表达他们的态度和观点；等等。[1]

（二）教师身份与角色身份转换的特性

戏剧教师在教师身份与角色身份之间，以及多种角色之间的转换具有复杂的特性，已经和传统课程教师角色有很大不同。（1）跳跃性：教师入戏与出戏，教师所扮演各个角色之间呈现出一种跳跃性的转换，看起来没有一定的顺序，但大都根据情节发展需要以及儿童现场反应加以调整。（2）回归性：教师角色的转换有时因情节发展和儿童需要，又会回归到最初所扮演的角色，但这不是简单的重复。“后现代课程观认为回归与重复不同。重复是现代主义方式的重要因素，旨在促进预定的表现，框架是封闭的。回归旨在发展组织、组合、探究、启发性地运用某物的能力，它的框架是开放的。”[2] 尤其在儿童的相关经验比较缺乏时，教师通过回归到以前的角色，和儿童在此针对他们存在的问题（对话、动作、表情等）加以激发，这种回归是一次循环式的提升，而不是简单的、重复式的训练。（3）生成性：教师身份与角色的转换不完全是教师所能预先设计的，尽管在事前教师已做了充分的计划，但是到了戏剧活动现场，儿童的状态和回应的情况都是完全可以预计到的，需要教师随机加以调整。这也是后现代课程观所认可的“不确定性”，不要回避这种“不确定性”，而是应面对“不确定性”加以灵活地应对。

---

[1] [加]诺拉·摩根，朱莉安娜·萨克斯顿. 戏剧教学：启动多彩的心[M]. 郑黛琼，译. 台北：心理出版社，1999：63.

[2] 杨静. 后现代课程观视野下儿童戏剧教育的教师角色研究[D]. 南京：南京师范大学硕士学位论文，2014：23.

（三）教师“双面人”角色的挑战和应对

戏剧教师面对着“双面人”身份与角色转换的跳跃性、回归性和生成性，倍感挑战，正如以下案例中教师的访谈记录：

戏剧教师面对“双面人”角色的挑战[1]

教师L：“我好混乱啊，有时候会搞不清楚自己究竟是老师还是扮演的角色。自己说着说着就一会儿老师，一会儿是灰太狼或者其他扮演的角色，我就是不知道什么时候该出戏，什么时候该入戏。”

教师W：“我就感觉自己好忙啊，扮演不同的角色，没有固定的角色，感觉总在变化；还要想着怎么回应孩子、引导孩子。”

教师Z：“在‘我的幸运一天’主题活动中，我一会儿需要扮演小猪，引导孩子体会狐狸高兴、欣喜若狂的心情；一会儿又要扮演狐狸，让他们感受小猪的害怕、镇定、聪明；一会儿我还要在孩子的表演中扮演旁白；等到他们遇到问题时我又需要变回老师，停下来和他们讨论解决的办法。在戏剧活动中，我觉得老师的角色多种多样，老师必须投入，有热情，感同身受，这样才能带动孩子入戏。”

[1] 杨静.后现代课程观视野下儿童戏剧教育的教师角色研究[D].南京：南京师范大学硕士学位论文，2014：21.

这三位教师的感受不尽相同：“不知所措”“忙碌”“多种多样”；有的比较迷茫，有的有初步清晰的转换意识，有的开始找到了教师身份和角色转换的状态。根据教师所面对的如此挑战，相应的建议如下。

1. 采用“倒推”的策略，考虑身份或角色转换的情形

教师可先思考儿童在戏剧教育中需要什么地位，然后“倒推”出教师的地位，比如儿童经验比较缺乏就需要较低的地位，相应地，教师就要处于高或中等地位，采用的角色一般是权威角色或者次要领导人角色；反之亦然。

2. 教师入戏或出戏的“象征符号”设计与运用

教师可以采用声音模仿、服饰或道具装扮、动作模仿和言语告知等不同象征符号，与儿童建立相互之间的理解或“契约”。比如，教师捏着鼻子说话就是大灰狼；戴上帽子就是爸爸，脱下帽子就是教师；偷偷摸摸地偷吃食物就是小老鼠，站起身来就是教师；直接地告诉儿童“变变变，我现在是一只贪吃的小花鸭”“变变变，我又是某某老师了”等。

3. 预计并合理面对教师处于不同角色地位时的突发情况

比如在一个大班小组进行的戏剧工作坊“盒子里的猫”中，教师扮演了低地位的“丑丑猫”，一个能力强的女孩子扮演了猫王，结果猫王指挥着小猫们玩这玩那，就是不理会“丑丑猫”，教师当时完全没有料到会有如此情况发生，感觉是“完全失控了”，这时就需要教师及时调整：出戏、与猫王继续互动、强调猫王的职责等。反之，教师扮演地位高的角色，但是有些儿童不愿服从命令，比如教师扮演的老鼠妈妈带着小老鼠们偷吃食物，有的小老鼠总是不听老鼠妈妈的建议，发出很大的声音，那么老鼠妈妈可以和其他小老鼠协商，并提出这样的戏剧教学“契约”：发出很大声音的小老鼠，不能外出偷食物，因为声响会引来老猫。

二、教师是“合作者”——和儿童一起创作戏剧作品

我们知道剧作家是写剧本的，然而对于教师和儿童来说，他们在扮演角色的过程中，是通过动作和言语共同“写”剧本的。“就某种意义上来说，老师使用角色来开始‘写’剧本。老师知道要选择哪些句子和动作来帮助学生‘阅读’，而随后提供学生机会运用角色来让他们可以把自己‘写’到动作里。”“就是在‘读’和‘写’的过程中，学生可以和别人一起参与。他们在老师的引导下创作，实际上扮演着共同作者（co-authors）的角色。”[1] 当然这个“剧本”一切都是围绕“戏剧冲突”的遭遇、探讨与解决，一个鲜活的“故事”才能诞生。

（一）“合作者”的由来与意义

戏剧教师作为与儿童一起创作的“合作者”，一方面基于儿童戏剧创作尚处于“稚拙”状态，教师应给予一定的支持、引导；另一方面为了满足儿童的戏剧天性，教师应给予其一定的自由创作空间。教师和儿童一起创作带给儿童的是什么呢？请听听访谈中儿童的感受：[2]

[1] [英]乔纳森·尼兰兹. 透视戏剧——戏剧教学实作指南[M]. 陈仁富，等，译. 台北：心理出版社，2010：75-76.

[2] 杨静. 后现代课程观视野下儿童戏剧教育的教师角色研究[D]. 南京：南京师范大学硕士学位论文，2014：25-26.

儿童的感受

C1:“我最喜欢去老猫家偷东西，老猫没有抓到我们。嘿嘿，我跑得很快，老猫没抓到我。”

C2:“灰太狼来给美羊羊过生日，很搞笑。它戴着手套、口罩，好好玩。它吃不到我们。”

C3:“我喜欢狐狸给小猪按摩的地方，小猪太舒服了，狐狸都累趴下了，哈哈。”

C4:“我喜欢狐狸帮小猪洗澡，还有给小猪做好吃的，这只小猪太聪明了。”

C5:“圣诞老人带了很多礼物来给我们送礼物，很开心，我很喜欢。”

C6:“我喜欢将军、士兵打仗，打得很好玩，××打到我了，有点疼。”

C7:“我喜欢在演‘餐厅的故事’时老年人的地方，我觉得他们演得很像……”

（二）“戏剧冲突”架构的合作

学前儿童所喜欢的大多是戏剧冲突所带来的紧张、激烈、搞笑和不平常。那么，戏剧教师如何在戏剧创作，尤其是在“戏剧冲突”的设计、气氛的营造以及推动方面与儿童合作呢？

1. 教师是“戏剧冲突”架构的设计者

教师在开展戏剧活动之前和做戏剧活动的过程中，需要不断地思考戏剧冲突的架构。桃乐丝·希斯考特（Dorothy Heathcote）认为“架构的主要意义在于显示：（1）张力；（2）对于参与者的意义”[1]。以中班戏剧工作坊“保卫森林家园”为例，教师需要考虑以什么动作方式凸显砍树人和森林里的树木、小动物的冲突的张力，引发儿童积极探索，并且在戏剧话题上需思考人与自然应该具有怎样的关系，如何看待砍树人破坏森林的行为，等等。正如乔纳森·尼兰兹（Jonothan Neelands，1984）提出计划架构要考虑三个因素：形式、观点和张力。在这一案例中，教师在形式设计上以倾听森林音乐为开端，在清新、美好、充满生机的森林情境中，儿童通过想象“我是森林里的谁”，以自己喜欢的植物、动物等不同角色进入戏剧情境；观点的设计顺应一种“先抑后扬”的理念，从对砍树危害的思考到如何让大自然恢复生机，让儿童感受到未来的美好，如此积极意义的探索正是一种审美精神的升华；张力的设计从舒缓到激烈，从安静到破坏，从生机到荒芜，使儿童在对比中充分感受到人类与大自然应该维持的和谐关系。教师设计了戏剧冲突的架构，在这一架构的支持下，角色、具体情节（为何

[1] ［英］乔纳森·尼兰兹.透视戏剧——戏剧教学实作指南［M］.陈仁富，等，译.台北：心理出版社，2010：134.

砍树，砍什么树，与森林家园中的树木、动物发生了什么冲突，最后是如何让森林家园重现的）都是由儿童自己创作。

2. 教师是“戏剧冲突”氛围的营造者

张力的凸显，需要戏剧冲突氛围的营造。这一营造者的身份很自然需要由教师担任。氛围营造不足，儿童参与积极性就不高。比如教师扮演鼠妈妈，突然说：“妈妈带你们外出偷吃食物吧。”小班儿童感觉有些突然，便不知所措地站在原地不动。氛围营造过头，可能引发儿童恐惧或拒绝的反应。比如教师扮演的老猫突然很恐怖地大叫一声“喵!”并且张牙舞爪地扑过来，就有几个胆小儿童害怕得哭了起来。氛围的营造一方面要暗示戏剧情境的情感色彩，另一方面要考虑儿童的心理承受力。正如这位教师在扮演鼠妈妈带着小老鼠们偷吃食物的时候，鼠妈妈不断地轻声提醒：“小老鼠们，要轻（拖音读）一点啊!要不然把老猫吵醒了（很小很小的声音，最后只有气声），它要抓（重读）走你的。”这时候戏剧氛围是静悄悄的，小老鼠们的身体高度是低低的、声音是轻轻的，而当老猫出现时，原来的安静就被打破了，“奔跑”“喊叫”与“偷吃”“轻声”形成对比；另外，教师不断地提示老猫要出现，给予儿童一定心理准备，并用了“抓”而不是“吃”，在一定程度上不至于吓唬到年龄尚小的小班儿童。

3. 教师是“戏剧冲突”解决的推动者

戏剧冲突最终的解决是由儿童思考、探索和找到合适方案。但是在整个过程中，教师要给予儿童一定的推动力，有时是正向的，有时是反向的。当儿童的经验较缺乏、戏剧创作能力较薄弱时，就很需要教师正向的推动，教师可以提供资讯、两种选择和具体任务等。比如中班戏剧主题活动“父与子”中，爸爸开车带着睡在床上的儿子时，会遇到谁？他们会怎么对待爸爸呢？有些中班儿童就不知道如何回应这些问题。教师可以先提供有关道路上行人和警察的资讯，或者直接鼓励儿童做出选择：“先遇到警察，还是行人?”或者明确具体任务：“遇到警察了，警察做了什么？说了什么?”反之，如果儿童的经验较丰富、戏剧创作能力较强，教师需要故意设置障碍，关注角色不同的内心感受及其之间反应的差异，不断质疑，以反向推动儿童做出更深入的思考。比如大班戏剧主题活动“海底总动员”中，水草和贝壳也要来救小丑鱼尼蒙，“水草们”合力尽量缠住大鲨鱼，“贝壳们”尽量夹住大鲨鱼，可是教师扮演的“大鲨鱼”力气太大了，一下子就挣脱了“水草”，把“贝壳”推开，这一方案看来没有成功；教师出戏提问“水草”和“贝壳”：“你们没有战胜大鲨鱼，心里感觉怎样？担心什么？为什么会出现这种情况？还可以找到谁能打败大鲨鱼?”大班儿童在分析水草和贝壳的劣势后，讨论出章鱼和刺豚有战胜大鲨鱼的优势。

（三）“合作者”角色的挑战和应对

教师对于“合作者”这一角色主要面临两大挑战。

一是传统课堂教师权威角色的习惯，让教师难以很快以合作者的角色与儿童共同创作戏剧，容易出现代替儿童创作的做法。特别明显的是，教师总是希望儿童“跳进”事先安排好的情节中。比如大班儿童在戏剧工作坊“公交车上”中，扮演乘坐公交车的各种乘客：老爷爷、上班的叔叔、小学生、由妈妈带着上幼儿园的孩子等等，教师扮演了一名孕妇。当听到孕妇阿姨喊道：“肚子疼死了!”所有的乘客立刻围在孕妇身边，有几个说自己是医生，可以帮忙把宝宝生出来；有几个说自己是护士，可以打针。教师出戏，提出疑问："怎么你们都成了医生、护士了？在公交车上生宝宝不安全，还是把孕妇送到医院吧。"教师最终还是要求儿童按照原有教案中的安排来扮演。

这是由于在传统、封闭的现代性教育中，教师和儿童的关系被界定为师生关系，即教师以教育者的身份教育儿童，儿童以学生的身份向教师学习宝贵的知识和技能。在开放、多元、动态的后现代教育中，教师和儿童的关系发生了重大的变革，教师是"平等者中的首席"，[1] 一方面，教师与儿童是平等的，他们在探究活动中相互影响、共同学习；另一方面，教师的领导作用并没有被抛弃，教师从"外在于儿童的情境"转化为"与情境共存"，即教师在一定的活动情境中提出观点、看法和见解供儿童参考，不是强加命令给儿童，因此教师就成为内在于情境的"领导者"，而不是外在的"专制者"。戏剧教师完全以"平等者中的首席"和儿童平等合作。

二是教师在戏剧冲突的设计上思路比较狭隘，往往都是按照"谁来了，怎么帮助别人的"这一套路来创作。曾有位新手戏剧教师在访谈中说道："我想冲突点想了很长时间也想不到。我坐在哪儿我都在那想。……来个什么事会比较好玩刺激呢？或者意想不到呢？就是我想这个地方想了很长时间，也问了很多人，大家都想不到。"[2]

为此，教师作为"合作者"，要调整戏剧教育观念，需要丰富戏剧创作教学策略。有一些教师在实践中不断探索教师如何做合作者，正

[1] [美]小威廉姆. E. 多尔. 后现代课程观[M]. 王红宇，译. 北京：教育科学出版社，2000：238.

[2] 张克明. 遭遇戏剧教育——幼儿园新手戏剧教师叙事研究[D]. 南京：南京师范大学硕士学位论文，2013：39.

如下面的访谈：

教师对“合作者”角色的感悟[1]

教师Z：“我觉得冲突的情节对孩子来说会很好玩，让他们觉得有挑战，有新奇感，很吸引他们。他们也很放松，不像别的课上老师总会说‘坐坐好’之类的话，他们可以随意走动，离开座位。……他们一般都会讨论，我也会和他们一起讨论、商量，我觉得我更多就是一个参与者、组织者吧。”

教师C：“有冲突的地方就会很激动人心，就像电视剧或者电影的高潮一样，孩子会很活跃，很激动，也会很期待。……基本上我们是一起讨论解决的，我先要观察他们，在他们有问题的时候引导他们，而且中班的小朋友不像大班的那么能说，思维那么活跃，更多地需要老师把他的话和想法说给别的小朋友听。有时候他们说不清楚的地方，需要我来帮他们整理表达。”

教师W：“我认为有冲突的地方会给孩子更多思考和想象的空间吧，他们会很投入、很认真地动脑筋想办法，比如观察谁的

[1] 杨静. 后现代课程观视野下儿童戏剧教育的教师角色研究[D]. 南京：南京师范大学硕士学位论文，2014：26.

哪个表情和动作不对，哪里演得不好啊，也会很主动地和周围的小朋友讨论交流怎么办。我觉得我们班的孩子变得很自主。对于我的角色我也会问他们的想法，为什么这样想的，应该是引导者吧。”

教师L：“我们班上的孩子很兴奋，他们觉得很放松，更愿意表达自己的想法，七嘴八舌地讲，课堂纪律有点差，但这会给他们很多交流和分享的机会。我觉得老师这个时候就是个引领性的角色，组织他们学会倾听、尊重别人的想法。这个时候孩子越是想说，越要让他们懂得控制自己，这样他们才会印象深刻。孩子的有些想法可能就是这一瞬间的，很快就忘记了，我要记录下他们的想法；但有时候他们的想法很天马行空，和我们这节课的活动内容没什么关系，我还要把他们拉回来。我觉得我给孩子的回应不够，应该适当地肯定他们，鼓励他们，再来引导他们。”

综上所述，从戏剧教师角色“双面人”和“合作者”两大特性，我们可以感受到戏剧教师与学前儿童的共同玩伴关系、平等合作关系和相互学习关系。

第二节　戏剧教学策略

在学前儿童戏剧教育中，教师“教”与儿童“学”之间的对话关系和其他学科领域活动有很大不同，教师与儿童经常以角色的身份互动，要借助多种戏剧教学策略来达成。如果教师不了解戏剧教学策略的运用，教学方式大都为讨论—扮演的交替使用，但是最大的问题是儿童讨论时出现的想法有时很难及时在扮演中有所体验，另外讨论过多往往降低了儿童参与的兴趣，而且使得戏剧活动看起来接近于语言活动。

戏剧教学策略即为了解决戏剧教学的问题而采用的方法和技巧。英国戏剧教育学者乔纳森·尼兰兹（Jonothan Neelands）等人总结了十分丰富的70大类戏剧教学策略[1]。教师可以从中选择学前儿童戏剧教育所适用的戏剧教学策略，还可以加以改造，形成更多的、适合学前儿童戏剧教育的策略。以“戏剧”一词置于“教学策略”之前，说明了这些策略是富有戏剧特色的，旨在制造一种虚构的戏剧情境，以此探索角色的关系、所处的场景、情节的变化以及角色之间的对话，而不是直接按照“说出来”的扮演。结合儿童戏剧经验建构的需要、教师组织儿童戏剧活动的需要，我们通过实践对这些戏剧教学策略加以筛选，并尽量从角色、情节和场景这三个戏剧要素角度加以归类，整理出常用的策略如下。

一、关于角色塑造的戏剧教学策略

角色塑造是儿童在对一个不同于自己的“他人”（即角色）的理解基础上，用动作或言语对其外在形象、典型动作、说话方式等特征的外化。教师在使用相应策略时，要注意给予儿童充足的思考时间，并让儿童将思考及时转化为外显的动作或言语。

[1] ［英］乔纳森·尼兰兹，［英］东尼·古德. 建构戏剧：戏剧教学策略70式［M］. 舒志义，等，译. 台北：台北市成长基金会. 2005.

（一）轮廓图——外在形象的塑造

轮廓图策略是通过对角色轮廓图面部特征、服装、携带的工具等的描述、绘画和扮演，达成对角色形象外表以及行为方式的深度理解和表达。例如，中班儿童对砍树人轮廓图的描述就有大大的嘴巴、眼睛、胡子，脸上有脏东西；穿着牛仔衣、牛仔裤、皮马甲；扛着斧头，提着锯子，背着绳子；等等，教师一边倾听一边画出来。儿童头脑中的砍树人形象变成了画面，并可进一步据此扮演出来。轮廓图策略的运用不仅可以用绘画的方式，还可以鼓励儿童结合动作、表情将绘画内容表达出来，或教师采用适当的装扮，结合动作和言语进行总结性展示。由此，一个画面上的角色就转换为可视、可听的活生生的角色了。

（二）定格——典型动作（姿态）的塑造

定格是最为常见的角色塑造策略，儿童经过对角色动作、形态的思考后用静止的肢体、表情造型表现出来。定格策略使用时需要先给予儿童一个虚构的戏剧情境，比如在舒缓的背景音乐中，教师旁白："在一个森林的清晨，我们听到了什么？想一想你是谁？直立的？缩成一团的？展翅飞翔的？……最后当音乐停下来的时候，请你用动作告诉我。3，2，1，定格。"教师需要观察儿童的动作定格，并及时通过动作猜测其扮演的角色；还可以邀请个别儿童在集体面前展示定格造型，其余儿童猜测其所扮演的角色。

（三）雕塑家——两两合作式的角色动作塑造

雕塑家策略即"参与者将他人塑造成一个雕像，以反映自身对特定主题的想法”[1]。该策略需要两两合作，一个儿童扮演“雕塑家”，一个儿童扮演“雕塑”。“雕塑家”按照自己的想法不断摆弄这个“雕塑”的肢体造型，表达了他对角色外形、姿态的认识和理解。如果说“定格”是儿童自我做角色雕塑家，那么“雕塑家”就是儿童做他人扮演的角色的雕塑家。在这一过程中，“雕塑家”要不断审视自己的作品，不断调整“雕塑”的姿势，直至自己满意。如“雕塑家”摆弄“雪人”（由脖子上戴了围巾的儿童扮演）时，有的让“雪人”张开手臂，好像在“欢迎”；有的让“雪人”一手举起，一手放下，好像在“打招呼”；有的则让“雪人”双臂抱在胸前，好像“睡着了”。

（四）角色圈——分组塑造不同角色

角色圈策略是一个小组同时扮演一个角色，形成一个圆圈，有共同的名字，做该角色的动作造型，说一说该角色常说的话语。学前儿童自己创作的戏剧作品的角色数量通常少则二三个，多则五六个、八九个。当全班儿童无法同时扮演这些角色时，可以分组扮演，即采用同组儿童扮演同一个角色，全班的若干小组分别扮演所需要的各种角色。每个角色圈由一个小组儿童组成，一个角色圈的角色有一个共同的名字，由角色圈中任一个儿童命名。比如命名小兔子为“红眼睛”；随后思考这个“红眼睛”的典型动作，小组儿童可以做出“红眼睛”的造型；最后采用依次传话等方式，任何一位“红眼睛”先说出任意一句话，其他“红眼睛”依次用自己觉得最适合的表达方式说出这一句

[1] [英]乔纳森·尼兰兹，东尼·古德. 建构戏剧：戏剧教学策略70式[M]. 舒志义，等，译. 台北：台北市成长基金会，2005：136.

话。教师可提示："你觉得'红眼睛'说话是快快的，还是慢慢的？说话声音是粗粗的，还是细细的？当时心情是快乐的，还是悲伤的？"角色圈策略运用时需要考虑空间安排，以及各个角色圈儿童之间的关系。

（五）全班/小组扮演——集体扮演一个角色

全班/小组扮演策略即全班或一个小组扮演同一个角色，既满足了所有儿童的参与欲望，又减缓了儿童在集体面前表演的紧张感。这一策略经常用于年龄较小的小班或中班儿童。比如全班儿童扮演"想吃苹果的鼠小弟"时，儿童伸手想去够苹果树上的苹果，动作各异，神态各异，可是怎么够也够不到，原来苹果树太高了。如果仅由一个儿童扮演，儿童往往因为胆小而不敢表现出来。

二、关于情节创作的戏剧教学策略

在情节创作中，学前儿童作为戏剧创作的主体，在教师的引导下，不断产生新的想法，在虚构的情境中将自己内心的想法转变为可视、可闻的行动，以寻找解决问题的各种方案。儿童既是角色化的问题提出者，也是角色化的问题解决者。这一阐述改变了以往我们对于情节创作的惯性形式，即以语言讨论为主，根据语言讨论的内容来扮演，因为实践中常会看到儿童在扮演时会遗忘他们所讨论过的内容。学前儿童的扮演有即兴性，还不能像成人一样可以将讨论的内容完整地用动作、言语再现出来，这也是儿童戏剧创作"稚拙"的一个层面。对此，戏剧教学策略的运用可以顺应学前儿童戏剧经验建构的特点，给予戏剧创作以支持。

(一) 教师入戏——以角色带动情节创作

教师入戏策略是教师以角色的身份带动儿童创作情节，这是最常见的以角色带动情节创作的策略。教师以某个角色的身份与儿童互动，在这一互动过程中，儿童对角色之间发生的情节就自然展开了，不需要专门的讨论。“教师入戏是以情境内第一人称之方式来引导，即协助参与者发展与呈现戏剧的想象情境。通常教师会扮演剧中某些任务，利用戏剧中角色特质来吸引儿童参与，借此提出要求、建议，以达到发展剧情或探索重要议题之目的。”[1]

(二) 坐针毡——以探索角色内心活动带动情节创作

坐针毡策略是某个人（教师或孩子）扮演角色，接受其他人的询问。可以借由坐在特定位置（“针毡”）、穿上某件衣服，或拿着某个物品来示意所扮演的角色。[2] 这一策略用于情节发展过程中角色内心活动的探索，比如教师或儿童扮演的“狐狸”戴上狐狸的帽子坐针毡，“小猪们”对“狐狸”提出有关会不会吃掉自己的问题，“狐狸”说出自己吃掉“小猪”的各种理由；还可以由此进一步发展情节，在“狐狸”与“小猪”之间的对话中呈现情节发展的多种可能性。

(三) 良心巷——以角色心里话带动情节创作

良心巷策略即“全体分成两列，中间的距离容许一个角色通过。

[1] 林玫君. 创造性戏剧理论与实务——教室中的行动研究[M]. 台北：心理出版社，2000：152. 本章第一节对此已有详细论述。

[2] [英]乔·温斯顿，迈尔斯·坦迪. 开始玩戏剧4—11岁：儿童戏剧课程教师手册[M]. 陈韵文，张镫尹，译. 台北：心理出版社，2008：179.

让这个角色穿过这条‘巷子’，其他参与者以某角色或自己的身份提出意见或看法，或者说出对该角色的想法。这个角色可能即将面临人生的重要关头、下决定、面临进退两难的局面、解决问题、艰难的抉择”[1]。比如，教师扮演大树，通过小鸟（儿童扮演）之间的通道，引导儿童说一说鸟儿会如何感谢大树朋友，作为戏剧情节的结局。

（四）神秘之物——以物品象征意义带动情节创作

神秘之物策略是以物品的象征意义引出情节的探索。比如一把“钥匙”象征着权力，那么它是谁的钥匙？他（她）用这把钥匙锁着哪里的大门？为什么要锁门？不让谁打开门？那么谁也想要这把钥匙？最后钥匙在谁的手里？神秘之物出现的时机很重要，通常出现在戏剧冲突发生后，处于问题难以解决之际。“神秘之物”策略的使用改变了过于单一的某个具体角色到来之后的情节创作，而须凭借物品所有人的身份进行猜测，增加了几分神秘感，这也是一种张力。

（五）一封来信——以文字信息带动情节创作

一封来信策略与神秘之物策略有类似之处，但是有所发展，增加了来信的文字内容。一封来信的内容可以为情节的发展增加新的障碍，或是解决方案，或是更大的谜团，激发儿童进行深入的情节探索。这一策略一般更适合年龄较大的大班儿童。

[1] [英]乔纳森·尼兰兹，东尼·古德. 建构戏剧：戏剧教学策略70式[M]. 舒志义，等，译. 台北：台北市成长基金会，2005：138.

（六）会议或仪式典礼——以特定仪式程序带动情节创作

会议或仪式典礼策略是以举办会议或者仪式典礼等特定的程序安排情节的发展。会议或仪式典礼通常有特定的参会角色、特定的场景以及特定的程序，比如在过生日、婚宴、皇帝上朝、木兰庆功宴等情节设计上，就要遵循这些特殊的礼仪，以显示其仪式感。

三、关于场景创作的戏剧教学策略

场景创作的策略通常与角色创作、情节创作的策略相互融合使用。

（一）镜像画面——合作造型符号的场景

镜像画面策略是运用肢体形态，集体复制一个视像画面，从中具体地呈现生活及事件。其中既有角色造型的创作，也有对场景的展现。比如儿童可以用肢体合作再现一幅有山、有水、有花草、有树木的森林家园。

（二）故事地图——图画符号的场景

故事地图策略即想象与描画故事的主要角色的行进路线、场景，既有情节发展创作，也有每一段情节发展的场景的描画。比如儿童绘制小花鸭迷路后的路线图：草地、树林、小河、小花鸭的家等，并说出经过这些场景发生的故事，在随后的即兴扮演中可以参考此故事地图。

总之，戏剧教学策略在设计上要结合学前儿童戏剧经验建构规律，并考虑戏剧教学的实际需要，可以从已有的戏剧教学策略中不断研发新的策略，并在实施中加以完善。

第三节　戏剧教学契约的建构

张克明（2013）曾对三位幼儿园新手戏剧教师进行了近一年的观察与访谈相结合的叙事研究，发现新手戏剧教师面临的最大困难是“戏剧活动对课堂秩序的冲击”，一方面为了维护戏剧活动的民主、平等、宽松、自由的氛围，原有的集体活动“常规”不再适用，另一方面没有规则、规范，戏剧活动现场时常混乱，教师只能用简单的口令。[1]

其实，不论何种理念的教育活动都需要一定的规则，甚至儿童在游戏中也需要有规则可循。但是，戏剧教育活动组织管理的规则除了包含我们熟悉的幼儿园一般性的常规之外，由于戏剧教育情境的虚构性、角色的互动性、情节的师幼协商性以及教学空间的变化多样性，要求其建构更具有戏剧特色的规则。教师不能强制儿童参与戏剧活动，而是要在儿童入戏的情境中让其自然而然地参与其中，遵守戏剧中的规则，即双方共同协商而建构一种“戏剧教学契约”。

一、戏剧教学契约的含义

黑格尔认为：“契约”就是“合意”。即特殊意志（个体、群体）与特殊意志在平等的基础上通过协商而形成的“共同意志”。[1]“契约”建立在彼此的共同意志之上，通过平等协商而形成。“契约”在教育领域主要运用于班级课堂管理范畴，出现了正式的、显性的“课堂

[1] 张克明. 遭遇戏剧教育——幼儿园新手戏剧教师叙事研究[D]. 南京：南京师范大学硕士学位论文，2013：97.

[2] [德]黑格尔. 法哲学原理[M]. 北京：商务印书馆，1961：81.

行为契约”和“学习契约”以及非正式的、隐性的“班级心理契约”等概念。

在戏剧教育中，英国戏剧教育学者乔纳森·尼兰兹（Jonothan Neelands，1984）认为戏剧学习契约源于“戏剧学习时产生于师生间的一种协商机制”[1]。

结合戏剧教学的特定内涵，本书将乔纳森·尼兰兹（Jonothan Neelands，1984）所提出的戏剧学习契约的条件加以整理，提炼出如下对于学前儿童戏剧教学有用的戏剧学习条件：（1）我们除了需要肢体上的活动之外，也需要心理层面的思考；（2）将大家个别的知识结合起来变成团体的共识，需要仔细地聆听和保持专注，同时需要长时间的讨论；（3）我们的努力不能被讽刺及戏谑给破坏了；（4）必须要给大家扮演他人的机会；（5）我们不要自己觉得观众在瞪着我们看（和观众必须要有互相信任的默契）。由此看来，戏剧教育主张教师和儿童之间平等对话的关系，倡导教师作为“合作者”，和儿童共同进行戏剧创作，以及解决由此带来的组织管理问题。这些需要教师和儿童之间建立一种服务于彼此“共同意志”的戏剧教学契约。

曹璐璐（2014）通过对幼儿园戏剧主题活动契约的行动研究，将戏剧活动契约界定为“师幼双方通过平等协商建构的服务于戏剧教学活动的规则、约定。戏剧活动契约不完全等同于规则和常规，它具有假定性、流动性和一定的游戏精神；它是普适性和个性相结合、预设和生成相结合的”[2]。

[1] [英]乔纳森·尼兰兹.透视戏剧——戏剧教学实作指南[M].陈仁富，等，译.台北：心理出版社，2010：44.

[2] 曹璐璐.幼儿园戏剧主题活动契约的行动研究[D].南京：南京师范大学硕士学位论文，2014：19.

由此看来，戏剧教学契约是一种教师“教”与儿童“学”之间的契约，是为了共同完成戏剧作品的创作，双方共同协商建构的一种约定。对于教师而言称为“契约”，对于学前儿童而言则称为“约定”。

二、戏剧教学契约的内容与符号形式

（一）戏剧教学契约的内容

戏剧教学契约不能等同于一般的班级常规或课堂教学契约，要凸显戏剧教学的特性。由此，戏剧教学契约有如下内容。

1. 假定性契约

戏剧的本质定性之一即“假定性”，角色、情节和场景都是虚构的，但是演者和观者都“以假当真”，创造和欣赏着这一虚构的戏剧世界，并沉浸其中。假定性契约一方面在外在表现上“假装是真的”，另一方面内心知道“其实是假的”。

当教师在戏剧工作坊教室面对中班儿童说道：“这里有一片水田，里面有什么呢?”突然一个儿童大声说：“老师，这里什么也没有啊!”（在一旁观摩活动的老师们都笑了）其他参与的儿童好像没有听见似的，有的一边说道“这里有菱藕”，一边开始假装卷起裤管，下水田捞菱藕；还有的假装划起小船，说道：“还要划船，把菱藕捞起来，放到船上。”那个说“什么也没有”的儿童迟疑了一会儿，也跟着同伴们一起假装捞菱藕了。教师以提问的方式给儿童做出了一个“假定性契约”的暗示，但是那个说“什么也没有”的儿童尚没有达成对这一契约的理解，或者说他没有和教师之间建立这一假定性契约。然而当其他儿童表现出已经和教师建立这一契约，那个儿童也就自然认同这一契约了。假定性契约是所有戏剧教学契约中最为根本的、基础的契约，在最初建立时教师通常明确提议说“我们假装……”，儿童一般以即刻的动作回应教师，随后就演进为隐性的契约，不言自明了。

2. 行动的契约

戏剧是行动的艺术，通过外化的行动而显现。但是在行动中，容易出现各种问题。比如没有思考就随意行动；只顾自己行动，不欣赏教师、同伴的行动；以为行动有标准答案，教师要求儿童按照统一的动作，儿童则做出和教师同样的动作。对此，戏剧教学的行动的契约为：（1）先思考再行动；（2）可以学习别人；（3）没有标准答案。

3. 角色分配的契约

在角色分配上常会出现各种情况：某一个角色大多数儿童都很喜欢；某些反派角色大家都不愿意扮演；个别男孩子只喜欢扮演反派角色；有一些特殊的角色，比如花木兰，男孩子就不愿意扮演；等等。教师和儿童的共识是尽可能让每位儿童都有机会尝试各种角色，由此角色分配的契约出现了：轮流、尝试其他角色、竞争或者推选。

4. 协商的契约

当教师和儿童需要合作完成某项任务时，每个人的不同想法需要被不断地验证，直至得出一个大家都能采纳的方案。协商的契约首先是某个想法要得到大家的认可，然后这个想法可以结合其他想法形成团体的共识。比如面对砍树人，大鸟用翅膀拍打砍树人，把砍树人吓跑，这一方案在协商中得到大家认可。

5. 配合的契约

配合的契约体现在扮演的角色与角色之间相互的配合，在维系“假定性”的基础上，使得角色之间相互配合。在大班戏剧主题活动“花木兰”完整排演中，按照剧情发展，敌军应该被木兰所率领的军队打退，可是“敌军”一直“奋战”（大概持续了4分钟），迟迟不肯败下阵来。于是教师和全班儿童协商了“胜败的约定”：“敌军”在打了一段时间后，假装失败。

配合的契约还体现在演员与观众之间的相互配合。学前儿童还没有真正意义上的观众意识，常会出现背对观众表演的情形，由此“半边脸的约定”形成了，即“当演员既要与台上其他演员配合又要面对观众时，可侧身，保证半边脸对着观众，半边脸对着其他演员，如不需要与台上演员配合时则要整张脸面对观众”[1]。另外，作为观众的学前儿童处于“参与式欣赏”的阶段，有时会出现参与到表演中的行为，即在演者和观者之间没有很明显的界限，但是观者需保持一定的安静程度，有礼貌地欣赏他人的表演，由此“文明小观众的约定”形成了。

6. 空间的契约

戏剧活动尤其是戏剧表演活动通常涉及空间的契约，即活动空间范围的限定，包括：（1）个人或小组动作扮演区域的契约，比如只能在自己前方两小步范围内做动作；（2）场景的契约，协商相互有联系的场景所用象征“符号”及其区域范围，比如中班戏剧主题活动“父

[1] 曹璐璐. 幼儿园戏剧主题活动契约的行动研究[D]. 南京：南京师范大学硕士学位论文，2014：41.

与子”中爸爸和儿子的家、马路上、游乐场这三个区域的划分由教师和儿童共同绘图讨论形成，并以一张垫子象征“家”，一张小椅子象征开在“路上”的汽车，画在地板上的圆圈象征游乐场；（3）表演区（舞台）与观众区的位置的契约，比如以画在地板上的一条线为界限，在表演区即开始表演，回到观众区即安静、礼貌地观看；（4）表演区（舞台）的站位、走位、行动路线图，如图8-1。

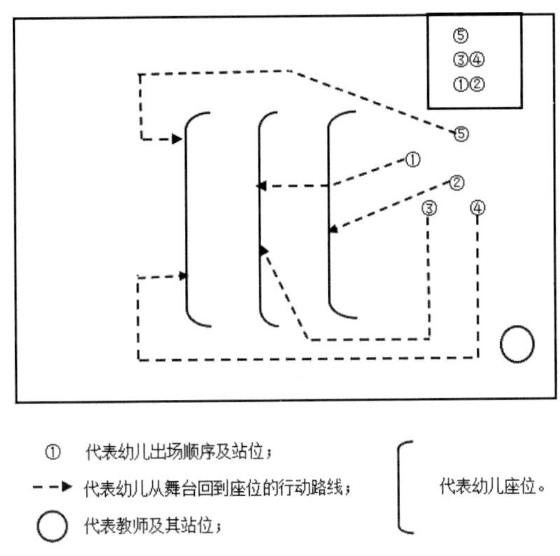

图8-1　表演区（舞台）的站位、走位、行动路线图[1]

7. 时间的契约

时间的契约相对于空间的契约要简单一些，一般包括：扮演行为开始的时间契约，比如定格倒计时“3，2，1”后，参与者需立刻做出静止的造型动作；表演开始前倒计时的契约；还有扮演的时间长度契约，即某一段情节或动作表演的时间——“从何时开始，到何时结束”。对于学

[1] 曹璐璐. 幼儿园戏剧主题活动契约的行动研究[D]. 南京：南京师范大学硕士学位论文，2014：47.

前儿童来说，不能以抽象的时间长度计时，而是应结合具体的情节，比如中班戏剧主题活动“我的幸运一天”，对于“小猪”而言，当“小猪”坐到沙发上时，“狐狸”开始给“小猪”按摩；当“小猪”说“再按按左边，对，就是这边”的时候，“狐狸”就要累得趴到沙发后面。

综上所述，假定性契约为戏剧教学内容的根本，行动的契约为其基础，角色分配的契约、协商的契约和配合的契约体现了多种关系合作型的契约，空间和时间的契约则服务于戏剧活动时空方面的组织管理。

（二）戏剧教学契约的符号形式

戏剧教学契约不仅有意义，还是一种符号。这一符号是由教师和儿童共同协商的，具有一定的场域性，即一个班级的契约为他们自己所理解，而不一定为其他班级所理解。

1. 图画符号

戏剧教学契约以图画符号的形式表征出来，比如在哑剧表演时不能说话，以图画“嘴巴上有一个大大的叉”表示。当教师出示这一图画符号时，大家都明白此时是哑剧表演，不能说话。

2. 音响符号

某一段特定的音乐、音效由教师和儿童共同协商作为戏剧开始或结束、暂停或安静的契约。

3. 实物符号

教师入戏和出戏常使用简单的服饰、道具作为一种实物符号的契约。

4. 文图符号

教师和儿童用文字和图画结合的方式将约定写、画在纸上，并签上日期，贴在墙面上醒目的位置，比如有关“听的约定”“讨论的约定”。

5. 言语符号

言语符号是教师和儿童口头商定的话语性契约，比如“3，2，1，开始”这一声音口令常常作为动作定格、开始即兴扮演的契约。

三、戏剧教学契约的动态机制

戏剧教学契约与幼儿园管理中的常规还有一个最大的不同，戏剧教学契约从建立、运行，到最终的内化，具有一种建构性的动态机制，即呈现出从最初的外显到最后的内隐、由多到少的动态过程。比如“小眼睛看老师”这样的常规在幼儿园教师那里经常使用，具有重复性；而戏剧教学契约则不然，比如前面一两次做哑剧表演，教师需要提示哑剧契约符号，到了后面的活动，教师基本不需要做出提示，儿童已经能够做到“哑剧表演不说话”，由此说明该契约已经内化为儿童的习惯。如果还需要教师一再提示，说明这个契约的运行不成功，并不能让教师和儿童双方获益，需要重新建构。

戏剧主题活动以集体教学活动为主，特别需要戏剧教学契约。曹璐璐（2014）专门针对在戏剧主题活动的“戏剧表达”“戏剧创作”“戏剧表演”三个环节中戏剧教学契约的运行进行了研究[1]。她发现：在师幼初步接触戏剧主题活动时，处于磨合阶段，面临的问题又较

[1] 曹璐璐. 幼儿园戏剧主题活动契约的行动研究[D]. 南京：南京师范大学硕士学位论文，2014：70.

多，更加迫切需要契约来帮助教师教学。且在活动刚开始就建立契约，也让儿童明白戏剧活动同游戏一样，有着明确的规则，不能为所欲为。所以，“戏剧表达”“戏剧创作”环节建立的契约可能较多。但一个契约一旦建立，后期只需要简单地维护或者局部调整即可。由于“戏剧表演”环节的特殊性，涉及舞台、剧场知识等，“戏剧表演”环节的契约也是较多的。整体看来，契约的建立是一个“紧——松——紧——松”一张一弛的过程。

做一个形象的比喻，戏剧主题活动的契约的运行过程呈“蝌蚪型”。“蝌蚪”的头部相当于契约的建立。契约的建立方式直接影响着儿童对这一契约的认同和维护程度，因此契约的建立在整个运行过程中起着举足轻重的作用。“蝌蚪”的身体部分相当于契约的运行过程，它并不是一条平稳的直线，而是波动起伏的波浪线，有谷峰有谷底。同样契约建立后不可能运行得完全顺利，会出现反复，甚至是倒退。契约的运行不止在静态上类似于蝌蚪的身形，在动态的生长过程上，二者也是极为类似的。随着儿童对戏剧活动契约的逐步内化，这些契约的运行和维护就逐渐内隐，正如随着“蝌蚪”的成长，其尾巴逐步脱落，慢慢消失，直到儿童完全内化了这些契约，师幼即达到一种高度默契的状态。

当然，契约不仅是面对集体的，还有一些契约是个人化的，仅仅由于某个个体的缘由需要专门建立个人契约。

总之，与成人戏剧教育相比，戏剧教学契约是学前儿童戏剧教育实施不可或缺的有力手段、方式。在其从外显到内隐的自然运行中，学前儿童戏剧教育的实施让教师和儿童双方都感受到一种自在、顺畅和舒适，那种“乱哄哄”“难以控制”的局面会越来越少。

第九章

教与学的对话：

学前儿童戏剧教育的评价

本章从“教”与“学”对话的视角，论述了学前儿童戏剧教育评价的方法和内容，包括了对教师“教”的评价和对儿童“学”的评价。在对教师“教”的评价中，我们通过对教师与儿童的互动情况的观察，对教师“教”的优点以及存在问题进行分析；对儿童“学”的评价，我们不是为了评定儿童的戏剧能力高低，而是呈现儿童“学”的各个方面的事实，为教师提供教学改进的建议。

结合学前儿童戏剧教育的组织形态，学前儿童戏剧教育评价相应地包括表演区游戏的评价、戏剧工作坊的评价和戏剧主题活动的评价。表演区游戏的评价以观察法为主，既有游戏过程的整体观察评价，也有参与游戏的每个儿童的游戏行为和教师指导行为的评价；戏剧工作坊的评价，既有儿童个体在各个环节的戏剧行为检核评价、儿童戏剧工作坊作品的整体评价，还有教师指导行为评价；戏剧主题活动的评价包括了教师日志评价和儿童戏剧学习检核表评价两个方面。

在对学前儿童戏剧教育进行评价时，万不可对学前儿童做出等级或者分数的量化评价。这是出于两个层面的考虑：一是学前儿童自己创作的“戏剧作品”以其“稚拙美”而处于“前戏剧”状态；二是学前儿童戏剧教育不是专门的戏剧艺术教育，而是以戏剧艺术素养启蒙为核心的审美教育，追求儿童灵性与人性对话的人文精神内核。这些都不是量化评价所能明显标注的。那么，究竟以何种评价标准评价儿童？一种描写性的、邀请性的和唤起性的评价被解释为评估（assess），不是评量（evaluation），评估的含义是：（1）评估是持续的过程；（2）在评估中，虽然教师可能期待结果，但是因为作品是自然产生，他不能预测结果；（3）“适当的反应”显示反应者有许多经验可以选择；（4）评估标准指出对任务、情境、问题和有潜力的学习结果，是可以预期的。[1] 本书中所使用的“评价”即指一种定性的评估，而不是量化的“评量”或“评定”。

学前儿童戏剧教育的评价包括了对教师“教”的评价和对儿童“学”的评价。在对教师“教”的评价中，我们通过对教师与儿童的互动情况的观察，对教师“教”的优点以及存在问题进行分析；对儿童“学”的评价，我们不是为了评定儿童的戏剧能力高低，而是呈现儿童“学”的各个方面的事实，为教师提供教学改进的建议。澳大利亚戏剧教育学者约翰·奥图尔等（John O’Toole & Julie Dunn，2002）认为，戏剧活动最佳的评估方式就是借由教师的观察。教师观察学生参与活动的情况，判断学生的的表现。观察的结果必须记录下来，教师可以借

[1] [加]诺拉·摩根，朱莉安娜·萨克斯顿. 戏剧教学：启动多彩的心[M]. 郑黛琼，译. 台北：心理出版社，1999：261，268.

由一些评估项目作为所观察到的情形之依据。列出检核表（checklists）以及个别的逸事趣闻记录（anecodotal records）对评估工作很有帮助。[1] 由此，观察法为学前儿童戏剧教育评价的基本方法，具体采用了教师日志评价和儿童戏剧学习检核表评价。

第一节 表演区游戏的评价

表演区游戏是学前儿童在幼儿园区域内，基于文学作品、动画片等资源中的各种人物形象的动作、语言、表情和事件，创作新的角色、情节的创造性游戏，属于戏剧性游戏。教师在表演区游戏中，集多种身份于一身，同时是材料提供者、组织者、观察者和建议者。

表演区游戏的评价是教师对学前儿童在表演区游戏行为以及教师指导行为两个方面的评价。

一、表演区游戏的评价方法

表演区游戏评价的方法通常是观察法，具体采用时间取样法。即在区域游戏时间里，每隔5分钟去表演区，依次对区域中每位儿童在1分钟内的行为进行记录。如有条件，可以辅以录像的方式记录。

教师作为观察者，如果采用非参与观察，就不能干预儿童的游戏；如果采用了参与式观察的方法，就包括了对自身指导行为的观察与反思。在现实中后者更为常见。

[1] [英]约翰·奥图尔，朱莉·邓恩. 假戏真做，做中学——以戏剧作为教学工具，帮助学生有效进入主题学习[M]. 刘纯芬，译. 台北：财团法人成长文教基金会，2005：69.

二、观察内容与记录框架

（一）表演区游戏过程的整体观察

借鉴科恩等人（2008）对戏剧表演游戏的观察评价的内容[1]，本书将表演区游戏过程概括为游戏的开始、游戏中的角色、游戏中情节（事件）的顺序、儿童象征性物品和行为、儿童使用真实的服装和道具等资源、游戏的结束等完整的各个方面。详见表9-1。

表9-1 表演区游戏过程评价记录表格

班　　级：　　　　　　　　　　时　　间：
游戏人数：　　　　　　　　　　儿童姓名（编号）：
教　　师：　　　　　　　　　　记 录 人：

序号	项目	描述
1	游戏的开始	发起者： 游戏者： 游戏方式：
2	游戏中的角色	
3	游戏中情节(事件)的顺序	1. 2. ……
4	象征	象征性物品(以物代物) 象征性行为(假装动作)
5	使用真实的资源	服装： 道具： 场景：
6	游戏的结束	结束者： 游戏者： 结束方式：

[1] 参见[美]桃乐丝.H.科恩，弗吉尼娅·斯特恩，南希·巴拉班，等.幼儿行为的观察与记录(第五版)[M].马燕，马希武，译.北京：中国轻工业出版社，2013：80-82.

（二）表演区游戏中儿童行为与教师指导行为的评价

1. 儿童行为观察内容框架

杨梅佐（2010）根据儿童在表演游戏中的行为表现把大班儿童在表演游戏中的行为分为三类：非表演游戏行为、表演游戏相关行为、表演游戏行为。根据行为的方式，表演游戏相关行为和表演游戏行为都可分为语言行为、动作行为、语言和动作行为，即表演游戏相关行为可分为表演游戏相关语言行为、表演游戏相关动作行为、表演游戏相关语言加动作行为、表演游戏行为可分为语言表演行为、动作表演行为、语言加动作表演行为；在表演游戏中，行为指向是有一定的内容的，通过对表演游戏的观察分析，研究者认为儿童在表演游戏中的行为内容主要有角色、场景、规则和情节四种类型，详见表9–2：[1]

表9–2　表演区游戏中儿童行为类型与编码

<table>
<tr><td rowspan="3">行为类型</td><td colspan="2">0. 非表演游戏行为</td></tr>
<tr><td colspan="2">1. 表演游戏相关行为</td></tr>
<tr><td colspan="2">2. 表演游戏行为</td></tr>
<tr><td rowspan="6">行为方式</td><td rowspan="3">表演游戏相关行为的行为方式</td><td>1. 表演游戏相关语言行为</td></tr>
<tr><td>2. 表演游戏相关动作行为</td></tr>
<tr><td>3. 表演游戏相关语言加动作行为</td></tr>
<tr><td rowspan="3">表演游戏行为的行为方式</td><td>4. 语言表演行为</td></tr>
<tr><td>5. 动作表演行为</td></tr>
<tr><td>6. 语言加动作表演行为</td></tr>
<tr><td rowspan="4">行为指向的内容</td><td colspan="2">1. 角色</td></tr>
<tr><td colspan="2">2. 场景</td></tr>
<tr><td colspan="2">3. 规则</td></tr>
<tr><td colspan="2">4. 情节</td></tr>
</table>

（编码顺序：行为类型——行为方式——行为指向内容）

[1]　杨梅佐. 大班幼儿表演游戏中的幼儿行为与教师指导行为研究[D]. 南京：南京师范大学硕士学位论文，2010：13.

具体操作定义如下：

（1）非表演游戏行为：指儿童以真实身份独自进行活动，这时儿童没有进入游戏状态，做与游戏不相干的行为。主要有以下行为表现：无所事事、目光游离、眼神注视观察者、闲逛、沉默等。如儿童到处闲逛，乱跑。

（2）表演游戏相关行为：指儿童以真实身份进行的交往活动，区别于角色的交往活动。主要表现在语言、动作、表情三个方面，并且主要是针对以下几个方面：角色、情节、材料、场景、秩序。如儿童以真实的身份进行角色选择的行为："我当美羊羊！"[1]

（3）表演游戏行为：指儿童以角色身份进行的游戏行为。如在"美羊羊的生日"中，儿童说："美羊羊，送你一个口红作为生日礼物吧！"

（4）表演游戏相关语言行为：指儿童通过语言方式，以真实身份进行的游戏行为。如儿童说："我当喜羊羊！"

（5）表演游戏相关动作行为：指儿童通过动作方式，以真实身份进行的游戏行为。如儿童用相关材料布置羊村场景的动作行为。

（6）表演游戏相关语言加动作行为：指儿童通过语言和动作结合的方式，以真实身份进行的游戏行为。如儿童边说边舞："我要当沸羊羊，我要当沸羊羊！"他一边说着，一边手臂弯曲，攥紧拳头，小腿也在加油用力，表明自己要当沸羊羊的决心。研究者把儿童以真实身份进行的既有语言又有与之相匹配的动作的行为称为表演游戏相关语言加动作行为。

[1] 这一表演区游戏名称为"喜羊羊与灰太狼"。参见杨梅佐. 大班幼儿表演游戏中的幼儿行为与教师指导行为研究[D]. 南京：南京师范大学硕士学位论文，2010：13.

（7）语言表演行为：指儿童用语言方式，以角色身份进行的游戏行为。如：“今天是我的生日！”“美羊羊，送你一个礼物！”

（8）动作表演行为：指儿童用动作方式，以角色身份进行的游戏行为。如儿童在“美羊羊的生日”中做生日蛋糕的行为。

（9）语言加动作表演行为：指儿童用语言、动作混合的方式，以角色的身份进行的游戏行为。如在给美羊羊过生日，准备生日蛋糕时，儿童说：“我在这儿加一点奶油！”儿童边说边做奶油蛋糕。

（10）角色：指儿童的行为指向的内容是关于角色的选择／分配、角色的装扮、角色的形象描述等。

角色选择／分配：“我当喜羊羊！”“我当喜羊羊！”“我一次都没当过喜羊羊！”儿童根据角色的分配而进行的讨论属于角色选择／分配行为。

角色装扮：儿童戴头饰、使用道具的行为属于角色装扮行为。

（11）场景：指儿童的行为指向是场景的布置。儿童用链子搭羊村铁门、布置羊村和狼堡等行为属于关于“场景”的行为。

（12）规则：指在表演游戏中，儿童对同伴的行为进行约束、提议或纠错行为。如儿童在游戏中会出现这样的行为：“大家不要吵，安静！听我说……”

（13）情节：指儿童的行为指向是关于游戏的内容。如儿童之间的对话：“我们玩哪一集啊？”“我们玩‘美羊羊的生日’！”

2. 教师指导行为观察内容框架

杨梅佐（2010）把关于表演区游戏中的教师指导行为分为三个方面：一是在教师指导儿童表演游戏的方式上，包括语言指导方式、动作指导方式、语言加动作指导方式三种；二是教师指导表演游戏时所指向的内容（简称指导内容），包括角色、场景、规则和情节四种；三是教师指导儿童游戏时的身份，包括引导者身份、协助者身份和指挥者身份（见表9-3）。[1]

表9-3 表演区游戏中教师指导行为的类型与编码

指导方式	1. 语言指导方式
	2. 动作指导方式
	3. 语言加动作指导方式
指导内容	1. 角色
	2. 场景
	3. 规则
	4. 情节
指导身份	1. 引导者
	2. 协助者
	3. 指挥者

（编码顺序：指导方式——指导内容——指导身份）

具体操作定义如下：

（1）语言指导方式：指教师介入儿童游戏时，只通过语言的方式对儿童的游戏进行指导的行为方式。如教师说："你们今天玩羊村的游戏，还是玩狼堡的游戏？"

（2）动作指导方式：指教师介入儿童游戏时，只通过动作的方式对儿童的行为进行指导的行为方式。如，教师帮助儿童戴头饰，没有语言交流；教师帮儿童布置场景。

[1] 杨梅佐.大班幼儿表演游戏中的幼儿行为与教师指导行为研究[D].南京:南京师范大学硕士学位论文,2010:14.

（3）语言加动作指导方式：指教师介入儿童游戏时，通过语言和动作结合的方式对儿童的游戏行为进行指导的行为方式。如教师边帮儿童装扮角色，边用语言指导其他儿童的场景布置。

（4）教师作为引导者：指教师介入儿童表演游戏时，儿童为主体，教师为主导，教师在儿童游戏出现问题时及时向儿童提出疑问和建议，引导游戏情节发展，此时教师以引导者的身份介入游戏。如教师暂停游戏，提问儿童游戏中出现的问题时，教师作为引导者。

（5）教师作为协助者：指教师介入儿童表演游戏时，以儿童为主体，教师为辅助者，在儿童需要时对儿童提供帮助，此时教师以协助者的身份介入儿童游戏。如教师帮助儿童把狼堡的空间拉大一点，方便儿童游戏。

（6）教师作为指挥者：指教师介入儿童表演游戏时，教师作为主导，对儿童的行为进行导演。如教师说："沸羊羊，你应该对它说谢谢!"

3. 观察记录

教师在表演区游戏现场的记录如下：

表9-4　表演区游戏中儿童行为与教师指导行为观察记录

班　　级：　　　　时　　间：
游戏人数：　　　　儿童姓名（编号）：
教　　师：　　　　记 录 人：

观察时段(分钟)	0–5	6–10	11–15	16–20	21–25	26–30	……
儿童1							
儿童2							
儿童3							
……							
教师							

（说明：对每个儿童在一个时段内观察1分钟，记录其所出现的所有行为的编码。）

4. 数据录入

根据上述分析框架，可以将每位儿童和教师在表演区游戏的每一个时段内的行为在SPSS16.0上进行登录。变量是这样定义的：[1]

（1）关于行为的类型：0=非表演游戏行为，1=表演游戏相关行为，2=表演游戏行为。

（2）关于行为的方式：1=表演游戏相关语言行为，2=表演游戏相关动作行为，3=表演游戏相关语言加动作行为，4=语言表演行为，5=动作表演行为，6=语言加动作表演行为。

（3）关于行为的内容：1=角色，2=场景，3=规则，4=情节，5=表演的情节。

（4）关于教师的指导方式：1=语言指导方式，2=动作指导方式，3=语言加动作指导方式。

（5）关于教师指导的内容：1=角色，2=场景，3=规则，4=情节。

（6）关于教师指导的角色：1=引导者，2=协助者，3=指挥者。

5. 数据分析

通过SPSS16.0，可以呈现每个儿童不同行为的频次分布以及教师指导行为的频次分布。

第二节　戏剧工作坊的评价

戏剧工作坊是一种小组学习方式，为儿童提供了一个“空”的空

[1] 杨梅佐. 大班幼儿表演游戏中的幼儿行为与教师指导行为研究[D]. 南京：南京师范大学硕士学位论文，2010：15.

间进行戏剧创作。戏剧工作坊的评价在对儿童戏剧学习方面，可以针对每个儿童，也可以针对一个小组的完整的戏剧作品；在对教师教学方面，可以对同一个方案下不同小组的指导行为加以追踪性评价，对每次小组戏剧工作坊教学加以分析，为下一次教学提出建议。

一、戏剧工作坊中学前儿童戏剧学习评价

（一）儿童个体的戏剧学习行为评价

最好采用录像的方式，全程记录戏剧工作坊的教师和每个儿童的互动，并依照《戏剧工作坊中学前儿童戏剧学习检核表》（见表9–5）各个项目加以评价。

（二）儿童戏剧工作坊戏剧作品的评价

对于每一个小组来说，一位教师与8—10位儿童所共同创作的戏剧（角色、场景和情节）就是他们的作品。对儿童戏剧工作坊戏剧作品的评价包括教师的评价和儿童的评价。因为教师和儿童都是参与者，其评价属于自我评价。其中，儿童的评价可以结合戏剧工作坊最后一个环节“分享与交流”来进行，详见表9–6。

表9–6各个评价项目虽然使用了封闭式的题目，但是教师在描述自己的评价和了解儿童的评价时，需要进一步对此项目加以解释。比如“1. 角色适合吗?”教师的评价是：老鼠妈妈、鼠小弟以及帮助鼠小弟的大多数动物都比较合适，能够表现出各种动物独特的本领，仅有一个角色不太适合，它没有帮助鼠小弟的独特本领，等等。

表9-5　戏剧工作坊中学前儿童戏剧学习检核表

姓名：　　　　　　年龄：　　　　　　班别：　　　　　　编号：
名称：　　　　　　　　　　　　　　　时间：　　　年　月　日

环节	检核项目	是否出现	描述
热身活动	1–1. 身体放松，进入戏剧情境		
	1–2. 开启对戏剧话题的思考		
角色塑造	2–1. 思考与表现角色的身份、外形		
	2–2. 运用动作与表情、语言与声音塑造角色的典型动作和言语		
	2–3. 以适当的方式体验与表现角色的情感		
	2–4.能够两人或多人合作进行角色塑造		
情节创作	3–1. 能够围绕戏剧冲突，合理思考问题，提出解决问题的方案		
	3–2. 做出自己的价值判断和思考		
	3–3. 能用适宜的戏剧方式表现情节发展，并通过集体协商来确定		
	3–4. 能够专注于戏剧创作，并乐于表达与回应		
分享与交流	4–1. 能够对戏剧话题反思		
	4–2. 能够对所创作情节再思考与评价		
	4–3. 对自己所扮演的角色反思		
	4–4. 对他人所扮演的角色评价		
	4–5. 专注于彼此的分享与交流		

说明：(1) 如果出现该检核项目，请打"√"。

(2) 在"描述"一栏中，请根据评价对象的典型行为加以描述；尤其针对没有出现的项目要加以客观描述。

表9-6 儿童戏剧工作坊作品的自我评价

名　　称：　　　　　　时间：
儿童人数：　　　　　　姓名：
教　　师：

项　目		教师评价	儿童评价
角色	1. 角色适合吗？		
	2. 角色有趣味吗？		
	3. 哪个角色扮演生动、形象？		
场景/空间	4. 通过想象或标志设计的场景／空间明确吗？		
	5. 能够处于合适的场景／空间吗？		
情节	6. 冲突明显，易于儿童理解吗？		
	7. 冲突营造的戏剧张力充足吗？能激发儿童的思考吗？		
	8. 冲突的解决方案给人美好的感觉吗？		
	9. 冲突的解决方案适合用戏剧的方式表现吗？		
	10. 每个人在戏剧创作中都做出了贡献吗？		

二、戏剧工作坊中教师指导行为评价

戏剧工作坊在教学组织上的独特之处是，教师根据所设计的一份戏剧工作坊方案，依次组织8—10名儿童进行4—5次小组教学。因而这一份方案经过4—5次教学将会不断改进。因此，戏剧工作坊中教师指导行为评价倾向于教师在方案实施中的比较性评价。表9-7以大班戏剧工作坊“神奇的泡泡”为例，说明评价方式。

表9-7 戏剧工作坊评价[1]

名称：神奇的泡泡
教师：
活动时间：第一次（ ） 第二次（ ） 第三次（ ）第四次（ ）

活动时间	优点	存在问题	建议
第一次活动 2011/10/10	1. 儿童善于思考，动作表达丰富。 2. 教师入戏投入，能够激发儿童思考与创作。	1. 活动中儿童入戏时间过长，一直处于兴奋状态，容易产生疲劳。 2. 情节创作环节，儿童提议让小鸟钻进“泡泡”之后，教师引导儿童分成两个大“泡泡”。一组儿童游戏时，另一组在等待中无所事事。	1. 教师出戏与入戏交替进行。 2. 教师选择组织形式时要考虑让所有儿童参与，尽量减少等待时间。
第二次活动 2011/10/17	1. 教师出戏与入戏能交替进行。 2. 儿童分组同时表现，没有等待时间。 3. 在角色塑造环节，儿童以适当的情绪，积极参与活动。	1. 在角色塑造环节的“钻泡泡”部分，儿童几次的表现是在重复自己的原有经验，教师缺少对儿童经验的提升。 2. 在情节创作环节，儿童一直处于躲避小鸟的兴奋状态中，不能很好地倾听与思考。	1. “钻泡泡”缺少层次性，改为第一遍自由表现，老师提供“钻”的经验之后让儿童自主选择教师的或自己的方法再表现。 2. 动静交替，教师适时地组织儿童坐下讨论后再行动。

[1] 参见杨娟. 大班幼儿戏剧工作坊的行动研究[D]. 南京：南京师范大学硕士学位论文，2012：35.

续表

活动时间	优点	存在问题	建议
第三次活动 2011/10/25	1. 儿童可以自由表现各种“钻泡泡”的方式,并在教师提供“钻”的经验之后加以提升。 2. 能够动静交替,教师适时地组织儿童坐下讨论后再行动。	1. 儿童角色扮演后过于兴奋,不能很好地进入下一情节的创编与讨论中。 2. 儿童积极争取发言的机会,却不懂得安静地倾听别人发言。	1. 建立“想好了再去做”的学习契约。 2. 建立“每个人都有发言的机会”“学会倾听他人”的学习契约。
第四次活动 2011/11/03	1. 儿童能够逐步运行“想好了再去做”的戏剧教学契约。 2. 儿童的创作想法能够在教师的帮助下得以实现。	1. 教师频繁强调戏剧教学契约,使得戏剧工作坊活动多次中断,活动缺乏流畅性,且活动时间较长。 2. 活动结束突然,缺少分享与交流环节。	

表9-7的戏剧工作坊评价可以由教师自我评价，也可以由其他教师或园长来做评价。

第三节 戏剧主题活动的评价

戏剧主题活动围绕一个主题，按照从导入、戏剧表达、戏剧创作到戏剧表演这一思路依次展开。由于戏剧主题活动以全班集体教学活动形式展开，因而戏剧主题活动的评价既要考虑全面，也要针对个体。

一、教师日志评价

教师日志评价结合教师的教学和儿童的学习进行全面呈现和分析，可以针对个别儿童，也可以针对全班儿童。下面一个案例是针对全班儿童的戏剧教学的日志。该活动为小班戏剧主题活动“小兔乖乖”的导入活动，即从欣赏文学作品《小兔乖乖》导入戏剧主题。

教师日志评价[1]

戏剧主题活动：小兔乖乖

活动名称：欣赏故事《小兔乖乖》

活动类型：文学导入活动

班别：小×班　　　　人数：××

教师：×××

日期：×年×月×日　　时间：××　　地点：××

【活动来源】

本主题来自童话故事集锦。《小兔乖乖》是个家喻户晓的童话故事，故事中的角色——三个聪明机智的小兔宝宝在兔妈妈外出不在家的情况下，与“坏蛋”大灰狼巧妙做斗争，最后大家团结力量终于赶跑了大灰狼，小兔们和妈妈又能在一起快乐地生活。

这一故事，情节生动，角色有趣，让儿童知道了在生活中遇

[1] 本课题组成员徐萍(南京市于家巷幼儿园)执笔。

到困难时，要动动脑筋，想想主意和办法，并懂得团结起来力量大的道理。小兔们活泼可爱、聪明机智，深得儿童的喜爱；而反面角色大灰狼则是儿童心中“坏蛋”的代名词，既令人害怕，又想战胜它；再者，故事中短小精练的儿歌朗朗上口，还有小兔子和妈妈一起快乐游戏的场景，以及兔宝宝、兔妈妈与大灰狼机智的斗争、动作的表现、言语表情和声音等等，都是小班儿童喜欢的内容，易于他们进行语言模仿、肢体表现。因此，结合儿童年龄特点，本主题采用故事形式导入，以动画片欣赏的方式，让儿童获得对情节内容的了解，对角色形象以及动作、角色对话等有直观的理解，从而为主题活动的开展，为儿童进行戏剧表达、戏剧创作和简单的戏剧表演打好基础，建构相应的经验。

【活动设计说明】

主要环节	设计意图
1. 引入戏剧游戏“采蘑菇”	为了让儿童尽快进入戏剧主题活动中来，采用儿童熟悉的“采蘑菇”这个情境动作。儿童在采蘑菇游戏中自然感知与表现小兔蹦跳的肢体动作。
2. 欣赏动画片《小兔乖乖》	通过动画片的欣赏，便于小班儿童直观形象地了解故事内容，从中感受不同角色的形象和动作的特点，引发儿童对故事内容中的角色进行动作模仿，并提升了语言表达能力。对于欣赏作品后的提问，教师应对作品中显现的角色和事件进行提问，如，故事里有谁？发生了什么事情？在此基础上方可提问儿童对故事中不同角色的出现有什么样的心理感受。如，小兔子见到妈妈回来时心情怎样？看到大灰狼来了，你的心情如何？

续表

主要环节	设计意图
3. 在背景音乐中,模仿作品中喜欢的角色动作	通过教师抛出的问题,如:你喜欢哪只小兔子?它什么样?儿童进一步观察图片,了解角色肢体动作及局部典型特征,进而模仿或在集体面前展示。如:长耳朵——两只手竖起来;短尾巴——屁股撅起来,用手指着身后;红眼睛——用手指着眼睛。
4. 分组扮演不同角色,用肢体展现“三只小兔”的镜像画面	在儿童能辨别三只小兔特点基础上,尝试听音乐进行肢体表现,展示活泼可爱的三只小兔形象,并能在音乐停止时进行“定格”,表现一幅“三只小兔”的镜像画面。儿童不仅要动作有所控制,且要在音乐中表现小兔的活泼与开心的情景。
5. 放松游戏	在轻柔的音乐中,儿童的动作逐渐放慢,轻缓,直至静下来。这里让儿童全身心放松,可以躺下,可以坐着,也可以趴着,让整个心境慢下来。

【第三环节过程的呈现与分析】

情景描述1:

在视频欣赏中,孩子们关注到三个角色,一个是“长耳朵”,一个是“短尾巴”,一个是“红眼睛”。孩子们基本了解三只兔子的外貌形象后,对视频中三只可爱小兔的形象有了很大的模仿兴趣。当问及他们喜欢哪一只小兔时,有的回答是“长耳朵”,有的回答是“短尾巴”,还有的回答是“红眼睛”。当教师问“长耳朵”怎样用动作表现,孩子们知道用两只手上举做兔耳朵状。但有的孩子提出疑问,“长耳朵”有很长的耳朵,一定要伸直手臂才能表现更突出。这一建议让很多孩子对动作有了进一步调整。

分析：

儿童戏剧学习行为：有的儿童在模仿角色形象动作时不是仅仅进行简单的模仿，而是在思考中让肢体表达得更完善。对于小班儿童来说，这很值得夸奖。

教师戏剧教学行为：鼓励小班儿童扮演自己喜欢的角色，而不是统一要求扮演同一个角色；能及时肯定个别儿童的想法，让儿童之间产生互动性的学习。

情景描述2：

当孩子们模仿“短尾巴”时，由于缺乏表现经验，不知道如何用肢体表现动作。于是教师重播视频，并进行定格，让大家观察“短尾巴”形象，了解它的特点，讨论出可以身体蹲一点，小屁股往身体后面撅起，同时一只手指向身后就可以了。

分析：

儿童戏剧学习行为：在肢体表达受到局限的情境下，儿童有点不知所措，而偏向于“长耳朵”和“红眼睛”的肢体表达，因为这两个角色较容易表现。后来在教师的引导下，集体讨论出了动作造型。儿童是在不断尝试和探索中学习的。

教师戏剧教学行为：对于儿童面临的困难，教师适时运用视频播放，进行分段与采用定格策略，发现了“短尾巴”的特点，可以半蹲，手指身后，表现会更形象些。这样一来解决了儿童的疑惑。

存在问题：教师更多关注了肢体动作的表达，其实美术装扮元素的延伸性表达更适合表现“短尾巴”，比如可以和儿童讨论用一条小毛巾、小围巾等等作为尾巴的替代物。

情景描述3：

三只小兔的形象是每一个孩子都乐于用表达的。在欣赏完动画片后，大多数孩子喜欢聪明机智的“长耳朵”。在模仿角色时，更多孩子特别是很多男孩子，他们更愿意表现力量型的“长耳朵”，向上伸展，很有力气。教师还发现表现“短尾巴”形象的幼儿动作也很可爱，于是及时加以鼓励和表扬，让大多数孩子体验更多角色形象，使得肢体表现上有了更多尝试。当轻快的音乐响起时，孩子们分成三组，分别快乐地表现三只小兔子，并在音乐停止时定格成为一幅可爱的“三只小兔”镜像画面。

分析：

儿童戏剧学习行为：对于自己所喜欢的角色，儿童可以尽情表达和不断拓展，正如那些男孩子扮演“长耳朵”。在此基础上，他们也很愿意尝试其他新的角色，获得新的体验。最后在集体合作的镜像画面中整合前面的经验。

教师戏剧教学行为：在戏剧活动中，常会出现儿童偏爱某个角色的问题，教师一方面要给予满足，并发现儿童存在的问题，及时提出解决“长耳朵”动作要领的问题，帮助儿童更加形象地学习；另一方面要在儿童获得满足的基础上，及时鼓励、帮助儿童尝试体验新角色，获得新的成就感。

在教学日志中，教师采用叙事的方式深描戏剧教学事件，可以全面呈现教师和全班儿童互动情况、儿童参与行为等。在分析中可结合本活动的目标、突发的事件或者特殊的儿童行为表现，体现教师对教学的反思。

二、戏剧主题活动中儿童戏剧学习检核表评价

戏剧主题活动一般采用集体教学组织形式，教师可采用儿童戏剧学习检核表对儿童个体的戏剧学习加以评价。如果一次评价对象需扩展为3—5位，可采用聚焦观察座位相邻的3—5位儿童，并辅以录像记录的方式。

表9-8　戏剧主题活动中儿童戏剧学习检核表

姓　　名：　　　　　年　　龄：　　　　　班　　别：　　　　　编　　号：
主题名称：　　　　　主题日期：　　　　　年　月　日——　　　　年　月　日
评价日期：

环节	检核项目	是否出现	描述
导入	1-1. 能够探索戏剧主题来源的戏剧元素		
	1-2. 了解与戏剧话题相关的知识		
	1-3. 对导入活动感兴趣		
表达	2-1. 在理解和思考角色的基础上，能够运用肢体与表情、言语和声音进行戏剧表达		
	2-2. 运用模仿、造型、控制等适当的方式进行戏剧表达，并以恰当的情感融入其中		
	2-3. 知道并能够在需要的时候运用美术、音乐等材料进行装扮、音效等方面的延伸性表达		
	2-4. 能够两人或多人合作进行戏剧表达		

续表

环节	检核项目	是否出现	描述
创作	3-1. 知道戏剧有情节、场景、道具		
	3-2. 能够围绕戏剧冲突,合理思考问题,解决问题,做出自己的价值判断和思考		
	3-3. 在教师的帮助下创作自己的剧本		
	3-4. 能够专注于戏剧创作,并以适当的方式交流自己的思考		
表演	4-1. 知道剧场有观众区、表演区和后台,知道舞台有不同的位置		
	4-2. 初步了解所采用的戏剧样式(话剧、音乐剧、偶戏、皮影戏)(比如哑剧是不能说话的)		
	4-3. 与其他角色、观众良好互动,让其理解自己扮演角色的动作、言语		
	4-4. 通过协商明确自己所扮演角色上下场的顺序、站位		
	4-5. 在剧场活动中能够根据自己的任务与同伴进行分工合作		
	4-6. 坚持自己所扮演的角色,并能体验和表现角色的情感		

说明:(1) 如果出现该检核项目,请打"√"。

(2) 在"描述"一栏中,请根据评价对象的典型行为加以描述;尤其针对没有出现的项目要加以客观描述。

参考文献

一、著作类文献

[1] [瑞士]皮亚杰,英海尔德. 儿童心理学[M]. 吴福元,译. 北京:商务印书馆,1980.

[2] 张庚. 戏剧艺术引论[M]. 北京:文化艺术出版社,1981.

[3] [英]马丁·艾思林. 戏剧剖析[M]. 罗婉华,译. 北京:中国戏剧出版社,1981.

[4] [英]卡特里娜·万·塔塞尔,[英]米莉·格瑞曼. 创造性肢体活动[M]. 江惠莲,译. 台北:信谊基金出版社,1982.

[5] [日]河竹登志夫. 戏剧概论[M]. 陈秋峰,杨国华,译. 北京:中国戏剧出版社,1983.

[6] [波]耶日·格洛托夫斯基,[意]尤金民奥·巴尔巴. 迈向质朴戏剧[M]. 魏时,译. 北京:中国戏剧出版社,1984.

[7] 谭霈生,路海波. 话剧艺术概论[M]. 北京:中国戏剧出版社,1986.

[8] [美]K. T. 斯托曼. 情绪心理学[M]. 张燕云,译. 沈阳:辽宁人民出版社,1986.

[9] 戴平. 戏剧——综合的美学工程[M]. 上海:上海人民出版社,1988.

[10] [英]格林·威尔逊. 表演艺术心理学[M]. 李学通,译. 上海:上海文艺出版社,1989.

[11] 李春熹. 作为演出艺术的戏剧[M]. 北京:中国戏剧出版社,1989.

[12] 黄人颂. 学前教育学[M]. 北京:人民教育出版社,1989.

[13] 高鉴. 戏剧的世界——戏剧功能新探[M]. 北京:知识出版社,1990.

[14] [英]爱德华·泰勒. 原始文化[M]. 连树声,译. 上海:上海文艺出版社,1992.

[15] 周兢. 幼儿园语言文学教育活动[M]. 北京:中国广播电视出版社,1992.

[16] 马也. 戏剧人类学论稿[M]. 北京:文化艺术出版社,1993.

[17] 林克欢. 戏剧表现论[M]. 北京:中国社会科学出版社,1993.

[18] 孙煜明. 动机心理学[M]. 南京:南京大学出版社,1993.

[19] 程式如. 儿童剧散论[M]. 北京:中国戏剧出版社,1994.

[20] 胡宝林. 戏剧与行为表现力[M]. 台北:远流出版社,1994.

[21] [美]芭芭拉. T. 莎里斯贝莉. 创作性戏剧入门[M]. 林玫君,编译. 台北:心理出版社,1994.

[22] 朱光潜. 悲剧心理学[M]. 合肥:安徽教育出版社,1996.

[23] [德]黑格尔. 美学[M]. 朱光潜,译. 北京:商务印书馆,1996.

[24] 郑黛琼. 艺术教育教师手册——幼儿戏剧篇[M]. 台北:台湾艺术教育馆,1996.

[25] 滕守尧. 文化的边缘[M]. 北京:作家出版社,1997.

[26] [法]列维-布留尔. 原始思维[M]. 丁由,译. 北京:商务印书馆,1997.

[27] 蒋风,韩进. 中国儿童文学史[M]. 合肥:安徽教育出版社,1998.

[28] 孙文辉. 戏剧哲学——人类的群体艺术[M]. 长沙:湖南大学出版社,1998.

[29] 刘锡诚. 中国原始艺术[M]. 上海:上海文艺出版社,1998.

[30] 华爱华. 幼儿游戏理论[M]. 上海:上海教育出版社,1998.

[31] 中国大百科全书总编辑委员会. 中国大百科全书·戏剧卷(图文数据光盘)[CD]. 北京:中国大百科全书出版社,1999.

[32] [英]迈克尔·西戈,等. 儿童认知发展研究 —— 一种新皮亚杰学派观[M]. 成都:四川教育出版社,1999.

[33] [加]诺拉·摩根,朱莉安娜·萨克斯顿. 戏剧教学:启动多彩的心[M]. 郑黛琼,译. 台北:心理出版社,1999.

[34] [美]B. 依特金,R. C. 埃文. 表演学——准备、排练、演出[M]. 潘桦,译. 北京:华夏出版社,2000.

[35] [美]小威廉姆·E. 多尔. 后现代课程观[M]. 王红宇,译. 北京:教育科学出版社,2000.
[36] 胡志毅. 神话与仪式:戏剧的原型阐释[M]. 上海:学林出版社,2001.
[37] [法]莫里斯·梅洛-庞蒂. 知觉现象学[M]. 姜志辉,译. 北京:商务印书馆,2001.
[38] [美]约翰·杜威. 民主主义与教育[M]. 王承绪,译. 北京:人民教育出版社,2001.
[39] 居其宏. 音乐剧,我为你疯狂:从百老汇到全世界[M]. 上海:上海教育出版社,2001.
[40] [美]理查德·谢克纳. 环境戏剧[M]. 曹路生,译. 北京:中国戏剧出版社,2001.
[41] 滕守尧. 艺术与创生——生态式艺术教育概论[M]. 西安:陕西师范大学出版社,2002.
[42] [英]赫伯·里德. 通过艺术的教育[M]. 长沙:湖南美术出版社,2002.
[43] [美]希尔达. L. 杰克曼. 早期教育课程[M]. 杨巍,等,译. 北京:中国轻工业出版社,2002.
[44] 彭万荣. 表演诗学[M]. 北京:中国社会科学出版社,2003.
[45] 周华斌. 中国戏剧史新论[M]. 北京:北京广播学院出版社,2003.
[46] 中国福利会儿童艺术剧院. 中国儿童戏剧史[M]. 北京:中国戏剧出版社, 2003.
[47] [加]韦爱诗. 开放性戏剧与全方位使用大脑[M]. 杨顺德,等,译. 上海:华东师范大学出版社,2003.
[48] 董健,马俊山. 戏剧艺术十五讲[M]. 北京:北京大学出版社,2004.
[49] 刘焱. 儿童游戏通论[M]. 北京:北京师范大学出版社,2004.
[50] 张金梅. 幼儿园戏剧综合课程研究[M]. 南京:江苏教育出版社,2005.
[51] [英]乔纳森·尼兰兹,东尼·古德. 建构戏剧:戏剧教学策略70式[M]. 舒志义,等,译. 台北:台北市成长基金会. 2005.
[52] [英]约翰·奥图尔,朱莉·邓恩. 假戏真做,做中学——以戏剧作为教学工具,帮助学生有效进入主题学习[M]. 刘纯芬,译. 台北:财团法人成长文教基金会,2005.

[53] 林玫君.创造性戏剧理论与实务——教室中的行动研究[M].台北:心理出版社,2005.

[54] [美]卡洛琳·爱德华兹,等.儿童的一百种语言[M].罗雅芬,等,译.南京:南京师范大学出版社,2006.

[55] [英]桃乐丝·希斯考特,盖文·伯顿.戏剧教学——桃乐丝·希斯考特的"专家外衣"教育模式[M].郑黛琼,郑黛君,译.台北:心理出版社,2006.

[56] 邱学青.学前儿童游戏[M].南京:江苏教育出版社,2008.

[57] [英]乔·温斯顿,迈尔斯·坦迪.开始玩戏剧4—11岁:儿童戏剧课程教师手册[M].陈韵文,张镫尹,译.台北:心理出版社,2008.

[58] [英]乔纳森·尼兰兹.透视戏剧——戏剧教学实作指南[M].陈仁富,等,译.台北:心理出版社,2010.

[59] [美]理查德·舒斯特曼.身体意识与身体美学[M].程相占,译.北京:商务印书馆,2011.

[60] [印]泰戈尔.新月集·飞鸟集[M].郑振铎,译.北京:中华书局,2012.

[61] [美]桃乐丝.H.科恩,弗吉尼娅·斯特恩,南希·巴拉班,等.幼儿行为的观察与记录(第五版)[M].马燕,马希武,译.北京:中国轻工业出版社,2013.

[62] 何静.身体意象与身体图式——具身认知研究[M].上海:华东师范大学出版社,2013.

[63] [英]大卫·戴维斯.盖文·伯顿教育戏剧精选文集[M].黄婉萍,舒志义,译.台北:心理出版社:2014.

[64] Brian Way. Development Through Drama[M]. London: Longman, 1967.

[65] Geraldine B. Siks & Hazel Brain Dunnington. Children's Theatre and Creative Dramatics[M]. Washington: University of Washington Press, 1967.

[66] Janet Goodridge. Drama in the Primary School[M]. London: Heineman Educational Books Ltd, 1970.

[67] Betty Jane Wagner. Dorothy Heathcote: Drama as a Learning Medium[M]. Washington, DC: National Education Association. 1976.

[68] Geraldine B. Siks. Drama with Children[M]. New York:Harper & Row,1977.

[69] Tony Jackson. Learning Through Theatre:Essays and Casebooks on the Theatre in Education[M]. Manchseter:Manchseter University Press,1980.

[70] Gavin Bolton. Drama as Education:An Argument for Placing Drama at the Centre of the Curriculum[M]. Harlow:Longman House,1984.

[71] Helane S. Rosenberg. Creative Drama and Imagination:Transforming Ideas into Action[M]. New York:Holt Rinehart and Winston,1987.

[72] Nellie McCaslin. Creative Drama in the Classroom and Beyond[M]. New York:Longman Publishers,1996.

[73] Paul Rooyackers. 101 Drama Games for Children:Fun and Learning with Acting and Make-believe[M]. Alameda:Hunter House,1997.

[74] Viola Spolin. Improvisation for the Theatre:A Handbook of Teaching and Directing Techniques[M]. Evanston:Northwestern University Press,1999.

[75] Nigel Toye & Francia Prendiville. Drama and Traditional Story for the Early Years[M]. New York:Routledge,2000.

[76] Philip Taylor. The Drama Classroom:Action,Reflection,Transformation[M]. London:Routledge Falmer,2000.

[77] Lesley Hendy & Lucy Toon. Supporting Drama and Imaginative Play in the Early Years[M]. Philadelphia:Open University Press,2001.

二、论文类文献

[1] 李泽厚. 关于主体性的补充说明[J]. 中国社会科学院研究生院学报,1985(1).

[2] [法]T. 考弗臧. 戏剧的十三个符号系统[J]. 李春熹,译. 戏剧艺术,1986(1).

[3] 胡妙胜.戏剧符号学导引[J]. 戏剧艺术,1986(1).

[4] [苏]加斯帕洛娃. 论导演式个人游戏[J]. 赵维贤,译. 学前教育研究,1988(3).

[5] 林泳海. 论儿童模仿及其教育价值[J]. 应用心理学,1987,专刊.

[6] 叶舒宪. 原始思维发生学研究导论[J]. 哲学研究,1988(2).

[7] 刘诗仁. 谈戏剧的游戏性[J]. 民族艺术研究,1994 (2).
[8] 魏善浩. 论神话的灵性思维及向人性思维与神性思维的分化[J]. 中国文学研究,1995(4).
[9] 王胜华. 扮演:戏剧存在的本质——对戏剧本质思考的一种发言[J]. 戏剧(中央戏剧学院学报),1996(1).
[10] 李婴宁. 英国的戏剧教育和剧场教育[J]. 戏剧艺术,1997(1).
[11] 陈冬云. 让幼儿接受戏曲艺术熏陶[J]. 早期教育,1997(4).
[12] 舒志义. 论戏剧的教育与教学功能[J]. 戏剧艺术,1999(2).
[13] 丁和根. 戏剧艺术符号结构系统分析[J]. 戏剧(中央戏剧学院学报),2000(4).
[14] 王治河. 后现代主义与中国[J]. 外国哲学,2001(7).
[15] 黄颂杰. 西方哲学的人性与神性之历史演化——兼论马克思在哲学上的革命性变革之一[J]. 文史哲,2001(5).
[16] 陈慧平. 感性·理性·神性[J]. 浙江社会科学,2001(5).
[17] 李政云,曾卫疆. 科学精神、道德精神、审美精神之解析[J]. 湖南省政法管理干部学院学报,2002(S2).
[18] 边霞. 试论"生态式教育"的基本思想[J]. 早期教育,2002(9).
[19] 陈晞如. 话说从头:翻开台湾儿童戏剧教育史(1945—1986)[J]. 美育(台北),2002(186).
[20] 刘焱,李霞,朱丽梅. 幼儿园表演游戏现状的调查与研究[J]. 学前教育研究,2003(3).
[21] 黄进. 游戏精神的缺失——幼儿园教育中的反游戏精神批判[J]. 南京师大学报(社会科学版),2003(6).
[22] 曹路生. 香港教育戏剧[J]. 戏剧艺术,2003(6).
[23] 张金梅. 论儿童戏剧综合活动[J]. 幼儿教育,2003(6).
[24] 张金梅. 美国儿童教育中的创造性戏剧教育[J]. 早期教育,2003(10).
[25] 张金梅. 戏剧能给儿童教育带来什么——透视西方儿童戏剧教育[J]. 学前教育研究,2004(Z1).

[26] 林玫君，朱秋玲，甘季碧. 戏剧融入幼稚园课程之发展历程行动探究[J]. 台南：课程与教学季刊，2004(3).

[27] 赵小段. 后现代教育思潮的超越与挑战——我国学者关于后现代教育研究综述[J]. 当代教育科学，2004(11).

[28] 曾照莲，童长涛. 试论华兹华斯诗歌中的“童年主题”[J]. 学术交流，2004(12).

[29] 朱自强.童年的身体生态哲学初探：对童年生态危机的思考之二[J]//方卫平. 中国儿童文化. 杭州：浙江少年儿童出版社，2005.

[30] 邵小佩，杨晓萍. 对重庆市主城区幼儿园表演游戏现状的思考[J]. 重庆师范大学学报(哲学社会科学版)，2005(4).

[31] 董健. 戏剧的“人学”定位与戏剧精神——关于戏剧学补课的几点意见[J]. 当代戏剧，2005(3).

[32] 欧阳灿灿. 欧美身体研究述评[J]. 外国文学评论，2008(2).

[33] 王可，郭会萍. 儿童假装游戏理论与相关研究[J]. 心理研究，2009(5).

[34] 谢妮，王赫. 身体的教育学意义[J]. 教育学术月刊，2009(2).

[35] 张生泉. 论“教育戏剧”的理念[J]. 戏剧艺术，2009(3).

[36] 吴戈. 戏剧与教育[J]. 学园，2009(2).

[37] 关键. 浅析创造性戏剧中的引导者[J]. 剧作家，2009(4).

[38] 刘睿. 启蒙教育与人的全面发展[J]. 学前教育研究，2009(7).

[39] 张金梅. 将戏剧运用于早期阅读活动的行动研究[J]. 幼儿教育(教育科学)，2009(36).

[40] 黄爱华. 戏剧教育的基本理念及其运用[J]. 戏剧艺术，2010(1).

[41] 颜晓燕. 早期阅读与幼儿戏剧活动的整合形态[J]. 绥化学院学报，2010(2).

[42] 刘胜利. 从对象身体到现象身体——《知觉现象学》的身体概念初探[J]. 哲学研究，2010(5).

[43] 肖绍明，扈中平. 教育何以复归人性[J]. 高等教育研究，2010(6).

[44] 虞永平. 表演区(室)与幼儿园课程[J]. 幼儿教育(教育教学)，2010(9).

［45］ 陈巍. 关于儿童模仿能力的理论解释模型及其研究展望［J］. 学前教育研究，2010(12).
［46］ 张金梅. 论儿童戏剧教育的组织形式［J］. 幼儿教育(教育教学)，2011(1).
［47］ 朱勤. 浅谈主题式戏剧教育活动的组织与实施——以主题活动“小鸭的故事”为例［J］. 幼儿教育(教育教学)，2011(1).
［48］ 刘冬岩，贺成立. 基于视觉思维的视角解读儿童画［J］.东北师范大学学报(哲学社会科学版)，2011(1).
［49］ 刘胜利. 身体经验与身体表象——梅洛-庞蒂对传统心理学的身体模型的方法论批判［J］. 科学技术哲学研究. 2011(2).
［50］ 费多益. 从“无身之心”到“寓心于身”——身体哲学的发展脉络与当代进路［J］. 哲学研究，2011(2).
［51］ 张法. 身体美学的四个问题［J］. 文艺理论研究，2011(4).
［52］ 程相占. 论身体美学的三个层面［J］. 文艺理论研究，2011(6).
［53］ 孔又专. 万物有灵论与原始宗教观念——读泰勒《原始文化》散札［J］. 三峡论坛(三峡文学)(理论版)，2011(6).
［54］ ［英］乔·温斯顿. 美、笑声与戏剧教育——三者何时再相遇?［J］. 张丽玉，译. 台南:戏剧教育与剧场教育，2012(2).
［55］ 张妮妮，姚伟.儿童的自由——以身体为基的自由［J］. 东北师范大学学报(哲学社会科学版)，2012(2).
［56］ 梁成帅. 身体意识改善的审美价值及途径——舒斯特曼身体美学的实践性探析［J］. 扬州大学学报(人文社会科学版)，2012(2).

［57］ 祝福. 戏剧情境是戏剧性最基本的要素［J］. 戏剧之家，2013(1).
［58］ 叶浩生. 认知与身体——理论心理学的视角［J］. 心理学报，2013(4).
［59］ 杨宁. 儿童早期发展与教育中的身体问题——五论进化、发展与儿童早期教育［J］. 学前教育研究，2014(1).
［60］ 胡鹏林.身体美学与残酷戏剧——阿尔托戏剧美学思想导论［J］. 戏剧艺术，2014(2).

[61] 倪伟. 假装游戏与儿童发展:观点、争论与展望[J]. 南京师大学报,2014(5).

[62] 陈仁富. 教室主权的转移——教育戏剧在幼稚园之行动研究[R]. (台湾)“行政院”科学委员会专题研究计划成果报告. 台湾屏东:屏东教育大学幼儿教育学系,2002.

[63] 陈仁富. 戏剧与绘本的邂逅:幼儿戏剧统整课程研究[R]. (台湾)“行政院”科学委员会专题研究计划成果报告.台湾屏东:屏东教育大学幼儿教育学系,2005.

[64] 陈仁富. 教育戏剧课程设计之行动研究[R]. (台湾)“行政院”科学委员会专题研究计划成果报告. 台湾屏东:屏东教育大学幼儿教育学系,2005.

[65] 李政云. 审美精神的追求与学习方式的变革[D]. 长沙:湖南师范大学硕士学位论文,2003.

[66] 杨梅佐. 大班幼儿表演游戏中的幼儿行为与教师指导行为研究[D]. 南京:南京师范大学硕士学位论文,2010.

[67] 杨娟. 大班幼儿戏剧工作坊的行动研究[D]. 南京:南京师范大学硕士学位论文,2012.

[68] 方芳. 学前儿童戏剧教育是什么——基于学前儿童戏剧教育存在问题的研究[D]. 南京:南京师范大学硕士学位论文,2012.

[69] 张克明. 遭遇戏剧教育——幼儿园新手戏剧教师叙事研究[D]. 南京:南京师范大学硕士学位论文,2013.

[70] 曹璐璐. 幼儿园戏剧主题活动契约的行动研究[D]. 南京:南京师范大学硕士学位论文,2014.

[71] 杨静. 后现代课程观视野下儿童戏剧教育的教师角色研究[D]. 南京:南京师范大学硕士学位论文,2014.

[72] Bolton, Gavin. Changes in Thinking about Drama in Education[J]. Theory into Practice, 1985, 24(3).

[73] O'Neill, Cecily. Imagined Worlds in Theatre and Drama[J]. Theory into Practice, 1985, 24(3).

[74] McCaslin, Nellie. New Directions in Creative Drama[J]. National Forum, 1990, 70(3).

[75] Brown, Victoria. Drama as an Integral Part of the Early Childhood Curriculum[J]. Design for Arts in Education, 1990, 91(6).

[76] Pinciotti, Patricia. Creative Drama and Young Children: The Dramatic Learning Connection[J]. Arts Education Policy Review, 1993, 94(6).

[77] Cockett, Stephen. Evaluating Children's Learning in Drama in the Primary School[J]. Westminster Studies in Education, 1999, 22(1).

[78] Furman, Lou. In Support of Drama in Early Childhood Education, Again [J]. Early Childhood Education Journal, 2000, 27(3).

[79] Wright, David. Drama Education: A "self-organising system" in Pursuit of Learning [J]. Research in Drama Education, 2000, 5(1).

[80] Hughes, John. Drama as a Learning Medium: Researching Poetry[J]. Primary Educator, 2000, 6(3).

[81] Morris, Julia M. "The Imagination Station": A Drama Education Program for Preschool Teachers[J]. Youth Theatre Journal, 2002, 16(1).

[82] Calvert, Eric, Ehle, et al. Identification of Children Who are Gifted in Theatre / Drama Implementation Handbook for Educators[J]. Ohio Department of Education, 2004.

[83] Neelands, Jonothan. Miracles are Happening: Beyond the Rhetoric of Transformation in the Western Traditions of Drama Education[J]. Research in Drama Education, 2004, 9(1).

[84] Cooper, Chris. "A struggle well worth having": The Uses of Theatre-in-education (TIE) for Learning[J]. Support for Learning, 2004, 19(2).

[85] Andersen, Christopher. Learning in "as-if" Worlds: Cognition in Drama in Education[J]. Theory into Practice, 2004, 43(4).

[86] Samson, Florence. Drama in Aesthetic Education: An Invitation to Imagine the World as if It Could Be Otherwise[J]. Journal of Aesthetic Education, 2005, 39(4).

[87] Stinner, Art. Toward a Humanistic Science Education: Using Stories, Drama and the Theatre[J]. Canadian Theatre Review, 2007, 131.

[88] Su Jeong Wee. A Case Study of Drama Education Curriculum for Young Children in Early Childhood Programs[J]. Journal of Research in Childhood Education, 2009, 23(4).

[89] Gattenhof, Sandra; Radvan, Mark. In the Mouth of the Imagination: Positioning Children as Co-researchers and Co-artists to Create a Professional Children´s Theatre Production[J]. Research in Drama Education, 2009, 14(2).

[90] Jinmei Zhang. Children Create Their Own Drama with the Help of the Teacher: An Action Research on the Curriculum Implementation of Theme-Integrated Drama in Preschools in the Mainland China[J]. The Journal of Drama and Theatre Education in Asia, 2012, 18(1).

[91] Pecaski McLennan, Deanna. Using Sociodrama to Help Young Children Problem Solve[J]. Early Childhood Education Journal, 2012, 39(6).

[92] Wang, Wan-Jung, Po-Chi, et al. New Imaginings and Actions of Drama Education and Applied Theatre in NIE4 in Asia[J]. Research in Drama Education, 2013, 18(1).

[93] Aitken, V. From Teacher-in-role to Researcher-in-role: Possibilities for Repositioning Children Through Role-based Strategies in Classroom Research[J]. Research in Drama Education, 2014, 19(3).

后　记

8年前，2006年的那个冬天，美国密歇根大学。

在我美国密歇根大学的住处，窗外零下20摄氏度，树枝上的冰凌花异常美丽地绽放在我的窗前。偶尔，一只调皮的小松鼠跑到我的窗台上，忙碌着，寻找着，不时地用它的爪子敲击窗户玻璃，发出“叮咚叮咚”清脆的声响。彼时，阳光正洒进房间，我灵光一现：我要写中国第一本学前儿童戏剧教育的专著。

8年来，我广泛地收集资料，建立了学前儿童戏剧教育理论与实践的初步框架，并在此基础上，以南京为中心，南至广州、珠海，北至北京、齐齐哈尔，覆盖东、西部，在全国建立了十余家幼儿园实践基地，开展深入的戏剧教育实践研究。继《表达·创作·表演——幼儿园戏剧教育课程》系列教材出炉后，这部专著《学前儿童戏剧教育》终于成形了。

这部专著，汇集了我多年来对国外戏剧教育专著的收集、阅读和分析。我最欣赏英国戏剧教育学者盖文·伯顿（Gavin Bolton），在与他的“对话”中，我多年的迷思有时陷入更深的迷茫，有时如梦初醒，如此神奇的感受令人陶醉；从美国戏剧教育学者奈尔丽·麦凯瑟琳（Nellie McCaslin）那里，我感受到创造性戏剧的神奇；从英国戏剧教学开创人桃乐丝·希斯考特（Dorothy Heathcote）那里，我领悟到教师入戏的魅力。

因为儿童戏剧教育，我有缘与当今国际最著名的儿童戏剧教育学者“华山论剑”，增长了学术功力：英国华威大学的乔·温斯顿（Joe Winston）教授、澳大利亚格里菲斯大学的朱莉·邓恩（Julie Dunn）教授，还有我国台湾地区在儿童戏剧教育界有重要影响的学者林玫君教授、陈仁富教授、郑黛琼教授，以及香港儿童戏剧教育学者谭宝芝博士和香港演艺学院学者黄婉萍导师。

回眸往昔，感恩感激。如今能奉上这部《学前儿童戏剧教育》专著，离不开中国第一位学前教育专业博士生导师、我的博导屠美如教授当年对我学术方向的大胆指引；更离不开我国著名美学家、美育家滕守尧教授“生态观”艺术教育思想体系的深厚影响，以及这两位宗师级的前辈对我在学前儿童戏剧教育研究领域不断钻研的鼓励与嘉许。

还值得庆幸的是，2006年在中国学前教育发轫之地——南京师范大学，我的研究生梯队自然形成了最初的学术团队。通过儿童戏剧教育研究，课上课下，校内校外，我和我的研究生们，开始了雅典学院般的探讨与对谈，展开了这一前沿领域的学术探讨之旅，并逐步推进儿童戏剧教育的框架构建。那是一段美妙的时光。他们的努力，值得记住。他们是杨梅佐、杨娟、方芳、张克明、杨静、曹璐璐、张霞和邱云。

特别感谢南京师范大学出版社幼教分社的万斌总编辑和他的同事

们，经过他们的编辑和努力，本书与《表达·创作·表演——幼儿园戏剧教育课程》作为“学前儿童戏剧教育理论与课程丛书”，入选国家“十二五”重点图书出版规划项目。

最后，深情感谢我挚爱的家人。为了我的写作，他们缩减了许多家庭共享休闲时光。他们的爱，像阳光雨露一样滋养着我，并玉成了这本书的顺利面世。

张金梅

图书在版编目（C I P）数据

学前儿童戏剧教育 / 张金梅著. — 南京 : 南京师范大学出版社，2015.8（2021.2重印）
（学前儿童戏剧教育理论与课程丛书）
ISBN 978-7-5651-2292-7

Ⅰ.①学… Ⅱ.①张… Ⅲ.①戏剧教育—学前教育—教学参考资料 Ⅳ.①G613.5

中国版本图书馆CIP数据核字(2015)第201057号

书　　名	学前儿童戏剧教育
丛 书 名	学前儿童戏剧教育理论与课程丛书
作　　者	张金梅
责任编辑	万　斌
出版发行	南京师范大学出版社
地　　址	江苏省南京市宁海路122号（邮编：210097）
电　　话	(025)83598919(总编办)　83598412(营销部)　83598297(邮购部)
网　　址	http://www.njnup.com
电子信箱	nspzbb@163.com
照　　排	南京凯建图文制作公司
印　　刷	江阴金马印刷有限公司
开　　本	710毫米×1000毫米　1/16
印　　张	19.75
字　　数	217千
版　　次	2015年8月第1版　2021年2月第4次印刷
书　　号	ISBN 978-7-5651-2292-7
定　　价	50.00元

出 版 人　张志刚

南京师大版图书若有印装问题请与销售商调换